유혹의 시대를 거룩하게 사는 그리스도인의 비결

거룩 vs 유혹

브루스 윌킨슨 지음 | 정인홍 옮김

PERSONAL
HOLINESS
IN TIMES OF
TEMPTATION

Bruce H. Wilkinson

Copyright © 1998 Timothy Publishing House
a division of PAIDION MISSION
Translated and published by permission
printed in KOREA
PERSONAL HOLINESS IN TIMES OF TEMPTATION
Copyright © 1998 by Bruce H. Wilkinson
Originally Published by Harvest House Publishers
Eugene, Oregon 97402

거룩 vs 유혹

바치는 글

헌신적이고 경건한 리더들로 Walk Thru the Bible(이후 WTB)팀과 더불어 20년 이상 사역해 오고 있다. 이 리더들은 WTB 사역을 널리 알리고 효과적인 사역으로 만들고자 충성을 다했고, 기도, 활기찬 팀웍, 혁신적인 지도력 그리고 근면한 경영으로 오늘날까지 이르렀다.

우리들은 주님께서 이 사역을 크게 확장시키시는 것을 함께 보아 왔다. 그래서 WTB는 매해 세계 각국에서 10,000회 이상의 세미나와 훈련 프로그램을 인도하고 있고 매월 열 가지의 묵상 자료집을 간행하고 있다(최근까지 해온 것을 합하면 그 수를 헤아릴 수 없다). 수천의 교회와 수십의 교파, 기독교 단체 그리고 선교 단체에 수많은 비디오 시리즈물을 공급하고 있으며 매주마다 많은 가정에 WTB 텔레비전 프로그램을 방송하고 있다. 회장 위원회와 기도팀을 통해 계속 성장하고 있는 WTB 후원 팀에게 사역하고 있고 지금은 70여 개국 50여 가지 언어로 활발하게 사역하고 있다.

이토록 훌륭한 분들과 함께 할 때마다, 주님과 그분의 말씀으로 전 세계 사람들의 삶을 변화시키도록 명령하신 주님의 사명에 더 깊이 헌신하고자 내 가슴은 고동친다. 이 경건한 분들과 함께 있을 때마다, "내가 거룩하니 너희도 거룩하라"는 주님의 말씀에 더 전념하리라 결심하게 된다. 이 책을 누구에게 바칠 것인지 생각하다가 오직 한 가지 선택밖에 없음을 알았다. 여러분 곁에서 주님의 영광을 위해 함께 섬길 수 있는 영예로운 기회를 허락해 준 WTB 행정팀에게 감사를 전한다:

빌 왓슨(Bill Watson): 행정 부회장

존 후버(John Hoover): 국제 담당 부회장(1950-1997)

짐 키니(Jim Kinney): 세미나와 훈련 담당 부회장

질 밀리건(Jill Milligan): 비디오 담당 부회장

존 닐(John Nill): 출판 담당 부회장

로버트 웨스트폴(Robert Westfall): 사역 증진 담당 부회장

감사의 글

바로 몇 분 전, 이 책의 마지막 원고가 서재에 있는 잉크젯 프린터를 통과할 때, 모든 작가들이 너무나 잘 알고 있듯, 아주 무거운 어떤 것이 지친 어깨로부터 흘러내리는 것을 느꼈다. 마침내 "끝났다!"라고 말할 수 있다는 것이 얼마나 기쁜 일인지.

그 다음으로 내 마음에 벅차오르는 것은, 이 경주를 함께 한 사람들과 곁에서 용기를 북돋우어 주었던 분들에 대한 깊은 감사였다. 밥 호킨스(Bob Hawkins)의 섬기는 자로서의 뛰어난 지도력 아래 하비스트 하우스(Harvest House) 출판사는 언제나 훌륭했다. 하비스트 하우스 출판사와 일하게 되어서 얼마나 기쁜지 모르겠다!

수석 편집장인 칩 맥그리거(Chip MacGregor)는 전체 출판 과정에서 많은 지도편달과 훌륭한 지도력을 보여주었다. 그의 전문적인 기술, 진실한 격려 그리고 동지애가 전 과정 중 가장 돋보였다. 감사합니다, 칩. 당신은 정말 함께 일하고 싶은 사람입니다! 자신의 전문성을 유감없이 발휘해 준 캐롤린 맥크리디(Carolyn McCready), 줄리 맥키니(Julie McKinney) 그리고 빌 젠슨(Bill Jensen)에게 깊이 감사드린다.

이 책을 출판하기까지 나의 생각들을 활자화할 수 있도록 도와 준 좋은 친구들에게 감사드린다. 빌 왓슨(Bill Watson), 질 밀리건(Jill Milligan), 짐 키니(Jim Kinney), 존 닐(John Nill), 밥 웨스트폴(Bob Westfall), 테리 스파크스(Terry Sparks), 필 터틀(Phil Tuttle), 프랭크 윌슨(Frank Wilson) 그리고 놈 클린크스케일스(Norm Clinkscales)가 없었다면, 이 책은 출판되지 못했을 것이며 오직 비디오로만 볼 수 있었을 것이다!

운영자로서의 책임을 벗어나 새롭고도 창조적인 세미나, 비디오 그리고 책들을 개발하는데 열중할 수 있게 허락한 WTB 이사진에게 깊이 감사드린다. 폴 존슨(Paul Johnson), 로버트 보이드(Robert Boyd), 하워드 헨드릭스(Howard Hendricks), 존 반 디스트(John Van Diest) 그리고 존 이쉬

(John Isch)에게 감사드린다.

마감일, 다시 씀. 그리고 교정 등으로 수고한 분들께 가장 깊은 감사와 사랑을 드린다. 컴퓨터 앞에 영원히 앉아 있을 것만 같던 나를 인내심을 가지고 견뎌준 나의 식구들에게, 또한 이 책에 대해 의견을 나누었던 달린(Darlene)과 제시카(Jessica)에게 감사드린다. 당신들의 이해, 인내 그리고 기도가 없었던들 이책은 완성되지 못했을거요. 이제 남은 일은 15세기 어느 수도승이 한 고사성어를 실천하는 일이다:

"책이 완성되었다! 이제 작가가 쉬도록 내버려 두라!"

목 차

내가? 거룩? 9

1. 거룩을 향해 돌아서라

1. 너희가 거룩을 아느냐? 21
2. 구원, 더 이상의 거룩은 없다? 45
3. 나를 드려 거룩하게 하리라 69
4. 우리가 주와 같은 형상으로 화하여 103

2. 유혹을 이기고 승리를 얻으라

5. 한 걸음 더 거룩에게로 131
6. 유혹과의 전쟁을 선포하라 157
7. 적을 알고 나를 알고 주를 알라 185
8. 섹스, 가장 강력한 유혹 225

3. 거룩 습관을 계발하라

9. 콩 심은 데 팥이 날까? 259
10. 거룩 ABC 289
11. 일기 쓰는 습관을 길러라 309
12. 거룩을 향해 자라 가라 333

내가? 거룩?

평소 이상적이라고 생각하던 직장에 취직하려고 면접하는 장면을 상상해 보라. 이제까지는 잘 됐고, 오늘 마지막 관문이 남았다. 회장과의 면접이다. 잠시 일상적인 대화를 나눈 뒤, 그가 예상치 않은 질문을 던진다. "다섯 단어로만 자신을 묘사해 보게나."

최선의 답을 찾느라 당신의 가슴은 두근거린다. 단지 다섯 단어로 다른 사람이 당신을 설명한다면 어떤 답이 나올까? 답을 찾느라 허둥대고 있을 때, 회장이 무슨 글이 적힌 명함 크기의 카드 몇 장을 집어든다. 당신이 조급해하고 있는 것을 눈치채고는, 회장은 카드를 천천히 섞으면서, "너무 힘들게 생각하지 말고 그냥 다섯 단어만 골라 보게. 우리 인사과 직원이 이미 자네 친구, 가족 그리고 전에 다니던 회사 동료에게 같은 질문을 했다네. 자네 대답이 그 사람들 대답과 일치할지 궁금하구만."

잠시 생각해 보라. 다른 사람이 당신을 묘사한다면 어떤 단어를 사용할까? 만약 그 회장이 당신에게 카드에 적힌 내용을 보여 준다면, 무슨 단어들이 적혀 있겠는가? 더 중요한 것은, 그것들 중 어디에 '거룩한' 사람이라는 표현이 있을 것 같은가? 당신이라면 자신의 삶을 묘사하는데 '거룩' 이라는 말을 택하겠는가?

대부분의 사람들과 같다면, 아마 스스로를 거룩하다고는 결코 생각할 수 없을 것이다. '거룩' 개념은 주일 아침에나 사용하는 단어고 또한 당신과 나 같은 사람이 아니라 성자(Saint)와 선교사를 나타내는 말인 것처럼 보인다.

어느 토요일 아침, 고향 교회에서 몇십 명의 남자들에게 이것에 관해 실험해 보았다. 그들에게 자신을 가장 잘 설명할 수 있는 다섯 단어만 골라 적으라고 한 뒤, '거룩' 이라는 말을 적은 사람이 있는지 물어보았다. 당황스러울 정도의 침묵이 흘렀다. 몇 명은 앞뒤로 자기 의자를 흔들어 댔고, 또 몇 명은 팔짱을 끼고 있었으며, 대부분은 방을 휘둘러보면서 내 시선을 피하려 했다.

그들이 왜 자신을 거룩하다고 묘사할 수 없는지 묻자, 기다렸다는 듯 그들이 대답했다. "거룩하다는 것은 목사님들에게나 해당되는 말이지요! 저는 그 말을 순교자나 선교사에게 사용하겠지만, 저 자신에게는 아니에요! 죄인이 아니라 성자들을 위한 것이죠. 아마 제가 죽은 후에는 거룩하게 되겠지만, 지금은 그저 평범한 남자일뿐이에요." 대부분의 '평범한 남자들' 마음에, 거룩은 '저 밖' 어디엔가에 존재한다. 매일 트럭을 운전하고 장화를 신은 채 그리고 아침 9시에서 오후 6시까지 일하는 사람에게는 어울리지 않는다고 생각한다.

거룩에 관한 그들의 생각을 더 확실히 이해하기 위해, 거룩한 사람은 어떤 사람인지 묘사해 보라고 부탁했다. 그들은 다음과 같이 말했다. "거룩은 빳빳하게 잘 다려진 검은색 정장을 입고 좌로나 우로나 치우침 없이 앞만 보고 걸어가는 사람을 의미합니다. 여자라면 꼭 끼는 코르셋을 입었겠죠!"

"'거룩' 하기를 원하는 사람은 숨겨진 고통을 안고 검은색의 큰 성경을 가지고 다니면서 자신들이 어떤 일을 하지 말아야 하는지 늘 되뇌이며 힘든 삶을 사는 사람들입니다."

"거룩하게 된다는 것은 '안돼' 의 골짜기에 사는 것입니다. 색깔, 기쁨, 자연스러움, 유머, 다양성, 창조성, 축구, 시끄러운 음악 그리고 피가 흐를 정도로 살짝 익힌 두꺼운 티본 스테이크가 있는 모든 것에 '안돼' 라고 말하는 그런 삶을 말합니다!"

그 때 재치있는 한 남자가 이렇게 대답했다: "거룩은 빨간색 헛간 옆에서 건초용 갈퀴를 들고서 근엄하게 서 있는 노부부의 그 유명한 그림과 같습니다." 여기저기서 웃음이 터져 나왔다. 그들 마음에 있는 대답이 바로 그런 것이었기 때문이다. 우리들은 거룩을 냉정하고, 슬프고, 재미없고, 여유가 없는 그리고 너무나 종교적인 것으로 정의하면서 그것을 현실적인 것이나 현대적인 것으로는 생각하지 않는다.

그 날 아침 그들의 이야기를 들을수록, 왜 아무도 자신을 '거룩' 하다고 여기지 않는지 더 쉽게 이해할 수 있었다. 누가 근엄한 표정으로 손에 건초용 갈퀴를 들고 서 있는 사람이 되고 싶겠는가?

당신의 거룩 '매력 지수'?

더 깊이 파고들수록 좌절감이 느껴졌다. 이렇게 생각하는 사람들이 이 남자들만이 아니라는 사실을 나는 알고 있었다. 실제로 그들은 '거룩'하다고 불리는 것에 정상적인 반응을 보였다. 지난 세대는 거룩이란 것을 결사적으로 내다 버린 것처럼 보인다. 사람들은 거룩이 마침내 희미한 과거 속에 묻혀버린 것에 거의 안심하는 듯하고, 대부분의 사람들은 폐허가 된 유적을 다시 파헤쳐 되살리고 싶어하지 않는다. 잠시 자신을 돌아보라. 당신은 거룩에 매력을 느끼는가?

마케팅 전문가들은 사람이 어떤 것에 매력을 느끼게 되는 정도를 '매력 지수(Attraction Quotient)'라 칭하고, 1에서 100까지의 크기로 나타낸다. 사람이 물건이나 어떤 개념에 더 많이 끌리게 될수록 매력 지수가 높아진다. 반대로 그 물건이나 개념을 멀리할수록 매력 지수는 낮아진다. 이제 거룩 마케팅 회사에서 당신을 고용하여 거룩의 매력 지수를 조사해 오도록 했다. 첫번째로, 당신의 집에서 반경 1km 안에 있는 사람들이 거룩에 대해 어떻게 느끼는지 조사하고 그들의 매력 지수를 매긴다. 두번째로, 그 범위를 좁혀 교인들을 대상으로 조사하고 그들의 매력 지수를 매긴다. 끝으로 지난 세 세대가 가지고 있는 거룩에 대한 매력 지수를 비교하는 역사적인 일을 담당하게 된다.

이제 거룩 마케팅 회사에서 거룩과 생활의 질 사이에 어떤 분명한 관계가 있는지 알아보고자 한다고 가정하자. 다른 말로 하면, 거룩이 극적으로 줄어듦에 따라 사회의 기저에 어떤 일이 발생하는가? 예를 들면:

1. 거룩이 감소함에 따라 결혼과 가족 관계는 어떻게 변화하는가? 이혼율이 증가하는가 혹은 감소하는가? 부모와 자녀 사이의 관계가 점점 더 강해지는가 혹은 약해지는가? 그리고 학대가 더 만연해지는가 아니면 줄어드는가?

2. 거룩이 감소함에 따라 어린이들의 삶은 어떤 방향으로 흐르는가? 청소년들이 더욱 건전하고 정직하며, 자기 훈련이 잘 되어 있고 공손한가 아니면 더 부정직하고 이기적이며 권위에 순복하지 않는가?

3. 거룩이 감소함에 따라 대중 매체는 어떤 방향으로 흐르는가? 영화, 텔레비전, 라디오 그리고 잡지 등이 견고한 가치관, 성적으로 정절을 지키는 것 그리고 관계나 사업에 있어서의 정직성을 고무하는가 아니면 성적 부도덕이나 탐욕 또는 폭력을 부추기는가?

4. 거룩이 감소함에 따라 범죄가 줄어드는가? 투옥률, 죄수의 평균 연령 그리고 사회에서 폭력의 빈도가 증가하는가 아니면 감소하는가?

5. 거룩이 감소함에 따라 육체의 질병은 어떤 영향을 받는가? 더 많은 사람들이 건강한가 아니면 아픈가? 정신적인 문제

가 더 증가하는가 아니면 감소하는가? 그리고 마약 사범은 증가하는가 아니면 줄어드는가?

6. 거룩이 감소함에 따라 사회의 도덕성은 어떤 방향으로 흘러가는가? 사람들이 자기 집 문을 잠그지 않고 다니는 것을 어떻게 생각하는가? 우리가 사는 도시는 안전한가? 알코올과 마약 중독자들이 늘고 있는가 아니면 줄어들고 있는가? 소송은 어떠한가? 그것도 줄어들고 있는가 아니면 만연해지는가?

7. 거룩이 감소함에 따라 생활의 전반적인 질은 어떤 영향을 받는가? 사람들이 평화와 만족을 누림으로 더 균형잡힌 삶을 즐기고, 일반적으로 더 친절하며 호의가 있는가 아니면 그러한 것들이 줄어들고 있는가?

어떻게 생각하는가? 그 경향은 명백하다. 당신은 '거룩'이라는 개념을 결혼, 가족, 대중 매체, 육체적 질병, 정신적 안정, 중독증, 도덕성 그리고 생활의 질 같은 것들과 연관지을 수 없을지도 모르겠지만 성경은 그것들을 관련지을 뿐만 아니라, 거룩과 일상 생활의 정해진 것들과의 관계를 단호하게 인과 관계로 규정짓는다. 그것은 사실이다. 이제 거룩을 향한 부정적인 태도로 말미암은 파괴적인 결과를 볼 수 있는가?

거룩의 위치를 재조정하라

최근에 사업계에서 요란하게 사용하는 말 중의 하나가 '자리 잡기 (positioning)'다. 특정 제품이나 서비스가 대중에게 어떻게 '자리 잡고' 있는가? 제품이 '자리를 재조정(repositioned)'할 때, 사람들은 너무나 극적으로 다른 태도로 반응한다. 잘 알려진 예가 '일본산'이라는 말의 자리 재조정이다. 60년대에 그 말은 저질 상품이라는 인상을 주었지만, 오늘날에는 '일본산' 제품이라는 말이 최고의 품질이라는 이미지를 갖고 있다. 아주 형편없던 매력 지수는 실제적으로 상승했고 소비자들이 그 제품을 많이 사는 것으로 입증되었다.

겨우 30년 사이에 모든 것이 변했다는 것은 정말 놀라운 일이다. 옛날에는 일제 상표라면 거의 사려고 하지 않았지만, 오늘날에는 토요다(Toyota), 닛산(Nissan), 혼다(Honda), 렉서스(Lexus) 그리고 인피니티(Infinity)가 중소형 내지는 중형 자동차 시장을 거의 독점하고 있다. 자리 잡기가 변하면, 구매력도 변한다. 마찬가지로 '미국의 대통령'이라는 지위는 가장 존경 받는 자리였었다. 그것은 미국과 세계의 다른 나라들에서도 자유, 평등, 정직, 리더십 그리고 도덕적 고결함을 대표했기 때문이다. 오늘날 그것은 아주 두드러지게 자리를 재조정한 듯하다.

거룩과 그것이 삶에 미치는 영향을 고려해 볼 때, 지금 이 시점에서 거룩에 관해 어떻게 느끼느냐가 당신의 선택과 당신의 삶에 극적인 힘을 발휘하게 된다. 주어진 개념이 만약 해로운 것이라면, 그것에 대해 감정적으로 혐오스럽게 느끼는 것 자체가 그 해로운 것으로부터 당신을 보호하는 안전거리를 유지시켜 준다. 그러나 부정적으로 느꼈던 개념이 사실은 자신에게 유익한 것이라면, 그것은 자리를 재조정할 필요가 있다. 그렇지 않으면 우리에게 최선이 되는 것을 피해 버리는 결과가 된다. 나의 관점으로는, '거룩'이라는 개념을 우리가 상당히 오해하고 있다는 사실을 성경을 통해 알 수 있다.

거룩의 적(敵)은, 사람들의 마음 속에 그것이 오직 부정적인 것으로 자리잡을 때까지 의도적으로 그리고 가차없이 거룩의 위치를 재조정하려고 기만 전술을 쓰고 있다. 거룩한 사람들은 어두운 색깔의 옷을 입고 근엄한 표정을 짓는 사람들이 아니다. 스스로 거룩하다고 여기는 사람들은 꼭 '안돼'의 골짜기에서 살 필요는 없다. 위대한 작가 씨 에스 루이스(C. S. Lewis)의 말처럼, "거룩이 재미없는 것이라고 생각하는 사람은 그것을 너무 모르는 사람이다. 진짜 거룩을 만나 보라. 그러면 그것에 저항할 수 없을 것이다!"

루이스의 말이 맞다고 생각하는가? 거룩이 재미없는 것이라고 생각하는 사람을 만났을 때, 그 사람이 거룩에 대해 잘 모른다고 생각해도 좋은가? 그리고 진짜 거룩한 사람을 만났을 때, 그 사람이 정말 몇 안 되는 행복한 사람들 중 한 사람이라는 것을 인정할 수 있을까? 현 세대에서 거룩은 대부분의 사람들이 꺼려하는 그리고 해롭기조차 하다고 단정짓는 어떤 것으로 그 자리가 재조정되어 왔지만, 실제로 그것은 유익하고 기쁨으로 충만한 어떤 것이다. 그래서 거룩을 불편하게 느낀 나머지 많은 대가를 치러 왔던 고향 교회의 선량한 그리스도인 남자들에게 얘기해야만 했다. 수 년이 지나면서 루이스가 옳았다는 결론에 도달했다. 거룩에 대한 나의 태도가 그 자리를 재조정해 온 것이었다. 성경이 거룩에 대해 말하는 바를 믿게 되었고, 이 책도 거리낌 없이 당신의 마음 속에 거룩의 자리가 재조정되기를 원한다.

　이 책이 목적한 바를 이룬다면, 언젠가 당신이 자신을 묘사하라는 요청을 받았을 때 '거룩'이라는 말을 사용할 수 있을 것이다. 아마 친구와 가족도 당신을 생각하며 '거룩'이라는 말을 떠올리게 될 것이다. 진실로 당신의 삶이 거룩하게 되기를 바란다. 거룩은 당신을 향한 하나님 뜻의 핵심이며, 또한 이 책의 주제이기도 하다.

　거룩하신 그 분께서 당신도 거룩하기를 원하신다.

이 책의 목적

　이 책은 개인의 거룩을 추구한다는 한 가지 분명한 목적이 있다. 이 책을 다 읽을 때쯤 당신의 마음과 습관이 거룩을 향해 방향 조절이 되기를 기도한다. 이 책은 세 부로 구성되어 있고, 각 부는 네 장으로 이루어져 있다. 그 세 부분이 논리적으로 저술되기는 했지만, 각 부는 다른 것과 별개로 읽어도 된다.

　제1부는 거룩의 성경적 개념과 거룩의 세 단계를 소개하는 것으로 되어 있다. 제1장은 거룩이 무엇이며 또 무엇이 아닌지에 대해 밝혔다. 제2장은 거룩의 첫번째 단계에 중점을 두고 있으며 하나님의 관점에서 어떻게 '성도(Saint)'가 되는지에 대한 비밀을 밝혀 준다. 이 단계에서 성령님께서는 당신을 위해 무슨 일을 하시는지 그리고 그 첫번째 단계에 이르기 위해 무엇을 해야 하는지 발견하게 될 것이다. 제3장에서는 당신 마음의 거룩에 초점을 맞추게 되며 깨끗케 되는 의식으로 들어가도록 당신을 준비시켜 줄 것이다. 마지막 장은 굳게 잠겨 있던 신학이

라는 상자를 열고, 거룩에 관한 주요 오해들을 풀어가며, '거룩 도표'에 따라 당신의 거룩을 평가함으로써 '점진적 거룩' 에 대해 알게 해줄 것이다.

2부에서는 '거룩의 어두운 면' 을 다루게 되고, 그래서 생활 중에 '거룩하지 못한' 문제들을 해결하여 승리로 이끌도록 준비시킬 것이다. 5장은 큰 죄 문제들을 해결하기 위한 '심층 정결 10단계' 를 사용하도록 훈련시켜 주며, 6장에서는 적의 진지로 바로 행진해 들어가 당신을 패배시키는 적의 기본 전략, 즉 당신이 당하는 유혹에 대해 폭로하게 된다. 다음 장은 당신의 '유혹 지수' 를 밝히고 모든 유혹의 7단계를 설명함으로써 당신을 더 강하게 만들어 준다. 마지막 장에서는 우리 문화 속에서 가장 강력한 유혹인 성적 부도덕에 대해 담대히 다루게 된다. 만일 그리스도인들이 이런 속박에서 자유로워질 수 없다면, 거룩은 즐길 수 있는 실재라기 보다 그저 원하는 것으로 그치고 마는 희망사항으로만 남을 것이다.

3부는 '거룩의 밝은 면' 으로 들어가 거룩 습관들을 실천함으로써 자신의 속사람을 강건케하도록 준비시킬 것이다. 9장에서는 이러한 습관들이 어떤 것인지 보여 주며, 뿌리는 대로 거두게 되는 원리를 보게 된다. 그리고 10장에서 12장까지는 수 세기를 통해 교회에서 행해졌던 6가지 주요 거룩 습관들을 살펴 보게 된다. 이 책은 특히 실제적이며 응용할 수 있도록 쓰여졌으므로 여기서 발견된 많은 성경적 가르침과 실제적인 도구들이, 이렇게 유혹이 많은 시대에 거룩을 향해 나아가는 당신 개인의 순례길에 꼭 필요한 격려와 도움이 되기를 바란다.

1

거룩을 향해 돌아서라

너희가 거룩을 아느냐?

1

> 거룩이 재미없는 것이라고 생각하는 사람은 정말 모르는 사람이다. 일단 그것을 만나면 결코 저항할 수 없다. 세계 인구 중 10%가 그것을 소유하고 있다면, 이 해가 가기 전에 세상은 완전히 달라질 것이다. 참으로 행복하게 될 것이다!
> – C. S. 루이스(C.S.Lewis)

신학교 교수가 자신의 50년 교단 생활을 마감하는 마지막 강의를 위해 강의실로 들어갔다. 여느 때와 같이, 강의실은 '거룩한 삶'이라는 교수의 강의를 들으려는 학생들로 소란스러웠지만, 이번 학기 내내 그 수업은 여러 가지 논쟁과 설전으로 상처를 입고 있었다. 몇몇은 거룩이 어떤 한 가지를 의미하는 것이라 고집하는 반면, 다른 학생들은 그것이 또 다른 것을 의미한다고 주장했다. 어떤 부류는 거룩이란 우리가 그렇게 살아야 하는 삶의 지침 같은 것이라 하고, 또 다른 부류는 결코 그렇게는 살 수 없노라고 주장했다. 강단에서 반 세기를 보낸

이 빈틈없는 노교수도 학생들의 거칠고 분파적인 태도를 고쳐줄 수 없을 정도였다. 계단식으로 된 강의실에는 학생들끼리 저마다 그룹을 이루어 떨어져 앉아 있었다.

교수가 가장 우려했던 일이 벌어진 것이다. 그가 거룩에 관해 어떤 말을 해도 학생들은 서로 신학적 의견이 달라 독단적인 태도로 거칠게 논쟁을 벌였고, 이제는 물리적으로 그리고 감정적으로 서로에게서 분리되는 지경에 이르고야 말았다. 그룹마다 자신들의 주장을 뒷받침하는 성경 구절을 내밀었고 어느 누구도 물러서지 않았으며, 다른 그룹이 얘기하는 성경 구절이나 관점을 진지하게 들으려조차 하지 않았다. 이번 학기 내내, 교수는 학생들의 판단하는 태도와 분리된 마음을 돌이켜 보려 애썼지만 헛수고였다. 수일 동안 고심한 끝에, 교수는 마지막으로 한 가지 아이디어를 생각해 냈다. 비록 오래 걸릴지라도 반드시 필요한 치유책이었다.

교수는 평상시 하던 것과 달리 바로 수업을 시작하지 않고, 칠판 한가운데에다 단어 하나를 천천히 쓰고 가만히 바라보았다. 다소 의외라는 듯 학생들은 눈을 동그랗게 뜨고 일제히 칠판을 응시했다. '트렁크(trunks).' 거기엔 그 단어 하나가 뚱딴지처럼 적혀 있었다.

학생들에게로 고개를 돌린 교수가 한 마디 한 마디 힘주어 말했다. "이번 수업

> 인간 운명의 끝은 행복도 건강도 아니고 거룩이다. 하나님은 인간을 위한 영원한 축복 기계가 아니시다. 그분은 인간이 불쌍해서 구원하러 오신 것이 아니다. 오히려 인간이 거룩하도록 창조되었기 때문에 그들을 구원하러 오신 것이다.
> - 오스왈드 챔버스(Oswald Chambers)

은 여러분의 석사 과정 중 어쩌면 가장 도전적인 시간이 될 것입니다. 옆에 있는 학생들과 함께, 이 단어를 정의하고 그것이 옳다고 믿는 이유를 설명하기 바랍니다. 여러분의 생각을 다른 그룹과 토론하지 말고 어떤 질문도 하지 마십시오. 10분 안에 자신이 속한 그룹의 의견을 정리해 적고, 그 답을 그룹의 대표자가 발표하면 됩니다." 침묵이 흘렀다. "한 가지 힌트를 드리자면, 제군들, 이 질문에는 오직 하나의 정답만 있다는 것입니다. 그리고 여러분이 써 낸 답은 학기말 성적에 크게 반영될 것입니다." 그렇게 진지하게 말한 후, 노 교수는 돌아서서 결연히 강의실을 빠져나갔다. 강의실 안에서 한창 벌어질 논쟁을 생각하면서 복도를 걸어가는 교수의 입가에 의미심장한 미소가 일었다.

　10분이 지났다. 시계 바늘이 10분이 지났다는 것을 가리켰을 때, 교수는 강의실로 돌아가 성적 기록부를 펼친 채 학생들을 쳐다보며, 그룹에서 누가 먼저 발표할지 물었다. 아무도 나서지 않았다. 이 대학 캠퍼스 안, 가장 예상치 못한 장소에서 혼란의 소용돌이가 휩쓸고 지나갔다. 교수가 자원자를 기다리는 동안은 영겁의 세월이 흐르는 것 같았다. "좋습니다. 아무도 자원하지 않는다면, 이번 것은 여기에서 마치겠습니다. 답을 쓴 종이에다 그룹과 자신의 이름을 적고 앞으로 제출하시기 바랍니다."

　강의실 뒷쪽에서 투덜대는 소리가 들렸다. "이거 너무하잖아! 도대체 '트렁크'가 개인의 거룩과 무슨 상관이 있다는 거야?" 비난에 전혀 신경쓰지 않는다는 듯, 교수는 칠판을 향해 돌아서더니 '트렁크' 앞에다 다시 두 개의 단어를 더 쓰는 것이었다. '큰 회색(The big gray).'

　"좀더 생각해 본 끝에, 제 입장을 바꾸어 여러분에게 두번째 기회를 주기로 했습니다. 아까 했던 것처럼 하면 됩니다. 다시 말하는데, 답은 오직 하나밖에 없습니다. 그리고 여러분이 적어 내는 답은 학기말 성적에 크게 영향을 미칠 것입니다." 그렇게 말하고 나자 강의실은 거의 낭패감으로 꺼져버릴 것만 같았다. 그러나 교수는 이전처럼 조용히 그 자리를 떠나 복도 끝에 있는 자신의 사무실로 갔다. 10분이 지났다. 다시 돌아온 교수는 누가 먼저 발표할지 물었다. 그동안 무척이나 열심을 냈던 학생들 중 몇 명은 자신 없다는 듯 아예 고개를 떨구었다. 다시 한 번, 교수는 답안지를 모아 그 전 답안지 위에 곱게 쌓아, 의도적으로 성적 기록부 옆에다 두었다.

세번째로, 교수가 칠판을 향해 돌아섰다. 앞에 써 놓았던 단어 뒤에 다섯 단어(영어는 6 단어)를 더 첨가했다. "큰 회색 트렁크가 먼지 나는 아프리카 도로로 떨어졌다 (The big gray trunks bounced down the dusty African road)." 다소 과장된 몸짓으로 교수는 문장 끝에다 마침표를 '쾅' 하고 찍었다.

"좀더 생각한 끝에, 여러분에게 세번째 기회를 주기로 했습니다. 전과 똑같은 지시에 따라 하십시오. 다시 강조하지만, 답은 오직 한 가지 밖에 없습니다. 그리고 여러분이 써 내는 답은 학기말 성적을 크게 좌우할 것입니다." 잠시 멈추었다가 교수가 다시 말을 이었다. "아! 그리고 이것은 여러분의 장래 신학에 중차대한 것이기 때문에, 이번에는 가능한 모든 관점들을 다 고려할 수 있게 다른 그룹과 여러분이 찾은 것에 대해 토론하기 바랍니다."

강의실을 벗어나는 교수의 이마에 주름살이 잡혔다. '이번 학기 내내 거룩에 관해 토론할 때 보여 주었던, 귀에 거슬릴 정도로 방어적이고 독단적이었던 이 학생들이 어떻게 이 숙제를 해낼까?'라고 생각하며 교수는 무척 재미있어했다. 이번에는 강의실을 나오자마자 바로 이층으로 올라가 강의실 한 귀퉁이에 있는 음향실로 갔다. 그는 자신의 계획이 어떤 결과로 나타나는지 직접 관찰해 보고 싶었다.

학생들이 답답한 낭패감을 터뜨리느라 강의실은 대혼란이었다. 그룹과 그룹 사이 뿐만 아니라 그룹 내에서도 토론과 논쟁이 한창 이어졌다. 목소리들이 점점 더 커졌고 그 중에는 팔을 휘두르는 사람들도 있었다. 마침내 15분의 토론 시간이 지나자, 교수는 이제 그 논쟁을 중단시킬 때가 되었음을 알았다. 강의실 안으로 들어섰다. 그는 한 강의실 안에서 이번처럼 의견이 분분한 것을 본 적이 없었으며, 한 가지 주제에 그렇게까지 양보하지 않는 불굴의 의지도 예전에는 결코 느껴본 예가 없었다. 교수는 그들이 생각하는 것에 도전을 주기 시작했다. 먼저 그 '트렁크'라는 말이 무엇을 의미하는지 각 그룹에 물어 보았다. 네 가지 해석이 나왔다. 차의 트렁크, 코끼리의 몸, 여행용 가방 같은 것 그리고 아프리카인의 몸. 그 다음에 학생들이 토론 중에 그들의 의견을 한번이라도 바꾸었는지 물어 보았다. 거의 모든 학생들이 적어도 한번은 그랬다고 했다. 교수는 조금 전에 말했듯이 답은 오직 한 가지라고 다시 일깨워 주면서, 혹시 그룹 중에 누구라도 자신의 이번 학기 성적을 걸고 정답을 맞춰보지 않겠느냐고 제안했다. 쥐죽은 듯 고요했다. "한번 도전해 보세요"라고 하면서 덧붙여 교수는 "자기 견해에 확신이 없습니까?"라고 물었다.

강의실에 있던 학생들이 일제히 소리를 지르듯 대답했다, "자신이 없습니다. 답에 확신을 가질 만큼 충분한 정보가 없기 때문입니다!"

교수는 수긍한다는 듯이 천천히 고개를 끄덕이면서 다시 한번 칠판을 향해 돌아섰다. 아주 조심스럽게 분필을 그 문장 마지막에 찍었던 마침표에다 대고, 그 끝에 꼬리를 달아 쉼표로 만들었다. 그런 다음 여전히 칠판을 향한 채, 고개를 학생들에게 돌려 그 표정들을 살펴보는 것이었다. 그의 예상치 못한 이 일련의 행동의 실마리가 풀리는 순간이었다. 마침내 문장이 완성됐다. "큰 회색 트렁크가 먼지 나는 아프리카 도로로 떨어진 것은, 그것을 입은 소년이 달려가고 나서였다 (The big gray trunks bounced down the dusty African road, as the boy who was wearing them ran by)."

학생들이 일제히 신음 소리를 냈다. 어떤 그룹도 정답을 맞추지 못한 것이다. 처음에 보여 주었던 그 미소를 머금으며 교수가 질문을 던졌다. "이제 여러분 중 몇 명이나 이번 학기 성적을 걸고 모험을 하겠습니까?" 아무도 손을 들지 않았다. "그렇다면 어째서 이제는 확신을 가질 수 있습니까?"

거의 말을 하지 않던, 가장 나이 많은 학생이 사람들을 대신해 말했다. "이제 답을 맞추는데 필요한 자료를 다 가지고 있기 때문입니다. 한 단어만 주어졌을 때는 모두가 틀렸습니다. 그리고 몇 부분만 주어졌을 때도 여전히 우리들은 틀렸습니다. 그런데 교수님께서 '아프리카 도로로 떨어졌다'라는 내용을 썼을 때, 우리들 대부분이 마음을 바꾸었고 마침내 답을 얻어냈다고 생각했습니다. 그러나 교수님께서 완전한 문장을 쓰셨을 때에야 비로소 진실을 알게 되었습니다."

교수는 고개를 끄덕였다. 이제 학생들이 교훈을 받아들일 준비가 돼 있다는 것을 알았다. "좋습니다. 이제 한 가지 질문을 하겠습니다.

여러분 중 몇 퍼센트가 틀리게 답했다고 생각합니까?"

"100 퍼센트요!"

"그렇습니다. 모두가 틀렸습니다. 오랫동안 열렬한 논쟁을 벌였지만 결국 모두가 틀렸습니다! 여러분 중 몇 사람이 자신의 의견에 확신을 가졌다 하더라도, 그렇게 느낄 만한 충분한 정보가 없었습니다. 모든 정보를 다 갖기 전에는 어떤 것에도 독단적이 되어서는 안됩니다." 그리고나서 다시 칠판을 향해 돌아서면서 덧붙이기를 "이제 여러분에게 또 다른 단어 하나의 의미를 물어보겠습니다." 교수는 칠판에 쓰여 있던 문장을 지우고 '트렁크'가 적혀 있던 자리에 '거룩'이라는 단어를 적었다. 여기 저기에서 탄식이 흘러 나왔다. 그리고 그 순간 수업이 끝났음을 알리는 종이 울렸다. 교수는 분필을 내려 놓고 말했다. "여러분의 마음을 결정하기 전에 충분한 정보를 가지고 있는지 꼭 확인하시기 바랍니다." 그리고 부드럽게 미소지으며 강의실을 걸어나갔다. 강의실 밖으로 진리에 감동된 학생들의 우뢰와 같은 박수 소리가 쏟아져 나왔다.

이제 당신이 거룩을 추구하고 있다면, 당신이 어디로 가고 있는지 그리고 무엇을 찾고 있는지 알고 있는가? 당신이 그 목표물에 명중했다는 것을 당신의 관점에서가 아니라 하늘의 관점에서 어떻게 알 수 있을까? 무엇보다도 거룩은 인간의 생각이 아니고 하늘 보좌로부터 온 초자연적인 생각이다.

1. 거룩은 '구별'을 의미한다

거룩을 추구하는데 있어서 취해야 할 첫번째 단계는 하나님이 의미하시는 '거룩'이 어떤 것인지를 분명하게 이해하는 것이다. 거룩은, 교수가 경험했던 것만큼 큰 감정의 무게로, 여러 개인들과 여러 교파에서 여러 가지 방법으로 정의되어 왔다. 그러나 거룩의 근본 개념은 혼동의 여지가 없는 명백한 것이고, 떨기나무 불꽃의 드라마를 통해 성경에 처음 나타나 있다.

이에 가로되 내가 돌이켜 가서 이 큰 광경을 보리라 떨기나무가 어찌하여 타지 아니하는고 하는 동시에 여호와께서 그가 보려고 돌이켜 오는 것을 보신지라 하나님이 떨기나무 가운데서 그를 불러 가라사대 모세야 모세야 하시매 그가 가로되 내가 여기 있나이다 하나님이 가라사대 이리로 가까이 하지 말라 너의 선 곳은 거룩한 땅이니 네 발에서 신을 벗으라(출 3:3-5).

거룩한 땅이라고? 어떻게 '땅'이 거룩해질 수 있는가? 모세가 '거룩하지 않은' 땅에서 흙을 한 움큼 가져다 떨기나무 불꽃 옆에 있는 거룩한 땅과 비교하면 어떤 차이가 있을 것인가? 이전에 모세가 그 사막 똑같은 자리에서 그의 양떼를 먹였다면, 그것이 그 때도 거룩했을까? 혹은 모세가 거룩한 땅의 모래를 조금 취해 장막으로 가지고 가서 자세히 조사하면 그 모래의 본질이 변했을까 아니면 그 전의 평범한 사막 모래와 같을까? 모래의 본질은 하나도 변하지 않았는데, 왜 하나님께서는 그것을 '거룩'하다고 말씀하셨는가?

1. 거룩은 신자의 마음 속에 있을 수 있다.

　내가 가지고 있는 것과 같은 큰 히브리어 사전을 당신이 가지고 있다면, 곧 그 대답을 알 수 있다. 거룩의 근본 개념은 '구별'이라는 말에 근거한다. 그 땅이 거룩하게 된 것은, 하나님께서 모세에게 자신을 나타내시기 위해 그 땅을 특별한 장소로 구별하셨기 때문이다. 그런 면에서 생각할 때, 그 사막의 나머지 땅은 하나님께서 자신의 대화 장소로 선택하시지 않은 결과 거룩하지 않은 채로 남게 되었다. 하나님께서 그보다 조금 더 북쪽으로 가셔서 그곳에서 말씀하셨다면, 사막의 그 특별한 곳이 새로이 거룩한 땅이 되었을 것이다.

　두번째 예를 통해 거룩에 대해 좀더 이해해 보자. 솔로몬 통치 시절 아주 거대한 축제가 열린 후, 성전 제사장 중 한 사람이 그의 아내에게 와서 말했다. "여보, 성전에서 쓸 거룩한 새 칼이 필요하오. 우리가 쓰던 칼은 모두 무디어졌거든. 우리 칼 중에서 하나만 가지고 가도 되겠소?" 제사장이 그 칼을 주님을 섬기기 위해 쓰는 순간, 거룩하지 않았던 그 부엌 칼이 성전의 거룩한 칼이 되었다.

　거룩은 칼, 사막, 도시 혹은 다른 많은 것들에 대해 사람의 마음 속에서 '구별' 되었다고 설명할 수 있다. 사람의 생각 속에서 '구별' 되는 것을 나는 '정신적 거룩' 이라 부른다. 가령 사막의 본질이 변한 것이 아닐 뿐 아니라, 누구도 하나님께서 그것을 사람들에게 나타내시기

> 우리들 속에 있는 거룩은 그리스도 안에 있는 거룩의 복사물이다. 밀랍에 인장의 자국이 남는 것처럼 그리고 아이가 아버지의 성품을 닮는 것처럼, 우리들 속에 있는 거룩도 그분께로부터 온다.
> 　- 필립 헨리(Philip Henry)

전까지는 그 땅이 '거룩' 하다는 것을 알지 못할 것이라는 말이다.

2. 거룩은 '으로부터(from)'와 '에게(to)' 둘 다여야 하고 그렇지 않을 경우 그것은 진정한 거룩이 아니다.

    거룩의 다른 조건은 한 가지로부터 구별되어 다른 것에게로 구별되어야 한다는 점이다. 잠시 그것에 대해 생각해 보면, 하나를 하지 않으면 다른 하나를 얻을 수 없다는 것이 금방 분명해진다. 칼이 거룩해지려면 집으로부터 구별되어 성전에로 구별되어야 한다. 다시 한번 말하지만, 그 칼의 본질이 거룩하게 변한 것이 아니라 단지 그것을 구별함으로써 거룩하게 되었다는 것을 명심하라.

    거룩은 구별되는 것을 요구한다. 성전 제사장이 칼을 자신의 집으로부터 취하는 그 순간까지는, 그것은 거룩하지 않았다. 왜냐하면 그것은 다른 칼과 함께 있었고 다른 칼들과 다를 바가 없었기 때문이다. 사막의 그 특별한 부분을 나머지 다른 부분과 구별하시기 전까지 주님은 그것을 거룩하다고 하지 않으셨다. 그래서 거룩은 금단을 요구한다. 거룩은 단절을 요구한다. 이런 관점에서 볼 때, 사람이 거룩해지려면 무언가로부터 떠나야 하고 그렇지 않으면 거룩은 불가능한 것이 된다.

    구별의 다른 한 면은, 칼이 다른 어떤 것과 결합되는 것처럼 어떤 것에게로 구별되는 것이다. 제사장은 칼을 부엌에서 취해 성전 안에 두었다. 거룩은 재결합을 요구한다. 거룩은 첨가되는 것을 요구한다. 오래된 것, 불신성한 패턴을 대치하기 위해 당신의 생활 속에 새로운 사람들이나 새로운 행실들 혹은 새로운 추구들이 더해져야 한다. 오래되고 불신성한 방식을 버리고 주님의 거룩한 방식을 추구해야 한다. 구별의 이러한 두 가지 면 중 하나라도 빠지면 성경적 거룩은 가능하지 않다. '에게로' 구별되지 않고 '로부터' 구별되는 것은 성경적 거룩이 아니다. 성경이 말하는 거룩은 '중단'하고 '시작'하는 것 모두를 포함한다.

신자는 어떤 것으로부터 도망쳐서 다른 어떤 것을 따라가야 한다. 디모데후서 2장 22절에 나와 있듯이 이 두 가지 분명한 부분에 유념하라.

> 너희가 청년의 정욕(으로부터 자신을 구별하고)을 피하고 주를 깨끗한 마음으로 부르는 자들과 함께 의와 믿음과 사랑과 화평(에게로 자신을 구별하라)을 좇으라.

이 방정식의 반만 추구하면 삶은 결국 불균형과 실수로 점철될 것이다. 거룩에 관해 사람들이 부정적인 것만 떠올리는 것은 너무 '피하는' 것에만 초점을 둔 결과다. 거룩은 '안돼'의 세계에 사는 것이 아니고 '괜찮아!'의 세계로 들어가기 위해 '안돼'의 세계를 떠나는 것이다.

만일 과거의 것을 떠나 그로부터 새로이 추구하는 삶의 영역이 없다면, 이 순간 당신에게는 거룩이 아주 부족한 상태다.

신약과 구약에서 '거룩'이란 말의 어근과 거기서 파생된 단어들은 '구분된', '바친', '깨끗케 된', '성화된', '거룩한', '구별된' 그리고 '성도'라는 말들로 번역되어 있다. 이 말이 성경의 어떤 내용에서 사용되었든지, 그것들은 모두 '구별됨'이라는 개념에 뿌리를 두고 있다. 이 책의 주제가 되는 구절은 베드로전서 1장 15-16절에 나와 있다.

…오직 너희를 부르신 거룩한 자처럼 너희도 모든 행실에 거룩한 자가 되라 기록하였으되 내가 거룩하니 너희도 거룩할찌어다 하셨느니라.

이 구절에서는 하나님이 당신을 개인적으로 부르셨다고 말한다: 주님은 당신이 거룩하도록 부르신다. 그분은 당신이 사람들로부터 나와 그분께로 구별되도록, 그리고 그분과 같지 않은 모든 것으로부터 떠나 당신 자신을 그분과 그분의 영광을 위해 헌신하도록 부르신다. 본질적으로 그리스도인에게 있어서 실제적 '거룩'은 우리의 성품과 행실이 더욱 그리스도를 닮아가기 위해 이 세상의 생활 양식을 버릴 때 일어난다. 아무쪼록 당신의 가슴에서 포기와 재결합의 놀라운 힘이 발견되기를 소망한다. 거룩하지 않은 것은 버리고 거룩한 것을 추구하라.

II. 거룩에는 기준이 있다

세계의 모든 문화가 다양한 모습들로 거룩을 존중하고 있다. 어떤 문화에서는 특정 장소를 '신성한' 것으로 여기는 반면 어떤 물건들은 '금기'시한다. 이 두 단어들은 세속적인 것으로부터 신성한 것으로 구별하는 문제를 설명할 때 사용된다.

거룩한 것으로 구별되기 위해서는 두 가지 단계를 더 밟아야 한다. 예를 들면, 남편과 아내가 살다가 마음이 맞지 않아 서로 떨어져 독립적인 삶으로 구별될 때 아무도 그들을 '거룩'하다고 말하지 않는다. 왜 거룩하지 않은가?

1. 거룩은 '세속적인' 것으로부터 '신성한' 것으로 구별되어야 한다.

무엇보다도 거룩한 구별이란 '세속적인' 어떤 것으로부터 '신성한' 어떤 것으로 구별되는 것을 말한다. 신이 거룩 속에 포함되어야 한다. 그렇지 않으면 진정한 거룩은 있을 수 없다. 이교도 문화에서도 그들의 부족 신을 섬기고 그 신들에게 헌신하는 '거룩한 사람들'이 있으며, 신들은 자연, 질병, 수확을 주관하고 적을 이기는 힘을 가지고 있다고 여겨진다. 그러나 그리스도인들은 그러한 종류의 불신성함에서 떠나 하나님의 진리를 좇아가도록 부르심을 받았다. 당신이 거룩해지고자 한다면, 어떤 것으로부터 구별되든지, 자신을 주님께로 구별하기로 선택해야 한다.

이러한 통찰력은 성경에 나오는 성전(Holy Temple), 거룩한 안식일(Holy Sabbath), 거룩한 제단(Holy Altar), 성막(Holy Place) 그리고 성회(Holy Assembly)와 같은 많은 거룩한 것들을 이해하는 기초를 제공한다. 이 경우에, 그 본질은 변하지 않았지만 대신에 그것들을 자연적인 것으로부터 구별하여 초자연적인 것에 드리고 사람을 위해 사용하던 것을 하나님을 위해 사용하는 것을 의미한다.

나는 사역하는 중 어떤 방이나 건물을 공적으로 주님께 바치도록 여러 번 요청을 받았다. 실제로 그 방이나 건물은 주님과 그분의 사역 그리고 그분의 영광을 위해 구별되고 거룩해졌다. 그 건물은 '주님께로 거룩'해진 것이다.

아내 달린(Darlene)과 나는 집과 우리에게 속한 모든 것을 주님께 바쳤다. 우리가 구입한 시골 땅 주변을 걷고 나서, 우리는 주님과 그분의 영광을 위해 공식적으로 그것을 바쳤다. 그리고는 함께 서서 특별히 우리 집과 그 속에 있는 모든 것을 주님과 그분의 사역을 위해 바쳤다. 그 시점이 되기 전까지는, 우리 집이 아직 공식적으로 주님께 바쳐진 것이라고 생각하지 않는다. 그것은 우리의 마음 속에 보통 '집'으로 남아 있을 뿐이다. 그러나 주님께 바쳤을 때, 그것은 거룩이라는 영역으로 전입하게 되는 것이다. 이제 우리는 그분의 자산을 관리하는 청지기, 그분 집에서 일하는 일꾼에 불과하다.

어떤 사람이 사역자가 되기 위해 자신을 주님께 바치는 신성한 안수식에 참석해 본 적이 있을 것이다. 이 의식에서 가장 엄숙한 순간은, 성도들 앞에 무릎을 꿇은 자에게 장로들이 안수하여 공식적으로 주님과 그분의 사역에 바치고 헌신하게 하는 장면이다. 그것을 거룩한 장소에서 거룩한 목적으로 거룩한 사람을 공식적으로 바치는 거룩한 의식이라고 생각하는 것은 옳은 일이다. 하늘에서 거룩하다고 인정하는 특정한 방식으로 개인들이 자신을 주님께 드리는 예식인 것이다.

그러므로 구별은 만져질 수 있는 것뿐 아니라 만져지지 않는 것에서도, 보이는 것뿐 아니라 보이지 않는 것에서도 일어난다. 칼은 그것을 주님께 봉사하기 위해 바침으로써 거룩하게 될 수 있다. 마찬가지로 남자와 여자도 마음과 정성을 다해 자신을 주님께로 구별함으로써 그들의 마음과 영혼과 힘을 주님께 드리기로 선택할 수 있다.

특히 구약에는 이러한 헌신과 구별의 예가 허다하다. 이스라엘이 하나님의 거룩한 나라가 되기로 동의했을 때 주님은 그들이 다른 나라들과 구별되기 위한 다소 특이한 방법을 말씀하셨다. 이렇듯 특별한 '거룩 규례'는 유대인들과 그들 주변에 있는 모든 사람들에게 그들이 다른 어떤 나라와도 같지 않다는 것을 항상 상기시켜 주었다. 그들은 주님께 속하였고, 그 사실은 그들의 생활 모든 면에서 실제적으로 영향을 미쳤다. 레위기 19장 19절에서 두 가지 예를 생각해 보라:

네 밭에 두 종자를 섞어 뿌리지 말며
두 재료로 직조한 옷을 입지 말찌며.

다른 말로 하면, 구약의 유대인이 의식적으로 '거룩' 하게 되기 위해서는 정원에 두 가지 다른 종류의 씨를 심어서는 안되며 혼방으로 된 셔츠를 입을 수 없었다. 그는 한 가지 재료로 된 옷만 입어야 했다.

생각해 보라. 두 재료로 직조한 셔츠를 입으면 오늘날에도 거룩하지 않게 되는가? 절대로 그렇지 않다! 이런 특별하고도 유일한 '거룩 규례' 는 다른 모든 사람과 구별되고 구분되도록 하기 위해 그 시대의 유대인에게만 주어진 법이다. 매일 아침 옷을 입을 때마다, 그들은 주님의 나라 백성이기 때문에 다른 나라들과 구별되어야 하고 구별을 실행하도록 부르심 받았다는 것을 생각하지 않을 수 없도록 한 것이었다. 다른 말로 하면, 혼방으로 되지 않은 셔츠를 입는 것이 그 사람의 성질을 변화시키는 것이 아니고, 그것은 단지 주님과 맺은 언약의 외부적인 표시일 뿐이라는 것이다.

'거룩한 행위' 에 관한 다른 재미있는 예화를 레위기 27장 30절에서 찾아볼 수 있다: "땅의 십분 일 곧 땅의 곡식이나 나무의 과실이나 그 십분 일은 여호와의 것이니 여호와께 성물이라."

어떻게 '땅의 곡식' 이나 '나무의 과실' 이 거룩해질 수 있는가? 단지 주님께서 '땅의 십분 일' 혹은 '곡식과 나무 과실의 십분 일' 이 그분의 것이고 다른 것들로 '부터 구별하여' 그것을 바치고 헌납함으로 주님 '께로 구별' 되도록 해야 한다고 말씀하셨기 때문이다.

2. 성경적 거룩은 주님과 그분의 말씀에 의해 정의된 것을 말한다.
 그러나 성경적 거룩의 정점은 단지 구별되는 것, 혹은 어떤 것으로 구별되기 위해 다른 어떤 것으로부터 구별되는 것, 혹은 세속적인 것으로부터 신성한 것으로 구별되는 것, 혹은 마음 속의 헌신을 통해 구별되는, 단순히 그러한 구별이 아니고 오직 주 하나님 자신이 계시하신 그대로 행하는 특별한 구별을 의미한다. 다른 말로 하면, 세계 여러 문화에도 있는 그런 '거룩한 사람들'은 주 하나님이나 그분의 아들 예수님을 숭배하는 것이 아니고 보이지 않는 영의 세계에 접촉하고자 하는 사람들이다. 그들이 주님의 적들을 섬기는 데 자신을 바치고 있기 때문에 성경은 그들을 '불경한 사람들'이라고 묘사한다.
 마찬가지로 세계 여러 곳에서 거룩의 절정이라고 생각되는 특별한 의식이나 종교적 관습들이 행해지고 있지만 천국에서는 그것들을 무가치하거나 거룩에 반하는 것으로 보고 있다. 거룩한 전을 향해 무릎으로 수 킬로미터를 걷는 '거룩한 사람들'은 하나님의 뜻을 실행하고 있는 것도 아니고 그 행위가 그분을 기쁘시게 하는 것도 아니다.
 사람들은 기아로 죽어가는데 그 옆에서 잘 먹고 있는 '거룩한 소'들은 천국에서 볼 때 분명 한 편의 희극임에 틀림없다. 하늘에 계신 주님은 결코 소들이 거룩하다거나 거룩한 것으로 대우해 주어야 한다고 말씀하신 적이 없다. 성경에서는 '거룩'해지기 위해서 어떤 음식을 삼가야 한다고 가르치는 사람들을 미혹케 하는 영을 좇는 사람으로 분명

히 말하고 있다! 디모데전서 4장 1-5절에서 이러한 말들을 주의하여 읽어 보라:

> 그러나 성령이 밝히 말씀하시기를 후일에 어떤 사람들이 믿음에서 떠나 미혹케 하는 영과 귀신의 가르침을 좇으리라 하였으니 자기 양심이 화인 맞아서 외식함으로 거짓말하는 자들이라 혼인을 금하고 식물을 폐하라 할터이나 식물은 하나님이 지으신 바니 믿는 자들과 진리를 아는 자들이 감사함으로 받을 것이니라 하나님이 지으신 모든 것이 선하매 감사함으로 받으면 버릴 것이 없나니 하나님의 말씀과 기도로 거룩하여짐이니라.

이 원리는 성경적 거룩을 가늠할 때 절대적인 기준이 된다. 무엇이 거룩한지에 관한 기준은 주님이 정하셨지 인간이 정한 것이 아니다! 주님께서 거룩의 객관적인 기준을 나타내 보이시지 않으셨을 때, 모든 사람이 "각각 그 소견에 옳은대로" 행함으로 야기될 무질서와 왜곡을 상상해 보라! 사람이 아무리 신실하고 헌신된 것처럼 보인다 할지라도 자기 자신의 감정이나 마음에서 나온 기준이나 혹은 성경 외의 다른 문학 작품에서 나온 거룩 기준을 따라 산다면, 그 기준은 성경적 거룩을 반영하는 것이 아님을 성경은 아주 분명하게 말하고 있다.

예를 들어 많은 이교도들이 결혼을 금하고 있다. 거룩의 더 높은 단계에 이르기 위해 혹은 신에게 봉사하기 위해서는 결혼을 해서는 안된다고 가르친다. 그러나 하나님께서는 디모데전서 4장에서 '결혼을 금하는' 기준은 주님께로부터 온 것이 아니고 '미혹케 하는 영들'로부터 온 것이라고 말씀하시고 있다.

3. 사람이 만든 거룩은 무가치한 거룩이다.

이 결정적인 요지를 놓치지 말라. 거룩은 주님이 정의하는 것이지 사람이 하는 것이 아니다. 사람이 만든 거룩은 무가치하다! 당신이 거룩에 관해 비성경적인 기준이나 방법을 고안했다면 불필요한 고난과 영원의 가치가 없는 행위에 스스로를 맡기는 결과가 될 것이다. 골로새서 2장 20하반절-23절에서 이 주제에 관해 요약해 놓았다.

어찌하여 의문에 순종하느냐 곧 붙잡지도 말고 맛보지도 말고 만지지도 말라 하는 것이니 (이 모든 것은 쓰는 대로 부패에 돌아가리라) 사람의 명과 가르침을 좇느냐 이런 것들은 자의적 숭배와 겸손과 몸을 괴롭게 하는 데 유익이 조금도 없느니라.

세계 전역을 돌아다니면서, 사람이 만든 거짓된 '자의적 숭배' 때문에 큰 고통과 고난을 당하며 '유익이 조금도 없는' 일에 힘쓰는 사람들을 보고 너무나 가슴이 아팠다. 개인의 거룩을 위해 적절하고도 효과적인 방법을 찾고 있다면 무엇을 해야 하는가? 출애굽기 19장 5-6상반절에서 주님이 밝히신 대답을 들어보도록 하자:

세계가 다 내게 속하였나니 너희가 내 말을 잘 듣고 내 언약을 지키면 너희는 열국 중에서 내 소유가 되겠고 너희가 내게 대하여 제사장 나라가 되며 거룩한 백성이 되리라.

하나님의 관점에서 거룩한 사람이 되려면 '주님의 말을 잘 들어야' 하고 '그분의 언약을 지켜야' 한다. 주님은 거룩한 것과 그렇지 못한 것의 한계를 정하는 분이시다. 종교도, 이교도도, '거룩한 사람'도, 교파도 그것을 할 수 없다. 오직 주 하나님만이 진실되고 성경적인 거룩의 기준을 설정하셨다. 사람들이 '사람의 교리' 혹은 '사람의 전통'을 고려하여 성경에 어떤 새로운 것을 첨가하거나 삭제하는 것을 주의 깊게 살피고 막아야 한다.

예수님의 생애 동안에, 유대인 지도자들과 설교자들은 거룩에 관해 그들 자신이 만든 특별한 조항들을 가르쳤다. 마태복음 15장 1-3, 7-9절에서 예수님이 하신 강한 도전의 말씀을 들어보라.

그 때에 바리새인과 서기관들이 예루살렘으로부터 예수께 나아와 가로되 당신의 제자들이 어찌하여 장로들의 유전을 범하나이까 떡 먹을 때에 손을 씻지 아니하나이다 대답하여 가라사대 너희는 어찌하여 너희 유전으로 하나님의 계명을 범하느뇨… 외식하는 자들아 이사야가 너희에게 대하여 잘 예언하였도다 일렀으되 이 백성이 입술로는 나를 존경하되 마음은 내게서 멀도다 사람의 계명으로 교훈을 삼아 가르치니 나를 헛되이 경배하는도다 하였느니라 하시고.

종종 '사람의 계명'을 '성경적 교리'인 것처럼 가르치지만 실제로는 그렇지 않다. 오늘날 세계 곳곳에 있는 많은 교회와 종교 단체에서 정확하게 이런 일들이 일어나고 있다. 개인적인 선호와 개인의 기준을 성경이 말하는 거룩인 양 가르치고 보통 성경 구절로 이를 뒷받침하기보다 감정적인 열정으로 그 기준을 정하고 있다.

우리의 유전을 하나님의 계명보다 더 중요하게 여기는 우리의 자연스런 경향을 생각하면서 위의 구절을 더 주의 깊게 읽어 보라. 다른 말로 하면, 우리는 우리의 유전 때문에 진실된 성경적 거룩에 불순종하고 있는 것이다! 참된 성경적 거룩의 기준을 정한다고 하면서, 성경의 경계를 넘어서는 우(愚)를 범하지 않도록 극히 조심하라! 많은 사람들이 거룩을 추구하는 데 있어 사람의 가르침과 유전을 통해 크게 속고 있다는 것을 우리 모두는 알고 있다.

4. 내면적 거룩이 없는 외적 거룩은 성경적 거룩이 아니다.

성경적 거룩의 최종 기준도 같은 구절에 나타나 있다. 주님은 그들을 외식하는 자들이라 부르신 후에 그들에게 "마음은 내게서 멀도다"라고 말씀하셨다. 거룩하기 위해서는 마음과 동기가 주님 앞에서 순수해야 하는데, 그렇지 않으면 그 행동은 거룩하지 않은 것이다. 다른 말로 하면, 성경이 거룩하다고 명시한 대로 사람이 어떤 일을 할 수는 있지만 여전히 성경적 거룩을 이행하고 있는 것이 아닐 수도 있다. 거룩은 거짓으로 행할 수 있지만 하늘에서는 거짓된 거룩을 불신성함과 동일한 것으로 본다! 사람의 행위가 거룩해야 할 뿐 아니라 그 마음도 거룩해야 한다.

그리스도인이 생활에서 거룩을 추구하고 성경이 정한 대로 특별한 것들을 행하면서 여전히 마음으로는 주님을 대하여 무관심하거나 반항하기조차 하다면, 주님께서는 그러한 행동 - 그 행동이 외부적으로는 거룩하게 보인다 할지라도 - 을 불신성한 것으로 보실 것이다. 주님이 어떤 것을 거룩하다고 평가하시는 것은 습관과 마음 모두가 주님께로 구별될 때를 말한다. 어느 하나라도 없으면 오직 파괴적인 불신성함만 낳게 된다:

> 우리가 거룩을 생각할 때는, 과거의 거룩한 성자들, 아시시의 프란시스나 조지 뮬러 혹은 현대에는 테레사 수녀와 같은 거장을 떠올리게 된다. 그러나 거룩은 순교자들, 신비가들, 그리고 노벨상 수상자들과 같은 엘리트 그룹만이 누리는 영역이 아니다. 거룩은 모든 그리스도인이 누려야 할 일상의 모습이다.
> - 척 콜슨(Chuck Colson)

내면의 거룩이 없는 외적 거룩은 위선을 낳는다.
위선적인 거룩은 불가피하게 율법주의의 노예로 전락하게 된다.
외적 거룩이 없는 내면의 거룩은 주정(主情)주의를 낳는다.
감정적 거룩은 불가피하게 광신의 노예로 전락하게 된다.
성경적 거룩은 율법주의와 광신의 위험한 조류 속으로 떠내려가지 않는다.
성경적 거룩은 성경적 기준에 의한 내적, 외적 구별을 말한다.

성경적 거룩이 어떤 것인지 분명하게 이해하라. 그리고 진실되고 균형잡힌 거룩으로 충만한 마음과 습관을 갈망하라.

III. 거룩에는 단계가 있다

지난 주에 장인 장모님이 조지아에 있는 우리 집을 방문하셨다. 우리는 이천 개의 조각으로 된 아주 크고 어려운 그림 퍼즐을 맞추며 함께 시간을 보내고 있었다. 장인 장모님은 '퍼즐 전문가'처럼 그 게임에 아주 능숙한 분들이었다. 수백 개의 조각을 훑어본 후에, 나는 이것이 내가 본 가장 어려운 것들 중 하나라는 것을 깨닫게 되었다. 하늘과 산과 초원 그리고 호수가 모두 함께 뒤섞여 있었다. 한 조각을 집어 들고 보면 어느 곳에나 다 맞을 것처럼 보인다! 그러나 궁극적으로 각각의 조각은 오직 한 곳에만 맞도록 되어 있다.

거룩의 주제에 관해 알려고 할 때면, 그것의 범위가 광대하다는 것을 당신은 당장 알게 된다. 거룩 조각들이 성경 66권에 흩어져 있다! 장인 장모님이 맞춘 퍼즐은 단 하나의 그림이지만, 성경적 거룩은 그 퍼즐 안에 별개의 그림이 몇 개 된다는 것을 나는 확신한다! 즉 성경적 거룩은 성경 내용에 근거하여 아주 다양한 의미를 갖고 있는 하나의 통일된 주제라고 믿는다.

교수의 강의실로 잠시 돌아가 보자. 학생들이 서로 분리되고 독선적이며 반감을 가지기조차 한 이유는 그들이 거룩에 대해 서로 다른 관점을 가지고 있었기 때문이었다. 각 그룹은 거룩 퍼즐의 어떤 부분을 선택하여(각각 퍼즐 안에는 별개의 온전한 그림이 있다), 그들의 특별한 그림 주위로 담을 쌓고 감정적으로 그리고 교파적으로 그들의 그림을 변호했다. 분명한 것은 그들이 자신들의 그림을 생각하면서, 수많은 조각들(성경의 구절들) 중 그들 그림에만 유일하게 맞는 것들을 선택하여 다른 곳에는 맞지 않는다는 주장을 편 것이다. 그들이 생각하기에 자신들은 절대적으로 옳았다. 그리고 그들의 관점은 극히 성경적이었고 다른 의견을 가진 사람은 무조건 틀릴 뿐만 아니라 어쩌면 이단적이기조차 한 것이었다.

거룩이 그렇게 우리를 '어리둥절하게' 하는 것도 당연하다! 거룩이라는 주제에 관해 성경에 나오는 많은 구절들을 읽고 공부한 후에, 나는 그것이 너무나 규모가 크고 광범위하다는 것을 깨달았다. 어떤 구절을 읽으면 장로교 친구가, 또 어떤 것은 감리교 그리고 웨슬리교 친구가, 또 어떤 것은 침례교 친구, 또 다른 것은 오순절교 친구가 갈채를 보내는 것을 들을 수 있었다. 다른 말로 하면, 거룩의 '성경적 조각들' 중 어떤 그룹에 초점을 두느냐에 따라 당신의 생각이 영향을 받게 될 것이고 궁극적으로 지배당하게 될 것이다.

나는 모든 선입견을 버리기로 했다. 이 책이 성경에 있는 그대로를 전하기 위해서는 내가 무엇을 믿느냐 그렇지 않느냐에 따라서가 아니라 오직 성경이 가르치는 것이 무엇인지를 나타내야 한다. 그래서 오직 한 가지 질문을 가지고 구절구절을 새롭게 보기 시작했다: 이 구절이 진실로 말하고자 하는 것이 무엇인가? 어떻게 해야 할지를 알게 된 이상, 최선을 다해 '신학적 담장'과 그것이 정한 경계를 모두 제쳐 두고, 오직 거룩이라는 주제와 직접적으로 관련된 '성경적 계시'를 담고 있는 단어, 구문, 절 그리고 문단만을 꼭 붙잡았다. 거룩에 관한 '진리'를 가지고 있다고 주장하는 그룹이 그렇게 많은 것도 당연하다. 내가 얻은 결론은 대부분의 경우에 있어서 많은 사람들이 절대적으로 옳았고 그들은 정말 진리를 가지고 있다는 것이다. 그러나 온전한 진리 전체를 가진 것은 아니다.

예를 들면, '트렁크'가 코끼리의 몸을 의미한다고 주장했던 학생들은 옳았던가? 그렇다. 그 단어가 차의 뒷부분을 의미한다고 주장했던 학생들은? 그들도 옳다. 미국 문학을 조사했다면, 그 단어가 진짜로 차의 뒷부분을 의미하는 것이라는 것을 증명했을 것이다.

그러나 '트렁크'가 항상 차의 뒷부분을 의미하는 것인가? 결코 그렇지는 않다.

다른 말로 하면, 사람이 어느 부분에서 진리를 가질 수는 있지만 진리 전체를 가질 수는 없다. 사람이 어느 한 구절에서 성경이 가르치는 경계 안에 온전히 있을 수 있지만, 전체 부분을 다 고려할 때는 성경이 가르치는 것의 경계 밖에 있을 수도 있다. 이렇게 중요한 주제에 관해 혼동하는 대부분의 이유는 거룩을 너무 작은 퍼즐에다 맞추려고 하는 실수 때문이다.

거룩은 참으로 하나의 퍼즐이면서 그 똑같은 퍼즐 안에 세 개의 다른 그리고 별개의 그림이 있는 것이라고 보면 되겠다. 그러면 아마 각 부분들이 서로 대립되지 않고 하나의 전체 그림에 들어맞게 될 것이다. 다음 세 장에서는 이러한 별개의 그러면서도 서로 관련 있는 성경적 거룩의 각 부분들을 보게 될 것이다.

이 세 부분은 실제로 거룩의 세 가지 다른 단계들이다. 이 세 장을 다 읽고 나면, 처음으로 거룩의 여정 중 당신이 어느 지점에 서 있는지를 발견하게 될 것이다.

구원, 더 이상의 거룩은 없다?

2

> 우리의 도움 없이 우리를 창조하신 분은 우리의 동의 없이 우리를 구원하지 않을 것이다.
> – 히포의 어거스틴(Augustine of Hippo)

구약과 신약에서 발췌한 거룩에 관한 수십 페이지의 구절들이 내 책상 위에 흩어져 있다. 심각하게 생각한 후에, 지금까지 거룩에 관해 믿었던 모든 것을 버리고 처음부터 다시 시작하기로 결정했다. 오직 성경만을 가지고 그리고 내가 성경에 대해 얘기하는 대신에 성경 그 자체가 말하는 것을 듣도록 모든 선입견을 버리고 새롭게 출발한다.

우리 말로 어떻게 번역되었든지 상관없이 어근이 '거룩한'이라는 말로부터 번역된 성경 구절을 다 모았다. 그 구절들을 읽어 보면 '거룩한', '거룩', '성화되다', '구별되다', '분리된'과 같은 말들이었다. 몇 가지 이유로, 이렇게 하는 것이 이 주제를 공부하는데 다소 쉬운 단계가 되리라 예상했었지만 그러나 내 기대는 현실과는 동떨어진 것이었다. 이 일이 통찰력과 명쾌함을 주기 보다는 좌절감과 혼돈을 더 초래하리라고는 예상하지 못했다.

문제는 곧바로 나타났다. 이 거룩의 어근이 어떤 구절에서는 이미 일어난 일에 사용된 반면, 다른 구절에서는 현재 일어나야만 하는 일에 사용되었고, 또 다른 구절에서는 미래에 일어날 일에 사용된 것이었다. 어떻게 이렇게 될 수가 있는가? 어떻게 거룩이 예수님께서 나를 위해 완전히 하신 어떤 것이면서, 성령님께서 내게 하고 계신 어떤 것이기도 하며 그리고 다른 구절에서는 거룩하라고 또 거룩한 태도로 살라고 명령하고 있는가? 나는 거룩에 관해 쓰여진 4가지 시제를 발견했다:

- 과거 시제에서 묘사된 거룩
- 현재 시제에서 묘사된 거룩
- 미래 시제에서 묘사된 거룩
- 신자의 영원한 상태에 관한 미래 시제에서 묘사된 거룩

읽을수록 더 혼란스러웠다! 나는 이미 거룩한가? 그렇지 않으면 아직 거룩하지 않은가? 이미 거룩하다면 왜 성경은 거룩하게 살라고 명령하는가? 한 구절에서는 '거룩' 하다고 불리는 신자들이 같은 장 다른 절에서는 왜 죄악된 삶을 버리라고 강하게 권함을 받고 있는가? 그들이 거룩하지 않다면 어떻게 거룩하다고 불릴 수 있는가?

나는 계속해서 낭패감과 혼돈의 물결에 휩쓸리고 있었다. 거룩이, 풀기 쉽고 논리적이며 도움이 되는 양식으로 제시될 수 있는 성경적 주

제가 아니라, 풀 수 없이 엉켜버린 실타래가 되어 버린 것이었다. 이 때까지 나는 '당신이 이미 거룩하니 당신이 사는 그대로 살아도 좋다' 는 것을 증명할 수 있는 구절을 한 움큼 가지고 있었다. 또한 '당신이 어느 날 거룩해질 것이므로 거룩 안에서 자라가야 한다' 는 것을 증명하는 구절도 한 줌 가지고 있었다. 당신이 이미 완전히 거룩하다면 어떻게 더 거룩해질 수 있는가?

이렇게 흥미진진하면서도 복잡한 주제를 두고 그렇게 다양한 견해와 신학 이론이 있는 것도 당연한 일이다. 이 시점까지 오니, 내가 아닌 다른 사람이 이 주제를 가지고 책을 쓰는 것이 좋겠다고 심각하게 생각하게 되었다! 왜 그렇게 많은 경건한 사람들이 서로 의견을 달리하는 이 주제에 대해 책을 쓰는가? 우리는 WTB 사역을 통해 25년 이상을 분열을 일으키지 않는 방법으로, 초교파적으로 그리고 파벌 없이 성경을 솔직하고도 분명하게 가르치기 위해 노력해 왔다. 주님께서는 이러한 접근 방식을 축복하셨고, WTB는 71개국 52가지 언어로 교파와 문화를 초월하여 널리 사역해 오고 있다.

그런데 이제 와서 왜 내가 누군가의 의견에 반대되는 것을 제기하는 위험 부담을 안겠는가? 주님께서 지난 10년 동안 내게 개인의 거룩에 관해 그렇게 깊이 가르치시지만 않았더라도, 나는 이 일을 포기했을 것이라고 확실히 말할 수 있다. 이 자료의 앞 부분에 소개했던 남자들과 여자들만 아니었더라도 이 자료를 통해 주님께서 그들의 가슴 속에

> 건강, 부, 영광, 지식, 혹은 친구 없이 천국에 갈 수 있다. 그러나 그리스도 없이는 결코 그곳에 가지 못한다.
> - 존 다이어(John Dyer)

행하신 일이 그렇게 깊지만 않았더라도, 나는 그것을 그저 책상 위에 버려 두었을 것이다.

거룩에 관한 주제에 대해 더 분명하게 밝히는 작업을 하면서, 나는 이 책이 거룩에 관한 신학 이론서가 되어서는 안된다는 것을 확신하게 되었다. 실제로 당신은 주를 단 것도 하나 발견하지 못할 것이다. 다른 사람의 견해를 평가하지도 않았으며 어떤 특정 구절의 자질구레한 부분부분을 해석하지도 않았다. 그 이유는?

내 마음 속에 몇 가지 분명한 목표가 있었고 그 목표가 이것을 쓰게 된 길잡이가 되었기 때문이다. 첫째는, 이 책을 다 읽을 때 쯤이면, 거룩해야 한다는 주님의 부르심에 마음이 깊이 동요되어 당신은 당신의 마음을 거룩을 향해 엄숙히 돌리게 될 것이다. 둘째로, 거룩에 관해 성경이 무엇을 가르치고 무엇을 가르치지 않는지 그리고 당신이 "내가 거룩하니" 거룩해야 하고 "모든 행실에 거룩한" 자가 되라는 주님의 목표를 성취하기 위해 무엇을 해야 하는지 정확히 이해하게 될 것이다. 마지막으로, 거룩을 경험하게 될 세 가지 세트의 도구들로 무장하게 될 것이다. 당신의 생활 가운데 거룩하지 못한 것의 노예가 된 것으로부터 자유롭게 되도록 해 주는 도구들; 당신을 공격하는 유혹을 극복할 수 있게 해 주는 도구들; 수 세기 동안 주님의 백성들이 사용했던 거룩에 관련된 습관을 통해 개인의 거룩을 추구하도록 도와 주는 도구들.

다른 말로 하면, 이 책은 개인의 거룩에 있어서 당신이 큰 걸음을 내딛을 수 있도록 갖추어 주는 것을 목적으로 한다. 이 책은 주님의 거룩에 초점을 두기 보다 당신의 거룩에 중점을 둘 것이다. 머리에 있는 지식으로 끝나는 것이 아니라 삶을 깊이 변화시키는 것이 목적이다. 신학 체계를 좇는 것이 아니라, 이 책은 개인의 변화를 추구한다. 이러한 도입과 함께 이제 그 모든 구절들이 무엇을 말하려고 하는지 조사해 보기로 하자.

개인의 거룩의 세 단계

처음에 열심을 다해 이 일을 시작했을 때, 거룩에 관한 나의 '조잡한 초고(礎稿)' 중 그 어떤 개념도 거룩의 '단계'와 관련되는 것은 없었다. 그 대신 그것은, 거룩에 관해 대립되는 것처럼 보이는 구절들을 가지고 의미가 통하도록 맞추어 보다가 우연찮게 가지게 된 생각이었다고 말하는 편이 안전하겠다. 각각의 구절을 따로 떨어져서 볼 때는 이해하기 어려운 것이 아니었지만, 두 가지 이상의 구절들을 서로 비교해 볼 때는 서로 상반되는 것을 가르치는 것처럼 보였다. 그 때 나는 무언가 기초가 되는 것이 빠져 있다는 것을 알았다. 마침내 나는 각 절에 있는 동사의 시제에 더 주의를 기울이기 시작했고, 그것들을 과거, 현재, 미래 그리고 영원의 범주에 따라 차례대로 배치해 보았다.

예상할 수 있듯이, 각 범주에 속한 구절들을 공부했고, 완전하고도 논리적으로 의미가 통하는 것이 되었다. 그러나 그 각 범주들 간에는 어떻게 해도 논리적으로 들어 맞는 것처럼 보이지 않았다. 더 많이 공부하고 묵상한 후에 나는 깨닫기 시작했다:

· 과거의 거룩은 어떤 특색과 진리가 있었다.
· 현재의 거룩은 다른 특색과 진리가 있었다.
· 미래의 거룩은 또 다른 특색과 진리가 있었다.

· 영원의 거룩도 또한 다른 특색과 진리가 있었다.

이 책은 여기 이 땅에서의 거룩에 관해 초점을 두고 있기 때문에, '영원의 거룩'에 관한 구절은 제쳐 두기로 한다. 각 범주에 속하는 구절들을 주의 깊게 공부했을 때, 거룩의 세 가지 단계가 개인의 거룩을 이해하는 데 극히 도움이 되는 골격임을 곧 알게 되었다. 지금 이 시점에서는 이 모든 것들이 분명히 보이지 않겠지만, 다음 몇 장에서 당신은 거룩에 관해 더욱 깊이 이해하게 될 것이다. 이제 시작해 보자.

거룩의 첫번째 단계

다음 구절을 주의 깊게 읽어보고 거룩이라는 하나의 어근으로부터 번역된 두 개의 단어를 찾아 보라.

> 고린도에 있는 하나님의 교회 곧 그리스도 예수 안에서 거룩하여지고(sanctified) 성도(saints)로 부르심을 입은(to be) 자들과 또 각처에서 우리의 주 곧 저희와 우리의 주 되신 예수 그리스도의 이름을 부르는 모든 자들에게…(고전 1:2).

거룩이라는 어근으로부터 파생된 첫번째 단어는 '거룩하여지고'이고 두번째 단어는 '성도'이다. '성도'가 거룩과 같은 어근에서 나왔다는 사실에 놀랄 수도 있겠지만, 그것은 사실이고 새로운 이해의 차원으로 접어들게 되는 것이다. 이 구절이 두 가지 다른 방법으로 '고린도에 있는 하나님의 교회'를 묘사하고 있다는 것에 주의하라.

첫째로, 그들은 '그리스도 예수 안에서 거룩하여진' 사람들이고 그것은 그리스도의 죽음과 부활을 통해 그들이 이미 그리스도 안에서 거룩(구별된)해진 것을 의미한다. 둘째로, 그들은 '성도로 부르심을 입었고' 그것은 사도가 그들이 누구인지를 설명하는데 사용하곤 했던 명칭이기도 하다.

이 구절에서 단지 두 개의 낱말만 이탤릭체로 되어 있다는 사실을 아는가? 성경에 어떤 단어가 이탤릭체로 쓰여 있을 때는 원래 헬라어나 히브리어 원문에는 없는 말임을 나타내며, 번역자가 그 말의 의미를 더 분명히하기 위해 첨가해 놓은 것을 의미한다 (역주: 한국어 성경에서는 그 차이가 없으나 영어 성경의 어떤 번역에서는 이탤릭체로 되어 있음: 'called *to be* saints'). 이제 'to be'는 원 성경 사본에는 없지만 번역자가 첨가한 것이라는 것을 알게 되었다. 대부분의 경우에 있어서는 이렇게 첨가함으로써 독자들의 이해를 돕게 되고 번역자들의 통찰력으로부터 유익을 얻을 수 있기에 그들에게 감사하게 된다. 그러나 거룩에 관해 공부해 보니 이번 경우에 있어서는 불행히도 완전히 잘못된 것이라는 느낌을 갖게 되었다. 내가 발견한 것을 함께 공부해 보자.

성경이 "성도로 부르심을 입은(called to be saints)"이라는 것을 의미했다면, 이 '성도'는 그리스도인들이 성장해 가야만 이를 수 있는 어떤 것, 혹은 미래의 어느 시점에 '될 (be)' 어떤 것을 대표하는 것이라는 사실을 깨닫게 되었다. "성도로 부르심을 입은(called to be saints)"으로 해석하는 것은 그리스도인들이 최고의 수준으로 거룩한 삶을 살도록 부르심을 받았고, 그래서 아마 어느 날엔가는 '성도'라는 드문 호칭을 받게 될 것이라는 의미다.

다른 한편으로, 성경이 원래 헬라어에 있는 것처럼 'called saints'를 의미한다면 고린도에 있는 그리스도인들은 그들이 이미 '성도들' 임을 깨닫게 될 것이다. 미래의 목표로서의 성도가 아니라 현재 상태로 이미 성도라는 것이다.

"성도로 부르심을 입은(called to be saints)"이 최선의 번역이라면, 의심할 바 없이 고린도의 그리스도인 중 그 높은 수준에 이른 사람은 거의 없을 것이지만, 만약 "called saints"가 더 나은 번역이라면, 고린도에 있는 그리스도인 한 사람 한 사람이 모두 '성도' 라는 호칭을 이미 얻게 된 것이다. 다음 구절들을 살펴 보고 더 분명히 이해해 보자:

그리스도 예수의 종 바울과 디모데는 그리스도 예수 안에서 빌립보에 사는 모든 성도와 또는 감독들과 집사들에게 편지하노니(빌 1:1).

로마에 있어 하나님의 사랑하심을 입고 성도로 부르심을 입은 모든 자에게(롬 1:7).

하나님의 뜻으로 말미암아 그리스도 예수의 사도 된 바울과 및 형제 디모데는 고린도에 있는 하나님의 교회와 또 온 아가야에 있는 모든 성도에게(고후 1:1).

이 비슷한 구절(다른 구절들도 더 첨가할 수 있다)들을 함께 놓고 보면, 성경이 그리스도인들을 성도로 말하고 있지, 성도가 되고자 하는 그리스도인들을 말하는 것이 아님을 어렵지 않게 분별할 수 있다. 실제로 신약에 흩어져 있는 이 '성도'라는 말을 추적해 보면, 신약에서 거듭난 신자들을 그리스도인이라 칭하는 것은 단지 3번이고 성도라 말한 것은 62번이나 된다는 사실에 놀라게 된다! 그러면 성도가 된다는 것은 무엇을 의미하는가?

거룩한, 거룩 그리고 성화의 어근은 헬라어 하기오스(hagios)이다. 앞 장을 읽어보면, 거룩은 구별이라는 근본적인 의미를 가지고 있다. 하기오스가 신약에서 명사형으로 사용될 때, 그것은 '성도'라는 말로 번역되어 있고 '성도'는 말그대로 '구별된 자' 혹은 '부르심을 받은 자'를 의미한다. '성도'라는 말은 경건의 수준이 높아지는 것을 의미하는 것이 아니라 하나님께로 구별된 상태를 의미한다.

이 문제에 관해 우리가 많이 혼동하는 이유는 '성자 존(영문에서는 '성자'와 '성도'를 같은 단어 'Saint'로 표현한다)' 혹은 '성자 메리'라는 식으로 어떤 두드러진 그리스도인들을 일컬을 때 이 말을 붙이는 관습 때문이다. 교회사를 통해 보면, 성자라 지칭하게 된 것은 신약이 완성되고 사도와 제자들이 죽고 나서 오랜 세월이 흐른 후에 생겨났다고 기록하고 있다. 성인(sainthood)이라는 것은 신약의 가르침도 신약시대의 관습도 아닐 뿐더러 하나의 교회 관습에 지나지 않는다.

재미있는 것은 신약 원문에 '성도'란 단어가 62번 사용되었는데 이 중 단 한 번도 단수로 사용되지 않고 언제나 복수로 사용되었다는 점이다. 성경은 한 번도 '성도 바울'이라고 부른 적이 없고 '로마 혹은 고린도 혹은 빌립보에 있는 성도들'이라고 말한다. '성도'라는 말은 '그리스도인'이나 '신자'라는 말처럼 호칭으로 사용될 수 있다는 것이다:

'그리스도인' 바울이란 말은
'신자' 바울을 뜻하고, 곧
'성도' 바울이란 말과 같다.

신약에서는 예수 그리스도 안에서 거듭난 각 개인 신자 모두를 지칭하는데 '성도'라는 말을 사용한다. 당신이 거듭났다면 이미 성도거나 구별된 자다. 아직 거듭나지 않았다면 성도도 아니고 구별된 자도 아니다.

'성도'라는 말은 과거 시제의 거룩인 거룩의 첫번째 단계를 우리에게 소개해 준다. 어떤 순간에 이러한 '구별'이 발생하여 신자가 구별된 자라 불릴 수 있게 되었는가? 거룩과 같은 어근을 가진 말을 사용한 두 구절을 보라:

> 너희 중에 이와 같은 자들이 있더니 주 예수 그리스도의 이름과 우리 하나님의 성령 안에서 씻음과 거룩함과 의롭다 하심을 얻었느니라(고전 6:11).

> 이 뜻을 좇아 예수 그리스도의 몸을 단번에 드리심으로 말미암아 우리가 거룩함을 얻었노라(히 10:10).

"거룩함을 얻었느니라"와 "거룩함을 얻었노라"는 분명히 과거의 어느 시점에서 일어난 거룩의 한 종류임을 나타낸다. 성경은 단지 몇몇 사람들만이 '거룩함을 얻었다'고 하지 않고, 모든 사람이 얻었다고 한

다: "빌립보에 사는… 모든 성도" 혹은 "아가야의 모든 믿는 자."

이쯤 되면 거룩에 관해 다소 혼동이 온다. 성경은 모든 신자가 다 성도이며 '거룩함을 얻었다'고 가르치기 때문에 누구든지 '성도'답게 살지 않거나 혹은 '거룩하게' 행동하지 않으면 확실히 그리스도인이 될 수 없다. 그렇지 않은가? 논리적인 질문이다. 그리고 성경의 다른 구절에서는 그 문제에 대해 거론하고 있는 듯이 보이지만, 성경은 '성도'가 실제로 어느 시기 동안 아주 '성도답지 않게' 살 수도 있다고 솔직히 그리고 거듭 가르치고 있다. 이 결정적인 순간에 대부분의 신자들이 거룩의 세 가지 다른 단계 사이에 나타난 극적인 차이에 혼란을 겪게 된다.

첫번째 단계의 거룩이
어떻게 당신을 거룩하게 만드는가?

거룩의 첫번째 단계는 당신이 주 예수 그리스도를 개인의 구주로 믿는 행위부터 시작된다. 그 순간에 당신은 '성도'가 되고 '거룩함을 얻게 되는' 것이다. 거룩의 첫 단계 – 당신이 성도가 되고 거룩함을 얻었을 때 – 에서 당신의 행동이 진실로 그 호칭에 맞게 변화하는가?

잠시 고린도 교회를 생각해 보자. 바울은 그들을 "그리스도 예수 안에서 거룩하여지고" "성도라 부르심을 입은" 자들이라 불렀다. 똑같

> 나는 두 가지 사실을 기억한다. 하나는 내가 큰 죄인이고 다른 하나는 그리스도는 위대한 구세주라는 것이다.
> – 존 뉴튼(John Newton)

은 편지 안에서 바울은 음행, 소송, 당파, 시기 그리고 다른 여러 가지 그들의 죄에 대하여 강한 어조로 말하고 있다. 신약 전체에 있는 모든 교회 중에서 고린도 교회는 분명 가장 죄악되고 "아직도 육신에 속한" (고전 3:3) 교회였다. 그러나 바울의 첫번째 편지와 두번째 편지를 읽어 내려가도 그는 사람들에게 그리스도인들이 되라고 초청하지 않고 그들의 행위를 변화시키라고 말하고 있다. 그는 그들의 '성도답지 않은' 행위 때문에 '성도'가 될 수 없다고 말하고 있지 않다. 성경은 분명하다: 그리스도인은 어느 시기 동안 죄인처럼 살기로 선택할 수도 있는 성도들이다. 그리스도인이 죄인처럼 산다면 그들의 삶의 방식에 대해 회개하고 성령을 의지하며 거룩하게 살도록 도전을 받아야 한다.

내가 여기에서 말하고자 하는 것은 '과거의 거룩'과 '현재의 거룩'의 분명한 차이다. 모든 신자들이 거룩함을 얻었지만 모든 신자들이 거룩한 삶을 사는 것은 아니다. 당신은 이러한 관점이 완전히 성경적이라는 것을 확신하는가? 내가 찾고 있는 것의 많은 부분을 확실하게 정리해 주고 있는 베드로전서 2장 9-12절을 포함하여 많은 구절들이 이 개념을 지지하고 있다고 나는 믿는다. 베드로의 주장에 나타나는 세 가지 다른 단계에 주의하라:

오직 너희는 택하신 족속이요 왕 같은 제사장들이요 거룩한 나라요 그의 소유된 백성이니 이는 너희를 어두운 데서 불러 내어 그의 기이한 빛에 들어가게 하신 자의 아름다운 덕을 선전하게 하려 하심이라

너희가 전에는 백성이 아니더니 이제는 하나님의 백성이요 전에는
긍휼을 얻지 못하였더니 이제는 긍휼을 얻은 자니라
사랑하는 자들아 나그네와 행인 같은 너희를 권하노니 영혼을 거
스려 싸우는 육체의 정욕을 제어하라 너희가 이방인 중에서 행실
을 선하게 가져 너희를 악행한다고 비방하는 자들로 하여금 너희
선한 일을 보고 권고하시는 날에 하나님께 영광을 돌리게 하려 함
이라

사람들이 그리스도를 개인의 구주로 영접할 때 베드로가 말한 것처럼 그들은 "어두운 데서 불러내어 그의 기이한 빛에 들어가게" 되었다. 구원을 받는 순간에, 그들은 "(하나님의) 백성이 아니더니 이제는 하나님의 백성이" 되었다. 주님의 용서하심을 받는 순간까지는, 그들은 "전에는 긍휼을 얻지 못하였더니" (주님께서 그들의 죄를 용서하시고 그들을 지옥에서의 영원한 형벌로부터 구원해 주심으로써) "이제는 긍휼을 얻은 자가" 되었다(주님께서 그들에게 영원한 구원과 영광 가운데 풍성한 유산을 주심으로써).

분명히 거듭났고 그러므로 '성도'이며 '거룩함을 얻었다'는 사실에 아무도 의심하지 않았는데, 왜 바로 그 다음 절에서 베드로는 "육체의 정욕을 제어하라"고 "너희를 권해야" 하는가? 그것은 단지 그들이 이 순간에 육체의 정욕에 빠져 있고 주님께 대항하여 죄를 짓고 있었으며 "이방인 중에서 행실을 선하게 가지지" 못하고 있었기 때문이다. 요점은 분명하다: 예수님의 온전하신 사역을 믿음으로써 시작되는 거룩은 신자의 행위에서 시작되는 거룩과 같은 것이 아니기 때문이다.

당신의 행위가 거룩의 첫번째 단계에서 거룩해지지 않는다면, 사람이 어떻게 거룩해질 수 있는가? 성경에서 '거룩'하다고 설명하고 있는 다른 '것들'은 어떻게 그렇게 될 수 있는가? 마태복음 4장 5절에 있는 그리스도의 시험에 관한 그 유명한 구절을 보면 "이에 마귀가 예수를 거룩한 성으로 데려다가…"라고 했다. 그 질문에 대답함에 있어, 누가 그 때에 예루살렘 저 먼 곳에 있는 어떤 것을 어떻게 거룩하다고 할 수 있겠는가? 예루살렘의 행위가 경건하고 도덕적으로 순결했다고 당신은 말할 수 있는가? ('거룩한 땅'이기 때문에 모세가 그의 신을 벗었지만 그 사막의 본질은 조금도 바뀌지 않았다는 것을 기억하라.)

어떤 것이 세속적인 것으로부터 신성한 것으로 '구별될' 때, 그것의 본질이나 행위에 상관 없이 그것은 성경적으로 거룩하다고 불리워진다. 주님께서 예루살렘을 택하시고 그것을 그 자신께로 구별하여 '그의 눈동자'처럼 그리고 '다윗의 위'를 두실 장소로 정하셨을 때, 그 도시는 거룩하게 된 것이다. 주님께서 모세와 말씀하시기 위해서 사막의 한 부분을 선택하시고 그것을 그 자신께로 구별하셨을 때, 그 땅은 거룩하게 되었다. 그 둘은 모두 그 행위나 본질이 변해서가 아니라 단지 그것들이 하나님과 그분의 목적을 위해 '구별되었기' 때문에 거룩하다고 묘사된 것이었다.

어떤 '물건'은 변하지 않고 거룩해질 수 있을 뿐 아니라 사람도 어떤 의미에서는 그 본성이 변하지 않고 '거룩'하다고 묘사될 수 있다. 구약으로 다시 돌아가면 당신은 '거룩한 제사장'이라는 말을 기억할 것이다. 구약에 나와 있는 선지자들의 기록을 보면 제사장들의 사악함에 관한 이야기들을 계속해서 볼 수 있을 것이다. 그렇지만 그들은 여전히 '거룩한 제사장들'이다.

사악하지만 거룩한 제사장들. 잠시 그것에 대해 생각해보자: 거룩하지 않은 백성들처럼 살아가는 거룩한 제사장들. 수백 년 후, 고린도에도 같은 문제가 있는 것 같다: 성도답지 않게 살아가는 성도들.

그러므로 거룩의 첫번째 단계의 진수는 그 사람의 행위의 변화가 아니고, 그 사람에 대한 주님의 마음의 변화다. 그 땅은 주님이 자신의 목적을 위해 사용하시기로 결정하셨기 때문에 거룩하게 되었다. 예루살렘 도시는 단지 주님이 그것을 자신의 목적을 위해 선택하셨기 때문에 거룩하게 되었다. 레위 지파는 단지 주님께서 그 지파를 자신의 제사장으로 임명하셨기 때문에 거룩한 제사장이 된 것이다. 같은 방식으로 주님은 예수 그리스도를 구주로 믿는 각 개인을 그분께로 구별하신다. 그 믿음의 순간에 그 사람은 (그의 행위 때문이 아니라) 하나님의 마음 속에서 '거룩'하여지고 '성도'가 되기조차 하는 것이다.

이것이 모든 거듭난 신자가 성도가 되고 거룩해지는 이유다. 그들이 그때 거듭나지 않는다면 진실로 구원받을 수 없다. 왜냐하면 구원의 진수는 우리를 향한 주님의 관점에서 일어나는 것이지 그분을 향한 우리의 관점에서 일어나는 것이 아니기 때문이다. 우리는 예수님을 믿고 주님은 우리를 그분께로 구별하신다.

거룩의 첫번째 단계로 들어가는 방법

성도가 된다는 것은 경건을 향해 점진적으로 향상되는 것이라기 보다 순간적으로 일어나는 사건이다. 이 거룩의 첫번째 단계에 관한 놀라운 '이야기의 나머지' 부분에 대한 이해를 더 깊이 하기 위해서 성령님, 예수 그리스도 그리고 신자의 역할에 대해 탐구할 것이다:

1. 첫번째 단계에서 성령님의 역할
　데살로니가후서 2장 13절은 성령님이 거룩의 첫번째 단계에서 무엇을 하시는지 이해하는 데 가장 도움이 되는 구절이다:

> 주의 사랑하시는 형제들아 우리가 항상 너희를 위하여 마땅히 하나님께 감사할 것은 하나님이 처음부터 너희를 택하사 성령의 거룩하게 하심과 진리를 믿음으로 구원을 얻게 하심이니

성령님은 첫번째 단계의 거룩이 시작되게 하는 동인(動因)이다:

> 성령의 거룩하게 하심…으로 구원을 얻게 하심이니.

　구원의 믿음을 가지는 그 순간, 성령님은 우리를 하나님께로 구별하여 두신다. 성령님은 우리를 개심하게 하셔서 거듭나게 하시고(요 3:3-8) 구속의 날까지 우리를 인치시며(엡 4:30) 하나님이 그 성령을 우리 마음 가운데 보내사 '아바 아버지!' 라 부르게 하시고(갈 4:6) 우리 안에 거하시며(롬 8:11) 우리에게 세례를 주어 그리스도의 몸을 이루게 하시고(고전 12:13) 영적인 은사들을 주시며(고전 12:7, 11, 18) 성령의 열매를 맺게 하신다(갈 5:22이하).
　첫번째 단계에서 거룩케 되는 이 놀라운 과정은 근본적으로 성령님

의 사역이다. 이 모든 축복들은 신자가 알든지 모르든지 성령님의 거룩하게 하시는 일을 통해 신자에게 즉시 주어지는 것들이다. 성령님이 이러한 일들을 하시는 것이지 신자가 하는 것이 아니다.

2. 첫번째 단계에서 주 예수 그리스도의 역할

거룩의 사역은 주 예수 그리스도가 성취한 구원 사역에 근거하여 성령님에 의해 성취되는 것이다. 이것이 고린도전서 6장 11절에 어떻게 나타나 있는지 주의해 보면, "…주 예수 그리스도의 이름과 우리 하나님의 성령 안에서 씻음과 거룩함과 의롭다 하심을 얻었느니라."

사람은 오직 주 예수님에 의해서만 거룩해지고 의롭게 된다. 만약 예수님이 그의 사역을 완수하시지 않으셨더라면, 성령님은 그의 사역을 하실 수가 없었을 것이다. 히브리서 10장 10절과 12-13절은 예수님의 놀라운 사역에 관한 심오한 통찰력을 제공해 준다:

이 뜻(이것은 구원에 관한 아버지의 사역이다)을 좇아 예수 그리스도의 몸을 단번에 드리심으로 말미암아 우리가 거룩함을 얻었노라

오직 그리스도는 죄를 위하여 한 영원한 제사를 드리시고 하나님 우편에 앉으사 그 후에 자기 원수들로 자기 발등상이 되게 하실 때까지 기다리시나니

짧은 말이지만 심오한 진리가 담겨 있다. 오직 예수님이 드리신 단

번의 희생 때문에 인간은 하나님에 의해 받아들여질 수 있고 그분의 목적을 위해 그분께로 구별될 수 있다. 그리스도는 단번에 - 모든 죄를 위해, 모든 사람들을 위해, 모든 시간을 위해 - 죽으셨다.

하나님은 모든 인류가 거룩의 이 첫번째 단계의 어느 한 쪽 편이거나 아니면 다른 한 쪽 편이라 간주하신다. 사람은 거룩하지 않든지 아니면 거룩하든지 둘 중 하나다. 거룩하지 않다면 그는 하나님으로부터 분리된 것이다. 거룩하다면 그는 하나님에게로 구별된 것이다. 거룩하지 않은 사람이 하나님으로부터 분리된 이유는 그들의 죄와 하나님께 대한 반항 그리고 예수님의 희생을 거절하기 때문이다. 하나님께 대한 직접적인 반항 때문에 오는 형벌은 육체적 죽음과 지옥에서의 영원한 죽음을 포함한 사망 형벌이다.

그리스도는 우리들의 죄를 위한 온전한 값으로 생명을 바치셨다. 그리스도가 인류의 죄값을 치르지 않으셨다면 우리 모두에게 영원한 저주 외에 다른 선택은 없었을 것이다. 은혜와 자비 그리고 사랑으로 하나님은 당신과 나 같은 사람을 살리시려고 독생자를 보내 죽게 하셨다.

많은 사람들이 구원의 본질과 그리스도의 사역에 관해 혼동하고 있다. 당신의 죄가 예수 그리스도에 의해 언제 사해졌는지 잠시 생각해 보라. 그리스도는 2,000년 전에 십자가에서 돌아가심으로 우리들의 죄를 도말하셨다. 아버지는 그리스도의 속량으로 그 순간 당신의 모든 죄에 대한 대가가 충분히 지불된 것으로 받아들이셨고, 그렇지 않았다면 당신의 죄가 여전히 예수님께 있어서 아직 갚지 못한 것이 되었을 것이며, 그러면 예수님은 천국으로 돌아가지 못하셨을 것이다.

그러면 당신은 2,000년 전 예수님께서 당신의 죄를 위해 죽으실 때 어디에 있었는가? 모든 것을 아시는 전능하신 하나님이 이미 당신을 아신 그 사실을 제외하면, 당신은 그 당시에 존재하지 않았기 때문에 그리스도가 죽으실 때 십자가 곁에 있을 수가 없었다. 하나님은 우리의 모든 죄를 그리스도에게 담당시키셨고 그리스도는 그것들 모두에 대한 값을 치르셨다. 그리스도가 2,000년 전에 돌아가셨을 때 당신은 얼마만큼의 죄를 지었었는가? 당신은 그 당시에 아직 태어나지 않았기 때문에 그것들은 모두 미래의 것들이었다! 작년에 당신이 범한 죄도, 오늘, 내일 혹은 20년 후에 범한 죄만큼 십자가의 그리스도에게는 '미래'의 죄와 똑같다. 당신의 모든 죄는 당신이 그것들을 범하기 전에 이미 속량된 것이다.

당신의 구원은 예수 그리스도의 완성된 사역이고 당신과 나는 그 일에 전혀 동참한 것이 없다. 그것이 2000년 전에 일어났고('그것은 완성되었다') 다시 재연될 필요가 없기('그리스도가 한 번 영원한 제사를 드리셨다') 때문에, 우리가 그 구원에 한몫 했다고 말하는 것은 어리석은 일일 뿐만 아니라 교만한 것이다. 그리스도가 2000년 전에 십자가에서 구원 사역을 마치셨기 때문에 오늘날 누구도 그 고대의 희생 행위를 되풀이할 필요가 없다.

> 당신이 구원받는 것은 당신이 그리스도를 잡고 있기 때문이 아니라 그리스도께서 당신을 잡고 계시기 때문이다!
> - 찰스 해돈 스펄전
> (Charles Haddon Spurgeon)

3. 개인의 역할

그리스도의 사역으로 당신을 구원하는 데 필요한 모든 것이 완수되었다. 성령님의 사역은 그리스도의 사역을 당신에게 적용하는 것이다. 그래서 당신이 구원 받기 위해서는 무엇을 해야 하는가? 아무 것도 할 것이 없다! 당신이 해야만 하는, 완성되지 않은 채 남겨진 어떤 일도 없다. 에베소서 2장 8-9절의 잘 알려진 구절에서는, 구원을 위해 당신이 '아무 것도 할 필요가 없는 것'에 관한 진수를 잘 포착하고 있다: "너희가 그 은혜를 인하여 믿음으로 말미암아 구원을 얻었나니 이것이 너희에게서 난 것이 아니요 하나님의 선물이라 행위에서 난 것이 아니니 이는 누구든지 자랑치 못하게 함이니라."

성경이 이것보다 더 분명히 말할 수는 없을 것이다. 구원은 '너희에게서 난 것이 아니고' '행위에서 난 것도 아니다.' 구원은 당신이 성취할 수 있는 것이 아니다. 그리스도께서 이미 그것을 성취하셨기 때문이다.

당신의 행위와 그리스도의 사역과는 아무 상관이 없으므로 다시는 이 두 가지 중요한 주제에 관해 혼동하지 말라: 첫째는 "구원받기 위해서 '선한 일'을 시작해야 한다"는 생각이다. 둘째는 "구원받기 위해서 '악한 일들'을 그만두어야 한다"는 생각이다.

'선한 일'은 '행위'를 표현하는 다른 말이다. 그리고 십자가 위에서 이루어진 그리스도의 죽음만이 하나님께서 우리의 죄값으로 받아들이시는 유일한 '행위'이기 때문에, 당신의 '선한 일들'은 십자가의 그리스도의 사역과는 완전히 무관하다. 게다가 당신의 '선한 일들'이 그 효력을 발휘하기에는 2000년이라는 세월 만큼 너무 늦어버렸다!

'선한 일들'을 행함으로써 하나님께 대항하여 범했던 죄 문제를 해결해 보려고 시도하는 데 생기는 또 다른 문제는, 하나님은 우리의 어떠한 공적인 봉사도 그분께 불순종한 것에 대한 값으로 받으시지 않는다는 사실이다. 대신에 하나님께서는 처음부터(에덴 동산에서조차) 불순종에 대한 벌은 사망의 형벌임을 말씀하셨다. 공적인 선한 봉사로 과속이나 음주는 용납될지 모르지만 당신이 그러한 봉사를 얼마나 많은 시간 동안 하느냐에 상관없이 그러한 것들은 사망 형벌에는 아무 영향도 미치지 못한다.

　'악한 일들'은 단지 '죄'를 묘사하는 다른 표현이다. 그리고 그리스도의 십자가 위에서의 죽음이 당신이 범했던, 범하고 있는 그리고 범하게 될 모든 '죄'를 이미 다 속량했기 때문에, '악한 일들/죄들'을 그만두는 것이 당신의 구원에 관련해서는 아무 것도 변화시키지 못할 것이다. 당신이 내일 죄를 짓고 그렇지 않고 하는 것이 2,000년 전에 있었던 그리스도의 완성된 죽음을 변화시키지는 못할 것이다!

　"미래에 이렇게 크고 무서운 죄를 범하게 되면 어떻게 될까? 하나님은 나를 용서하실까?"라는 것에 관해 당신이 두려움을 가지게 될 때, 당신의 '크고 무서운 죄들'이 그리스도가 당신을 위해 죽으실 때는 그 분께 모두 미래였음을 잊고 있는 것이다. 20년 전에 지었던 무서운 죄와 미래 20년 후에 지을 무서운 죄가 모두 2,000년 전 그리스도의 죽음으로 다 속량되었다!

　그러므로 구원과 관련하여 당신은 전적으로 속수무책임을 느껴야 한다. 그 문제를 해결하기 위해 할 수 있는 일은 아무 것도 없다. 그리고 선한 일을 더 많이 하는 것으로도 할 수 없다. 더 열심히 노력하는 것으로도 그리고 악한 일을 더욱 피함으로써도 할 수 없다. 당신의 죄를 해결하기 위해서나 혹은 하나님의 용서를 얻기 위해서 당신이 할 수 있는 것은 하나도 없다.

그러면 구원받기 위해서 무엇을 해야 하는가? 다시 한번 말한다. 절대 아무 것도 없다!

이제 질문을 좀 고쳐 보자: "나는 죄인이고 의지적으로 하나님께 불순종해 왔고 그래서 영원한 사망의 형벌을 받는 것이 당연한데, 그리스도가 나를 위해 십자가 위에서 하신 일과 하나님의 용서를 아는 것 그리고 영원한 생명을 얻게 되는 것을 어떻게 연결시킬 수 있는가?"

사랑 받은 사도 요한은 요한복음 1장 12절을 기록할 때 그러한 질문을 염두에 두고 있었다: "영접하는 자 곧 그 이름을 믿는 자들에게는 하나님의 자녀가 되는 권세를 주셨으니…"

절대적으로 당신이 할 수 있는 것이 아무 것도 없기 때문에 그리고 예수님이 당신을 위해 절대적으로 명백하게 모든 것을 완수하셨기 때문에, 그분이 우리를 위해 하신 일들을 믿고 그분을 구주로 영접하기만 하면 되는 것이다.

더 이상의 어떤 것도 필요 없다. 그리고 그 이하의 일도 필요 없다.

구원의 선물

그것이 전부라고? 너무 간단하고 쉬운 것처럼 들린다. 단지 손을 내밀어 당신에게 개인적으로 주어진 선물을 받기만 하면 된다. 바울은 에베소서에서 그것을 이렇게 말하고 있다. "너희가 그 은혜를 인하여 믿음으로 말미암아 구원을 얻었나니 이것이 너희에게서 난 것이 아니요 하나님의 선물이라"(엡 2:8).

요한은 이것을 대체로 이렇게 말했다. "아들을 믿는 자는 영생이 있고"(요 3:36).

> 사람이 예수님께서 하신 일이 어떻게 작용하는지 몰라도 그것을 받아들일 수 있다. 실로 사람이 그것을 받아들이기 전까지는 그것이 어떻게 작용하는지 그는 확실히 알지 못할 것이다.
> - C. S. 루이스(C. S. Lewis)

바울과 실라는 이것을 빌립보 간수에게 이렇게 말했다. "주 예수 그리스도를 믿으라 그리하면 구원을 얻으리라"(행 16:31).

빌립은 에디오피아 국고를 맡은 사람에게 이것에 관해 이렇게 토론했다. "빌립이 입을 열어 이 글에서 시작하여 예수를 가르쳐 복음을 전하니 길 가다가 물 있는 곳에 이르러 내시가 말하되 보라 물이 있으니 내가 세례를 받음에 무슨 거리낌이 있느뇨 빌립이 가로되 네가 마음을 온전히 하여 믿으면 가하니라 (세례를 받을 수 있다) 대답하여 가로되 내가 예수 그리스도께서 하나님 아들인 줄 믿노라"(행 8:35-37). (역주: 어떤 사본에는 37절이 있음)

예수님은 니고데모에게 말씀하셨다. "하나님이 세상을 이처럼 사랑하사 독생자를 주셨으니 이는 저를 믿는 자마다 멸망치 않고 영생을 얻게 하려 하심이라"(요 3:16).

그러므로 친구여, 우리의 구원이 온전히 그리스도의 일이었고 십자가 위에서 완성하신 그 일을 오직 믿기만 하면 구원 받게 된다는 사실을 우리가 깨달을 때까지 바울, 요한, 실라, 빌립 그리고 예수님에 더하여 얼마나 더 많은 사람들이 똑같은 말을 해야 하겠는가? 주님은 하나님께 대항한 우리 죄악에 대한 사망 형벌을 탕감하기 위해 온전하고도 완전한 값으로 귀중한 피를 흘리셨다.

영광의 왕 앞에 무릎을 꿇은 적이 없고 비교할 수 없이 소중한 선물인 영생을 받은 적이 없다면, 이제 무릎을 꿇고 마음을 다하여 그분께 말해야 할 시간이다:

주님, 저는 죄인이며 당신이 죄인들에게 주신 사망의 형벌을 마땅히 받아야 할 사람임을 고백하며 겸손히 무릎을 꿇습니다. 육체적 죽음과 영원한 사망 외에는 어떤 것도 제 죄를 대신할 수 없다는 것을 고백합니다. 이에 저는 저를 위한 그리스도의 죽음과 부활을 받아들이며 주님의 훌륭한 선물인 영생을 받고자 합니다. 예수 그리스도를 저의 구주로 영접합니다. 예수님의 이름으로 기도합니다. 아멘.

당신은 이제 하나님의 선물인 구원을 받았고 진실로 거듭났으며 거룩의 첫번째 단계로 들어 왔다!

나를 드려 거룩하게 하리라

3

> 헌신이란, 당신의 이름으로 서명한 백지를 하나님이 채우시도록 드리는 것이다.
> - M. H. 밀러(M. H. Miller)

내 가슴은 여전히 뛰고 있었고 땀이 등줄기를 타고 흘러 내렸다. 35분간의 강도 높은 설교는 나를 지치게 하기에 충분했다. 주님은 그 경기장에 모인 사람들을 강력하게 움직이셨고, 수천 명의 남자들이 참된 회개와 가슴 뜨거운 재헌신을 다지기 위해 앞으로 물밀듯 나아왔다. 나는 경기장 내부에 있는 긴 복도를 따라 내려가도록 안내를 받았고 그 복도 끝에 있는 작은 방에서 그날 마지막 순서인 인터뷰를 하기로 되어 있었다. 방문이 열리고, 정면으로 나를 향해 있는 일곱 개의 마이크가 마치 무서운 정글에서의 창살처럼 느껴졌던 그 순간을 결코 잊을 수 없을 것이다. 인터뷰하는 사람들은 제각기 먼저 질문하려 했는데, 바로 내 오른 쪽에 있던 남자가 선수를 쳤다. "윌킨슨 박사님, 저 남자들이 정말 변하리라고 생각하시는 건 아니겠죠? 저 남자들이 연단 앞으로 나아오고 감정적 결단을 했다고 해서 모두 변할 것이라고는 생각지 않습니다."

이 때는 정말 내 친구인 토니 에반스(Tony Evans)나 조 스토웰(Joe Stowell)처럼 똑똑한 사람이 있어야 하는 순간인데 – 나같은 사람이 지금 여기에서 무엇을 하고 있는지. "좋은 질문입니다." 나는 강하게 나갔다. "대답을 하기 전에 먼저 당신에게 질문을 하나 드리겠는데 결혼하셨습니까?"

"그것과 무슨 상관이 있습니까?" 그는 방어적으로 대답하면서 "예, 결혼했습니다" 하고 덧붙였다.

눈을 그에게서 떼지 않고 계속해서 "결혼식을 올릴 때, 앞으로 나갔습니까? 결혼식장 중앙 통로로 말입니다. 대부분의 남자들처럼 그 순간이 감동적이었습니까?"

방어적인 태도가 조금 수그러들면서 그가 대답했다. "그런 것 같습니다만… 그런데 왜 그런 질문을…?"

"그날 당신이 앞으로 나가서 그 시간을 정말 깊은 헌신의 시간으로 만들었을 때, 당신의 말그대로 감정적 결단이 당신의 인생을 바꾸어 놓았다고 말할 수 있겠습니까?" 적대감이 그의 얼굴에서 사라졌다. 진리가 그의 불신을 꿰뚫음에 따라 그는 부드러워졌.

생각해보라. 단 한 번의 선택이 사람의 일생을 좌우할 수 있는가? 물론 그럴 수 있다. 결단이 당신의 삶을 변화시킬 수 있을 뿐 아니라 모든 사람의 인생이 그렇게 해서 변하는 것이다! 실제로 인생을 돌이켜 보면 당신이 내린 결정에 따라 그대로 이루어졌다는 것을 알 수 있다. 각각의 결정이 전환점이 되었다. 미래에 영향을 끼쳤고, 직업이 결정되었으며, 가족이 형성되었고, 영원한 운명이 결정되기조차 했다. 결정, 특히 중대한 결정의 중요성을 과소평가하지 말라. 결정이 삶을 변화시킨다.

곧 보게 되겠지만, 이 장 마지막 부분에서 삶을 영원히 변화시킬 결단을 내리도록 당신을 초청하려고 한다.

거룩의 두번째 단계

당신이 이미 알고 있던 어떤 것에 걸려 넘어지거나, 혹은 놀랍게도 그것이 다른 상황에서 재발견되는 것을 경험해 본 적이 있는가? '거룩'이란 단어가 나오는 신약의 모든 구절을 추적하면서 내가 경험한 것이 바로 그런 것이었다. 나는 오랫동안 익숙해 있던 로마서 12장 1절에 걸려 멈칫했다. 새롭고 생각해 보지 못하였던 아이디어를 발견하려고 처음에는 그냥 그 구절을 지나치려 했지만, 다행히도 나는 어떤 것도 간과하지 않고 이 오래된 길을 재추적해 보려고 마음 먹었다.

너무나 놀랍게도 로마서 12장 1절은 명확하게 거룩의 두번째 단계를 나타내고 있었다. 로마서 12장 1절은 거룩의 첫번째 단계에 맞지 않을 뿐 아니라 논리적으로 그리고 성경적으로 그 첫번 단계 다음으로 오는 것이었다. 다음은 이 구절을 7가지 부분으로 나눈 것이다:

1. 그러므로 내가 너희를 권하노니,
2. 형제들아,
3. 하나님의 모든 자비하심으로,
4. 너희 몸을 산 제사로 드리라,
5. 거룩한,
6. 기뻐하시는,
7. 이는 너희의 드릴 영적 예배니라.

> 사람의 능력의 위대함은 그의 포기의 척도이다.
> - 윌리암 부스
> (William Booth)

지금 당장 볼 수 있듯이, 이 거룩은 예수 그리스도 안에서 신자가 되는 것과는 무관하다. 사도 바울은 당신의 몸을 주님께 산 제사로 '드림'에 관해 말하고 있고, 그 행동은 그리스도인이 되고자 결정한 후에 오는 것이다. '거룩'이라는 말이 구별을 뜻하는 것이기 때문에, 이 두번째 단계는 신자가 하나님께 '거룩한' 방법으로 자신을 '구별'하는 것을 요구한다.

내가 말하고 있는 것을 이해해 보라: 거룩으로 나아가는 과정에 있어서 두번째 단계는 신자가 자신을 주님께 '드리고자' 결정할 때 이루어진다. 그것은 그리스도를 믿고자 하는 결정과는 구분되는, 하나님을 향한 헌신이며 그것을 통해 신자는 개인의 거룩을 향한 길을 따라 내려간다. 불행히도 오늘날 대부분의 그리스도인들은 거룩의 이 두번째 단계를 이해하지 못하는 듯하며, 실제적 거룩을 추구함에 있어 그것의 중요성을 과소평가하는 듯하다. 성경이 분명하게 그것의 결정적인 힘에 대해 말하고 있을 뿐 아니라 교회사를 통해 볼 때 그리스도인 지도자들의 경험이 이 두번째 단계의 전략적인 중요성을 증명하고 있다.

로마서 12장 1절은 거룩의 첫번째 단계를 통과한 사람들로 하여금 그 다음 단계를 밟도록 초청하고 있다. 전 세계를 돌아다니며 여러 다른 환경에서 30년 이상 사역한 결과, 적은 수의 신자들만이 이 두번째 단계를 거쳤다는 것을 나는 발견했다. 이 두번째 단계를 이해하지 않고 또 그것을 거치지 않으면, 개인의 거룩을 추구하는데 있어서 항상 반복하여 허우적거리는 자신을 발견하게 될 것이다.

자신을 드리도록 초청하라

이번 장은 하나님께 우리 자신을 '드림'에 대해 탐구할 것이다. 여기에는 정말 3가지 부분이 있다: 초청, 동기 그리고 신자가 자신을 주님께 온전히 드리고자 결단하는 드림의 의식. 성경이 드림에 대해 무엇을 말하는지 알아감에 따라 당신이 개인적 드림에 대한 그 중요한 결단을 이해하는 사람들의 대열에 끼어, 그렇게 하기로 선택하게 되는 것이 내 기도 제목이다.

1. 당신 자신을 드리라는 요청은 명령이 아니라 초청이다.

"내가 권하노니"는 그 절 나머지 부분의 어조를 결정한다. 명령이 아니라, 사도 바울은 그의 청중들에게 '권하고' 있다. 그것은 그들에게 이 행동을 취하도록 '간청하다' 혹은 '빌다'라는 의미다. 당신이 어떤 사람에게 빌 때는 그들의 마음과 생각을 감동시키려고 할 것이다. 바울은 자신을 하나님께 드림이 의미 깊고 삶을 변화시키는 것이며 사람의 마음이 그 속에 있어야 함을 깨달았다. 그러나 바울은 독자들에게 억지로 자신을 드리도록 강요하고 있지 않다. 그가 순종을 더 원했다면 그러한 행동을 하도록 명령할 수도 있었을 것이다.

2. 자신을 드리라는 요청은 거듭난 그리스도인들에게 하는 것이다.

로마서는 신약에서 가장 심오한 책임을 쉽게 알 수 있다. 바울은 기독교 신앙의 주요 교리들을 약술하고 있고, 성경에서 가장 논리적이고 강력한 방식으로 그것들을 제시하고 있다. 로마서를 정확하게 해석하고 그것을 적절히 적용하기 위해서는 그 책의 구조와 청중을 고려해야 한다.

로마서는 비그리스도인들이 아니라 분명 그리스도인들에게 쓰여진 것이다. 로마서 1장 7절에서 이 책이 "로마에 있어 하나님의 사랑하심을 입고 성도로 부르심을 입은 모든 자에게" 쓰여졌다는 것을 밝힌다. 거룩의 첫번째 단계에서 당신이 기억하고 있듯이, '성도'라 불리는 자들은 거듭난 사람들이고 하나님의 마음 속에서 구별된 자들이다. 그들은 거듭났을 뿐 아니라, 바울은 강렬한 언어로 그것을 묘사하고 있다: "너희 믿음이 온 세상에 전파됨이로다." 그러므로 로마서의 원래 청중은 구원받지 않은 자들이 아니고 구원받은 사람들이다. 실제로 바울은 그들을 1장 7절에서 "하나님의 사랑하심을 입은" 자로 또한 12장 1절에서 '형제들'로 부르고 있다.

이 구절은 예수 그리스도 안에서 구원받은 신자에게 쓰여졌는데, 왜냐하면 불신자에게는 이 구절이 가르치는 대로 한다는 것이 오직 낭패감만 줄 뿐이기 때문이다.

'성도' 나 혹은 '하나님의 사랑하심을 입은' 혹은 '형제들' 중의 일부가 아닌 사람이 자신을 주님께 드리고자 할지라도 주님은 그를 받으실 수 없다. 산제사로 그를 드림이 '거룩' 하거나 '하나님이 기뻐하시는' 것이 될 수 없다. 바울이 로마서 1-5장에서 서술하고 있는 것처럼, 하나님께 가는 단 하나의 유효한 그리고 받으실 만한 방식은 오직 예수 그리스도의 흘리신 피를 통해서이기 때문이다. 예수 그리스도를 믿지 않는 개인이 자신을 주님께 헌신하려고 한다면, 그들은 그리스도의 희생의 행위를 통해서라기 보다 자기 개인의 희생을 통해 하나님께 은혜를 구하고자 하는 것이다.

구원은 예수 그리스도의 죽음과 부활을 통하지 않고서는 존재할 수 없다는 것을 하나님께서는 분명히 말씀하신다. 오직 예수 그리스도의 대속의 희생을 먼저 받아들일 때에 한해 자신을 하나님께 산제사로 드리는 것을 하나님께서 기뻐하신다.

3. 당신 자신을 드리라는 요청은 구원과는 구분되며 구원 다음으로 따라오는 것이다.

성경적 기독교에 관해 모든 세대가 직면하는 어려움이 있다. 어쩐 일인지 진리가 약간의 비진리와 섞여서, 그것이 대륙 전체에서 온전한 진리 행세를 하게 되고 사람들은 그것을 온전한 진리로 믿게 된다. 나는 몇 주 전에 이러한 일에 봉착했다. 사역을 하는 중에 이런 일들이 아무리 자주 일어나도, 그것은 그 때마다 무방비 상태인 나를 사로잡는다.

핵심이 되는 목사님들과 리더들로 구성된 그룹에 개인의 거룩에 관한 주제로 3일 간의 열정적인 강의를 막 마쳤을 때였다. 주님은 수 많은 방법으로 강력하게 역사하셨고 많은 사람들이 자신의 삶이 얼마나 깊이 변화되었는지를 나누었다. 모임이 끝난 뒤 나는 참석한 사람들에게 감사를 표하고 또한 그들이 나가서 교회와 기독교 단체에서 개인의 거룩에 관해 가르치도록 격려하기 위해 뒷문에 서 있었다. 한 젊은 목사님이 악수를 하며 이 과정을 통해 자신이 얼마나 감동되었는지 그리고 그것을 널리 가르치겠다고 따스히 말을 건넸다. 그는 남자들에게 유혹받을 때에 개인의 거룩 비디오 시리즈를 보여주겠다고 말하더니, 곧 이렇게 덧붙였다. "물론 제 2부, 3부 그리고 4부는 보여 줄 것입니다. 그러나 1부는 좀 곤란합니다."

　　그 말에 나는 어리둥절해서 물어보았다. "왜 1부는 안 보여주시려고 합니까?"

　　나는 결코 그의 대답을 잊을 수 없다: "왜냐하면 1부에서는 잘못된 복음을 제시하고 있기 때문입니다."

　　그때 당신이 옆에 있었다면 땅바닥에 나자빠진 나를 일으켜 주어야 했을 것이다! 이렇게 오랫동안 사역을 했어도 '잘못된 복음'을 제시한다

> 예수님께서는 "내게로 일단 오기만 하면 모든 것을 잊어버릴 수가 있다"고 말씀하지 않으셨다. 오히려 "누구든지 나를 따라오려거든 날마다 자기 십자가를 지고 나를 좇을 것이니라"고 말씀하셨다. '날마다'라는 말이 핵심단어다. 그리스도를 향한 우리의 헌신, 그것이 오늘 아무리 진실되고 온 정성을 다한 것이라 해도, 내일 다시 새롭게 해야 하고 … 그리고 그 다음 날도… 또 그 다음 날도… 그 길이 마침내 그 강에 이를 때까지…
>
> – 루이스 캐슬스(Louis Cassels)

고 비난받아 본 것은 이번이 처음이었다. 사도 바울은 그의 편지들 중 하나에서 "그러나 우리나 혹 하늘로부터 온 천사라도 우리가 너희에게 전한 복음 외에 다른 복음을 전하면 저주를 받을찌어다"(갈 1:8) 라고 직접적으로 말하고 있다. 그것보다 더 심각한 일은 없을 것이다. 그래서 심호흡을 하고 그가 말하는 것이 무슨 뜻인지 설명해 달라고 요청했다. 그의 요점을 이해하고 나자 나는 가슴이 아팠다. 구원받기 위해서 자신을 산제사로 드려야 한다고 그는 믿고 있었다.

개인이 예수 그리스도의 흘리신 피를 통해 가능하게 된 영원한 구원의 선물을 받기 위해 필요한 것이 무엇이라고 생각하는가? 더 자세히 말하자면, 그리스도의 온전하고도 완전한 사역을 진실되게 믿는 것에 더하여 사람이 무엇을 해야 하는가? 구원받기 위해서 어떤 식으로든 그분께 당신을 깨끗하게 해야 하는가? 구원받기 위해서 당신을 그분께 헌신해야 하는가? 물론 아니다. 성경은 명백하다: "주 예수 그리스도를 믿으라 그리하면 너와 네 집이 구원을 얻으리라"(행 16:31).

어떤 사람을 믿는 것과 그 사람에게 헌신하는 것은 별개다. 삶을 그에게 바치지 않고도 그 사람을 믿을 수 있다. 그리스도를 믿는 행위가 주님께 자신을 온전히 깨끗하게 함으로써 그리고 헌신함으로써 자신을 하나님께 드리는 것과 구분되는 별개의 것이라고 가르치는 것이 잘못된 복음인가? 구원받기 위해서는 "주 예수를 믿으라 그리하면 너와 네 집이 구원을 얻으리라"에 어떤 것을 더해야만 한다고 주장하는 것들을 많이 듣고 읽어 보았지만, 그리스도와 2000년 전에 그분이 하신 대속의 죽음과 부활을 믿지 않고는 아무도 구원받을 수 없음을 성경이 분명히 가르치고 있다고 나는 여전히 확신한다. 다른 단계나 다른 조건을 더하는 것은 반(反) 성경적이다.

드림은 거듭난 그리스도인이 자발적으로 자신을 주님께 드리고 깨끗하게 할 때 일어난다. 그 사람이 영원히 구원받기 위해서 주님께 자신을 자발적으로 온전히 헌신하고 깨끗하게 하고 그리고 바칠 필요가 있는가? 아니다. 내가 의도적으로 '그리스도를 믿는 것'과 '그리스도께 헌신' 하는 것을 구분하였기 때문에 잘못된 복음을 가르치고 있다고 그 선의의 목사님은 단정지은 것이었다. 그가 믿기로는 사람이 구원의 순간에 자신을 그리스도께 온전히 헌신하지 – 깨끗하게 함과 드림을 포함하여 – 않으면 구원받을 수 없다는 것이다.

구원과 헌신에 관해 성경은 무엇을 가르치는가?

로마서 12장 1절은 이러한 중요한 질문에 너무나 분명한 대답을 제시해 주고 있다. "그러므로 형제들아 내가 하나님의 모든 자비하심으로 너희를 권하노니 너희 몸을 하나님이 기뻐하시는 거룩한 산 제사로 드리라 이는 너희의 드릴 영적 예배니라." 이것을 다음과 같이 생각해 보라:

1. 로마서는 비그리스도인들에게가 아니라 그리스도인들에게 쓰여졌다.
2. 그러므로 로마서의 독자들은 이미 그리스도인들이었다.
3. 로마서 12장 1절은 그리스도인들로 하여금 자신을 하나님께 드리도록 권하고 있다.

4. 그것에 근거하여 볼 때, 몇몇 그리스도인들은 그 당시에 자신을 주님께 드리지 않고 있었다는 것을 알 수 있다.
5. 그러므로 하나님께 드림은 구원을 받기 위한 조건이 아니다.
6. 거듭난 그리스도인들은 자신을 주님께 드리도록 권고받고 있기 때문에 드림은 구원 다음으로 오는 것이지 그것과 동반되는 것이 아니다.
7. 게다가 로마서 12장 1절은 '형제들'이라는 복수형을 사용함으로써 그룹으로서의 로마 그리스도인들을 권고하고 있기 때문에 그 교회 상당수의 그리스도인들이 아직 하나님께 자신을 드리지 않고 있었다.
8. 지역 교회에서 어느 정도 숫자의 그리스도인들이 여전히 자신을 주님께 드릴 필요가 있는 현상은 예외라기 보다 정상적인 것인지도 모른다.
9. 로마서 12장 1절은 구원받은 날부터 수일 혹은 20년 이상까지 된 수많은 그리스도인들에게 쓰여진 것이기 때문에 그리스도를 구주로 영접한 시기부터 자신을 온전히 하나님께 드리고자 하는 시점까지는 상당한 시간이 걸릴 수도 있다.
10. 성경에서는 이것을 자세히 밝히고 있지 않지만, 로마서 12장 1절이 진실로 거듭난 그리스도인도 그의 전 생애 동안 자신을 주님께 '드리지 않을' 수도 있다는 것을 말한다고 나는 믿는다. 구원은 깨끗하게 함이나 혹은 헌신에 의존하지 않는다. 그렇지 않았다면 바울은 아마 "너희가 하나님께 자신을 드리지 않았으므로 이것은 너희가 거듭나지 않았다는 것을 증명하는 것이다!"

라고 말했을지도 모를 일이다. 하지만 그는 그리스도인이 된 그 사람들에게 주님께 온전히 자신을 드리라고 간청하고 있다.

> 잃어버릴 수 없는 것을 얻기 위해, 자신이 소유할 수 없는 것을 포기하는 사람은 결코 바보가 아니다.
> – 짐 엘리어트(Jim Elliot)

요약하면, 주님을 향해 자신을 깨끗하게 한다는 것은 구원과 동시에 일어날 필요도 없고 구원의 조건이 되는 것도 아니다. 깨끗하게 함은 참된 신자의 자발적인 행동이고 구원받는 순간에 일어날 수도 있고, 조금 더 후에 혹은 그리스도를 믿고자 결단한 수년 후에 일어날 수도 있다. 혹은 결코 일어나지 않을 수도 있다! 바울은 자신을 주님께 드리지 않은 로마 그리스도인들에게 구원받지 못했다고 말하지 않았다. 그는 그들이 자신을 주님께 헌신하지 않으면 구원을 잃어버릴 것이라고 경고하지도 않았다. 깨끗케 함과 구원은 서로 별개의 것이고 어떤 경우에는 수년 간 구분되어 있기도 하다. 드림(혹은 깨끗하게 함 혹은 헌신 혹은 당신이 그것을 무어라 부르든지)은 그러므로 구원받기 위한 조건이 될 수 없다. 깨끗하게 함은 그리스도인이 그의 자유의지대로 더 깊고 의미있게 자신을 그리스도께 헌신하기로 결단할 때 일어난다.

'성숙한 신앙' 혹은 '제자도'의 개념은 '구원'과는 별개의 진리로 구분되어야 한다. 그렇지 않으면 복음은 비극적으로 그 가치가 바래지게 된다. 오스왈드 챔버스(Oswald Chambers)의 다음 말들을 주의 깊게 생각해 보라:

제자도와 구원은 두 가지 별개의 것이다: 속죄의 의미를 깨닫고 말할 수 없이 감사한 마음으로 자신을 의도적으로 예수 그리스도에게 드리는 사람이다.

예수 그리스도는 항상 제자도를 말씀하실 때 "만약 …이라면"이라는 말을 사용하셨다. 우리는 온전한 자유를 가지고 영적인 머리를 설레 셀레 흔들면서 "감사합니다만 못하겠습니다. 그것은 제게 좀 엄격합니다"라고 말할 수 있다. 그러면 주님은 아무 말씀도 하지 않으신다. 우리는 하고 싶은 대로 할 수 있다. 그분은 결코 간청하지 않으시지만, 기회는 거기에 있다.

결단하라

성경은 견해나 경험이 아니고 우리들의 궁극적인 권위다. 성경의 원리에 순종하며 살아감에 따라 경험을 통해 우리는 성경을 더 잘 이해하게 되는 반면, 우리의 가르침이 수 세대의 경건한 남자들과 여자들의 기독교적 행동 규범과 상충할 때는 언제든지 그것에 주의를 기울여야 한다. 성경에 대한 우리들의 이해가 잘못되었거나 아니면 우리의 행동이 분명하게 불순종적이고 잘못 인도된 것이다.

여기에 문제의 중심이 있다. 바울이 거듭난 신자 전체에게 그들 자신을 깨끗하게 하라고 '권하고' 있는데, 이 깨끗케 함의 문제에 있어서 그리스도인들을 위한 규범은 무엇인가? 어떤 교회에서 거듭난 신자 중 몇 퍼센트가 전형적으로 이 '헌신의 드림'을 경험했는가? 사람들이 구원받은 후 주님께 자신을 드리기까지 보통 몇 년의 세월이 흘렀는가?

내가 발견한 것을 나누기 전에 질문을 하나 하겠다: 당신은 주님 앞에서 자신을 완전히 그리고 온전히 깨끗하게 드렸는가? 그렇게 했다면 그리스도를 안 지 몇 년 후였는가? 최근에 어떤 목사님들의 모임에서 이 주제에 관해 가르쳤을 때 이런 질문을 했다. 그 자리에 참석한 사람들의 평균 연령이 약 40세였다. 다음은 내가 발견한 것들이다:

1. 그 때까지 많은 목사님들과 리더들이 로마서 12장 1절에서 설명한 것과 같이 결코 자신을 주님께 드린 적이 없었다고 인정했다. 이 사람들에게 그렇게 할 것을 도전했을 때 몇 사람이 무릎을 꿇었다.

2. 이미 주님께 자신을 드린 사람들(20대 초반부터 60대 중반까지)에게 구원의 순간부터 드림의 순간까지 몇 년이 걸렸는지 물어 보았을 때, 2년에서 20년 이상까지 시간이 걸린 것을 발견할 수 있었다. 이 목사님들과 리더들에게 있어서 구원과 드림 사이의 평균 간격은 15년 이상이었다.

몇 주 전에 아틀란타에 있는 WTB 국제 본부에서 100명의 남자들에게 이것을 가르치고 있었다. 드림의 개념에 대해 설명한 후, 자신을 온전히 깨끗하게 하고 헌신함에 있어 그때까지 아직도 주님께 자신을 드리지 않은 사람이 있는지 물어 보았다. 그 남자들 중 75퍼센트가 당장 손을 들었다. 그리고 나서 자신을 주님께 산제사로 드리고자 원하는 사람이 있는지 물었을 때 50명 이상의 남자들이 일어섰다. 그래서 그 시간은 그 남자들이 자신을 하나님께 드리고자 무릎을 꿇은 감동적인 시간이 되었다.

비슷한 경우가 얼마 전에 캘리포니아에서 약 500명의 사람들에게 사역했을 때였다. 드림에 관해 이야기한 후, 자신을 주님께 드리고자 원하는 사람이 있는지 물어 보았다. 강의실 곳곳에서 남자들과 여자들이 엄숙한 헌신으로 무릎을 꿇었고 많은 사람들이 눈물을 흘렸다. 구원과 헌신 사이에 얼마 만큼의 시간이 흘렀는지를 물었을 때 평균 대답이 10년 이상이었다.

    드림은 구원과 동시에 일어나는 것이 아니지만 각 신자가 내려야만 하는 결정이고 종종 수 년 후에 오기도 한다. 주님은 그의 모든 백성들에게 구원을 받는 순간에 자신을 주님께 산제사로 드리기를 권하시지만, 많은 사람들이 – 신약 교회의 신자들조차 – 그리스도인이 된 수 년 후까지도 그 결정을 하지 못한다. 그리스도인들이 이 중요한 결단을 내리는 데 있어서 주님이 이 책을 도구로 사용하시는 것이 이 책을 위한 내 기도 제목이다.

자신을 드리게 되는 동기

    매튜(Matthew)는 영적 회전 목마를 타고 있었다. 계속해서 돌고 또 돌았지만 영적인 삶에 아무런 진보도 없었다. 그는 새로운 그리스도인으로서 착실하게 성장했지만 결국 허우적거리게 되었고, 제자리에 머물다가 천천히 퇴보하기 시작했다. 어느 금요일 밤에 우리들은 만났고 그는 내가 자신을 도울 수 있는지 알고 싶어했다.

    매튜를 만나 몇 가지 질문을 했더니 곧 문제가 드러났다: 그는 인생에서 자신을 주님께 온전히 드린 적이 결코 없었다. 가슴 속의 이 정체 상태가 불가피하게 좌절, 혼동 그리고 영적 퇴보까지 낳게 된 것이었다. 신자가 그리스도를 첫 자리에 두지 않으면 그의 인생에서 계속적인 승리를 즐길 수 없게 될 것이다.

매튜는 곧 마음을 열었고 그가 자신의 삶을 주님께 드리고자 하여도 매번 브레이크를 세게 밟고 도랑으로 떨어져 버리는 것으로 끝나곤 했다는 것이다. 결국 체념 속에서 매튜는 무엇을 해야 할지 막막한 채로 어느 날엔가 이 문제에 대해 다시 도전해 보리라 희망하는 수밖에 없었다.

잠시 매튜의 입장이 되어 생각해 보라. 그는 왜 그렇게 오랫동안 실패를 경험해야 했는가? 왜 그는 오직 미래에 언젠가는 이겨낼 것이라 희망해야 하는가? '영적인 삶은 너무 복잡해', '너무 어려워', '너무 우연적이야'라고 생각하면서 그저 무언가 변하기를 기대하며 바다 한가운데 키를 잃고 떠 다니지 않기를 바란다. 성경은 우리에게 어떤 구체적인 도움을 주지 않는가?

1. 당신 자신을 드리려는 동기는 '하나님의 자비'에서 찾을 수 있다.

로마서 12장 1절은 '자신을 산제사로 드림'에 관한 핵심 구절이기 때문에, 그 대답은 바로 우리 곁에 있다. 사도 바울이 로마에 있는 교회 성도들에게 자신을 깨끗하게 하라고 권하는 이유가 무엇인가?

> 그러므로 형제들아 내가 하나님의 모든 자비하심으로 너희를 권하노니 너희 몸을… 산제사로 드리라.

자신을 드리고자 하는 동기는 당신 자신에게서가 아니라 하나님의 자비하심에서 찾아 볼 수 있다. 동기의 여러 다른 부분과는 달리, 바울은 그 헌신이 책임이나 의무감에서 야기되는 것이 아니라 감사함에서 나오는 것임을 밝히고 있다. "내가 …해야 한다는 것을 안다" 대신에 "그분께서 하신 일이 감사해서 나는 …하기 원한다"로 바뀌어야 한다. 그 차이를 알 수 있겠는가? 바울은 어떤 상급이나 위협적인 징계나 고통 혹은 어떤 도덕적인 책임감 같은 것을 통해 동기를 부여하려 하지 않는다. 자신을 하나님께 드리고자 하는 동기는 온전히 하나님께서 당신을 위해 하신 일에 근거를 두고 있다.

하나님의 자비가 당신이 자신을 바치는 것에 동기를 부여한다. 이제 이 사실을 친구 매튜에게 적용하여 어떤 일이 일어나는가 보자.

> 나는 결코 희생을 해본 적이 없다. 그분께서 아버지의 보좌를 떠나 우리를 위해 자신을 주셨던 그 큰 희생을 기억한다면 우리의 희생에 대해 말해서는 안 된다.
> – 데이빗 리빙스턴(David Livingstone)

"그래서 매튜, 주님이 당신을 위해 하신 일 중 당신에게 가장 의미가 있는 것들은 어떤 것인가?" 매튜는 처음에 단 두 개밖에 생각하지 못했으나 분명히 더 있다는 것을 깨달으면서 불편해졌고 고심하기 시작했다. 그러나 그는 찾지 못했다.

왜 찾지 못했는가? 자신을 헌신하고자 노력하는 그리스도인들은 그들의 삶 가운데 있었던 하나님의 자비하심을 상기하는 일에 항상 고심한다. 하나님의 자비와 신자의 헌신은 항상 불가분의 관계에 있다. 자비가 많을수록 헌신도 더 깊어진다. 헌신하고자 노력하는 사람을 만나게 되면, 그들의 '자비 기억 은행'의 잔고가 아주 적다는 것을 당신은 자동적으로 발견하게 될 것이다. 마찬가지로 당신이 아주 깊이 헌신한 사람에게 주님께서 그들을 위해 무슨 일을 하셨는지 물어보면, 그들은 많은 실례들을 나누게 되고 그래서 그것에 깊이 감동되는 것은 보기 드문 일이 아니다.

그러므로 매튜의 곤경에 대한 분명한 성경적 대답은 무엇인가? 기억 은행을 하나님의 자비하심으로 채우라! 하나님의 자비가 모든 헌신의 비밀스런 동기이기 때문에 사도 바울이 독자들에게 하려고 하는 것도 바로 그것이다. 바울은 하나님의 자비로 그 독자들의 자비 은행을 흘러 넘치게 하고자 그들의 감정에 호소하고 있다. 그렇게 한 후에야 그들에게 자신을 헌신할 것을 요구했다.

어떤 사람들은 나에게 동의하지 않을지도 모르지만, 나는 로마서 전체가 바로 이 요점에 모아진다고 결론을 내린다. 구원 후에 (기억하라. 바울은 이 책을 그리스도인들에게 썼다), 영적 성장을 위한 가장 전략적인 다음 단계는 삶을 '드리는 것'이다. 어떤 동기로 인해 교회가 그러한 놀라운 일을 하게 되는가? 오직 하나님께서 그들과 세상의 모든 사람을 위해 하신 일에 대한 깊고도 넓은 이해로 말미암는다.

로마서 1-11장을 잠시 생각해 보자. 구절마다, 장마다 그리고 단락마다, 바울은 빠르고도 논리적인 방식으로 하나님의 놀라우신 자비하심을 펼쳐 보여주고 있으며, 그것은 로마서 11장 30-36절에서 절정에 이른다. 30-32절을 읽으면서 우리가 토론하고 있는 이 자비(혹은 긍휼)에 대한 주제를 주의해서 보라:

너희가 전에 하나님께 순종치 아니하더니 이스라엘에 순종치 아니함으로 이제 긍휼을 입었는지라 이와 같이 이 사람들이 순종치 아니하니 이는 너희에게 베푸시는 긍휼로 이제 저희도 긍휼을 얻게 하려 하심이니라 하나님이 모든 사람을 순종치 아니하는 가운데 가두어 두심은 모든 사람에게 긍휼을 베풀려 하심이로다.

이제 로마서 12장 1절에 처음 나오는 단어가 왜 '그러므로'인지 확실해졌을 것이다. 그 '그러므로'는 마지막 몇 절만이 아니라 로마서 1장 1절에서 11장 32절까지의 전체를 요약하는 것이다. 모든 것이 로마서 12장 1절에 집중되고 그 다음으로 따라오는 모든 것은 산제사로서 개인을 드린 결과다.

2. 가장 논리적인 단계가 될 때까지 자신을 드리는 동기는 더 증가한다.

삶을 드리는 것이 매우 감정적인 시간이 될 수 있겠지만, 그 행동의 뿌리는 그 사람에게 항상 합리적이고 논리적인 것이다. 그것은 단지 가슴뿐 아니라 지성까지도 움직여야 한다.

그 사람이 알고 있고 그 마음을 차지한 주님의 자비와 긍휼이 많을수록 드림의 행위는 더욱 합리적인 것이 될 것이다. 자신을 주님께 내어드리는 행위는 그들이 하게 되는 것 중 가장 논리적이고 지적으로 변호할 수 있는 것이어야 한다. 드림이 이성이 아니라 감정을 통해서만 이루어졌다면, '삶을 드림'은 결점이 있는 것이다. 그래서 바울은 "그러므로 형제들아 내가 하나님의 모든 자비하심으로 너희를 권하노니 너희 몸을 하나님이 기뻐하시는 거룩한 산 제사로 드리라 이는 너희의 드릴 영적 예배니라 (역주:영어 성경에서는 which is your reasonable service, NIV. 직역하면, 이것이 너희가 드릴 합리적인 예배다)"고 말한 이유다.

일년 전 높은 로키 산맥에서 나는 콜로라도 스프링스 지역에서 온 어떤 사업가를 만났고, 그의 삶에서 두 시간 안에 이 과정이 집중적으로 이루어지는 것을 보았다. 매튜처럼 그는 헌신의 부족이 드러남에 따라 영적으로 돌파구를 찾고 있었다. 두 시간 동안 나는 부드럽지만 가차없이 그의 마음, 말씀의 지식 그리고 그의 삶에 대한 주님의 관여하심을 인지하는 것에 관해 자세히 규명했다. 주님의 자비하심의 진리에 대해 더 크게 그의 눈을 뜨게 해 줄수록 그는 더욱 부드러워졌다.

진리에 대한 오해 때문에 하나님을 향해 딱딱하게 굳어 있던 그의 마음을 하나씩 풀어 나갔다. 계속해서 그의 단단했던 마음이 고백과 찬양과 찬미로 변했다. 우리는 함께 하나님의 구속, 속죄, 화해, 입양 그리고 성령의 선물과 같은 놀라운 자비를 측량해 보았다.

마침내 무언가가 그의 가슴 깊은 곳을 깨뜨렸고 그는 무릎을 꿇었다. "주님, 제가 어떻게 당신을 그렇게 멀리 떠나 있을 수 있었을까요? 저 자신에게는 '괜찮아'라고 말하면서 당신께는 '안돼요'라고 말함으로써 제가 얼마나 고통을 겪었는지요. 당신이 저를 위해 싸우시고 당신의 아들을 저를 위해 희생하셨을 때, 저는 당신과 싸우고 있었으니 제가 얼마나 어리석었던지요. 제 삶을 바칠 가치가 있는 분이 당신 외에 또 누가 있겠습니까? 주님, 당신 앞에 겸손히 나아옵니다. 저를 당신께 산제사로 바칩니다!"

친구여 주님과 그의 사랑, 돌보심, 긍휼 그리고 신실함에 관한 전체 진리가 비춰질 때, 당신이 취해야 할 논리적이고도 유일한 태도는 당장 그리고 온전히 당신 자신을 그분의 사랑스런 팔에 맡기는 것뿐이다.

3. 자신을 드리고자 하는 동기는 신자와 교회에 의해 고취되어야 한다

그 다음 날 매튜를 만날 것을 알았기 때문에, 그의 기억 은행에다 주님의 자비하심에 관한 진리와 그의 마음을 자유롭게 해 줄 희망을 채우기 위해 그에게 숙제를 내 주었다. 로마서 1-11장, 에베소서 1-3장, 그리고 골로새서 1-2장을 읽고 종이 몇 장에다 주님께서 그를 위해 개인적으로 무엇을 하셨는지 적도록 요청했다. 그 다음날 밤 아홉 시 경에 우리는 아이스크림 판매대 앞에서 만났다. 매튜는 끝이 꼬깃꼬깃하게 된 종이를 여러 장 가지고 나타났다. 처음 그를 보았을 때, 그의 눈이 부드러워졌고 태도가 더 평온해졌다는 것을 눈치챘다.

"매튜, 어떤 것을 찾았나?"

"도대체 알 수가 없습니다… 아니, 그리스도인으로 살아 왔던 그 세월 동안 제가 어디에 있었는지 말입니다. 이 목록을 보십시오. 다 적을 수도 없었습니다. 주님은 정말 굉장한 분이십니다!"

매튜는 이제 하나님의 자비하심으로 그의 기억 은행을 채웠지만 진리는 아직도 그의 마음 깊은 곳까지 완전하게 스며들지는 않았다. "매튜, 자네가 적은 것들 중에 첫번째 것에 대해 어떻게 생각하는지 내게 말해 주겠나?" 그는 좋은 말들을 열거하며 읽어 내려가기 시작했지만, 아직 그 진리를 가슴으로 부둥켜 안지는 않고 있었다. "좀 천천히 하게나, 매튜. 그리고 가슴으로 머리에 있는 진리를 해석해 보게. 예를 들어서, 하나님께서 자네를 양자로 삼으신 것에 대해 감정적으로 어떻게 느끼는가?"

그것이 내가 찾고 있었던 마개였고, 몇 분 안에 매튜의 눈에서 그가 그리스도인으로 사는 동안 갇혀 있었던 눈물이 흘러내렸다. 감정에 북받친 매튜는 흐느끼기 시작했고 주님이 그에게 주신 개인적 사랑과 행하신 모든 놀라운 일들 때문에 그의 가슴은 처음으로 깨어졌다. 북부 캘리포니아의 큰 나무 아래서 그날 밤 무슨 일이 벌어졌는지 추측해 보라. 고민하던 또 다른 한 사람의 신자가 산제사로 드려질 때 하늘에서도 축하 파티가 벌어지고 있었다.

나 자신의 개인적 헌신이 줄어들고 있다고 느껴지면 그것을 더 깊게 하기 위해 무엇을 하는가? 나는 성경에 나와 있는 주님의 자비하심으로 돌아가 진리로 내 마음을 자극한다. 작년 일기를 꺼내 다시 읽은 후, 올해의 일기를 꺼내 그때까지 적어 둔 모든 자비와 긍휼을 읽는다. 마지막으로 내가 이것을 한 것이 몇 주 전인데, 그 시간은 나를 향한 하나님의 넘치도록 풍성한 친절하심과 선하심을 찬양하는 것으로 끝이 났다. 나는 기도 일기를 꺼내 지난 몇 년 동안 기록해 두었던 수백 가지의 기도 응답을 천천히 읽는다. 마음을 열고 내 열정적인 찬양과 찬미로 하늘의 보좌를 가득 채운다. 내 헌신이 온전해지기까지 나는 멈추지 않는다. 내 마음이 아무리 멀어졌다 하더라도, 내 마음은 영광의 주님께 온전히 그리고 기쁘게 복종하게 되도록 정복되어야 하고 그리고 정복될 것이라고 확신한다!

그러나 불행히도 너무 많은 사람들이 자신의 마음을 어떻게 해야 할지 모른다. 지금 이 순간 나는 기도한다. 당신이 '하나님의 자비'라 적힌 파일을 마음 속에서 찾아 그것을 검토하고 그것이 하늘의 멜로디와 화음을 이룰 때까지 당신의 마음의 줄로 연주하기를.

이 책이 목사님들과 기독교 지도자들을 위해서만 쓰여진 것은 아니지만, 미국 교회와 말그대로 세계 전역에서 내가 발견한 것을 알리지 않고는 견딜 수가 없다. 거의 예외 없이, 하나님의 교회가 성경적 헌신에 대해 아주 많이 가르치고 도전을 주어왔다는 것을 나는 발견했다. 50년 전에는 주님의 목자들이 공공연하게 그들의 양무리에게 삶을 드리도록 도전을 주었던 반면, 지금은 설교 단상에서 거의 언급되지 않고 있다. 그리고 그것 때문에 교회가 얼마나 고통을 겪고 있는지! 몇몇 목사님들은 부적당한 감정주의로 흐르는 반면, 다른 분들은 하나님께서 삶을 변화시키는데 사용하시는 강력하고 기름부은 설교 대신에 신학적 강의만을 고집했다.

그러나 이것의 밝은 면은 전 세계의 평신도 남자들과 여자들의 가슴 속에 있었다. 내가 사역할 기회를 가졌던 미국, 남아프리카, 러시아, 싱가포르, 우크라이나, 말레이지아 그리고 여러 다른 나라들에 있는 신자들이 예외 없이 더 깊이 헌신하고자 갈망하고 있었다는 점이다. 그러나 대부분 그들은 가르침을 잘 받지 못한 상태에 있었고 그들이 그 과정을 통과하도록 이끌 수 있는 목자가 절대적으로 필요했다. 의심할 바 없이 이러한 훌륭한 개방 상태가 항상 그대로 있는 것은 아니겠지만, 현재 주님의 교회는 헌신에 대해 아주 호의적이다. 지도자인 우리가 일어나서 우리의 부르심을 완수하기를 기원한다!

당신의 삶을 드리라

바울은 우리 자신을 '산 제사'로 '드리라'고 지시하고 있다. 오늘날 대부분의 그리스도인들이 이해하지 못하는 말이다. 어떻게 우리의 삶을 하나님께 '드리는가?' 그리고 '산제사' 라는 것은 무엇을 의미하는가?

1. '드린다' 의 의미

로마서 12장 1절에서 '드린다' 는 말은 일반적인 의미와 특별한 의미를 동시에 가진다. 일반적으로 그 말은 '제공한다' 혹은 '가져오다' 를 의미한다. 헬라어 학자들이 지적하듯 그 말은 또한 기술적으로는 죄인이 자신의 죄를 속하기 위해 양을 제사로 바치는 혹은 드리는 것을 묘사할 때 사용된다. 이 말이 '제사' 와 연관이 있을 때는, 이 구절에서처럼, 신약 시대 독자들은 당장 주님께 양을 공식적으로 바치는 것으로 보게 된다.

> 예수 그리스도가 하나님이시고, 나를 위해 정말 죽으셨다면, 그분을 위해 내가 드릴 수 있는 그 어떤 제사도 결코 위대하다고 할 수 없다.
> - C. T. 스터드(C.T.Studd)

어떤 사람이 희생양을 제사장에게로 가져가 드렸을 때, 그것은 그 사람이 그 시점까지 지은 모든 죄를 위한 공식적인, 단번에 드리는 행위다. 양은 한 번 죽었다. 이스라엘 사람들은 이미 완성된 제사를 또 드리기 위해 다시 오지는 않는다. 주님은 우리가 그분께 우리 자신을 '산제사' 로 드리고 그리고 계속해서 다시 돌아와 한 번 했던 헌신을 새롭게 하고자 하는 중요한 결단을 하기 원하신다.

누가복음에서는 이 똑같은 '드림' 이라는 말이 요셉과 마리아가 성전에서 아기 예수님에 대해 한 일을 묘사하는 것으로 사용되었다:

모세의 법대로 결례의 날이 차매 아기를 데리고 예루살렘에 올라가니 이는 주의 율법에 쓴 바 첫 태에 처음 난 남자마다 주의 거룩한 자라 하리라 한 대로 아기를 주께 드리고(눅 2:22-23).

이것은 '주의 거룩한' 방식대로 하나님께 사람을 드리는 개념의 실례를 보여주고 있다. 요셉과 마리아가 예수님을 주님께 드렸을 때, 그들은 주님께 그 예수님을 돌려드린 것이었고 주님의 목적에 따라 바친 것이었다. 그들이 그들의 아기를 주님께 바치고 주님께로 그 아기를 구별했기 때문에, 그는 주님께로 '거룩' 하여졌다. 믿는 부모들이 자신의 아기를 유아 헌신을 통해 주님께 '산제사' 로 드릴 수 있다. 그러나 각 개인이 나중에 그리스도를 알아야 하고 그리고 자신을 주님께 온전히 바칠 것인지에 대해 선택해야 한다.

2. '산제사' 의 의미

로마서가 기록된 당시에는 모든 사람이 '산제사' 를 이해했다고 하더라도, 몇 가지 요소들이 말 그대로 독자들을 뒤흔들어 놓았음에 틀림없다. 첫째는, 주님께서 짐승이 아니라 사람의 제사를 요구하셨다. 구약 시대에는 바치는 모든 짐승들은 살아 있고, 건강하며 흠이 없어야 하는데, 그렇지 않으면 주님이 그것들을 받지 않으셨을 것이다. '산제사' 라는 용어에는 새로운 어떤 것도 나타나 있지 않지만 그들이 직감적으로 알 수 있는 것은 주님께서 짐승을 사람으로 대치하신 것이었다. 성령의 감동하심을 따라 바울은 주님께서 신자의 삶을 얼마나 완전히 요구하시는지에 대해서 생생한 그림을 보듯 말하고 있다.

둘째는, 누가 그 제사를 드렸는가 생각해 보라. 구약에서는 이스라엘 사람들이 하나님께 바칠 짐승을 가지고 왔다. 신약에서는 신자가 그 자신을 제사로 가지고 와서 하나님께 그 자신을 드린다.

로마에 있었던 이 교회에서 더 성숙한 사람들은 성경에서 하나님이 요구하셨던, 유일한 다른 인간 산제사를 떠올렸을 것이다. 아브라함이 그의 사랑하는 아들 이삭을 바치는 장면 말이다. 아브라함이 칼로 아들을 죽이려고 했을 때 주의 천사가 그를 막았고 제사의 참된 이유를 말해 주었다. "사자가 가라사대 그 아이에게 네 손을 대지 말라 아무 일도 그에게 하지 말라 네가 네 아들 네 독자라도 내게 아끼지 아니하였으니 내가 이제야 네가 하나님을 경외하는 줄을 아노라"(창 22:12).

주님은 아브라함을 헌신의 위기까지 몰고 가셨다. 아브라함은 누구를 그의 삶의 첫 자리에 두었는가? 그의 아들인가 혹은 하나님인가? 이것이 산제사의 시험과 너무나 비슷한 점이다. 그러나 주님은 당신의 아들 대신에 당신 자신의 생명을 요구하신다. 다시 한번 말하지만, 근원적인 주제는 누가 당신의 삶에 일번의 자리를 차지하는가 하는 것이다. 자신인가 아니면 구주인가?

세번째 차이는 무엇이 산제사를 가치 있게 하는가에 달려 있다. 구약의 제사에서는 짐승이 죽는 그 순간만이 가치가 있었다. 그것의 생명은 아무 가치가 없었다. 그 죽은 몸도 아무 가치가 없었다. 대신에 죽는 바로 그 행위가 사람의 죄를 속량하는 것이다.

그러나 신약의 제사에서 신자의 '진정한' 가치는 드림의 순간 그 이후에 발생한다. 이 두 가지가 대조가 되는 것은 명백하다. 구약에서는 산제사의 가치를 죽는 순간에 둔다. 신약에서 산제사의 가치는 삶의 길이에 있다. 신자는 주님을 위해 살기 위해 그 자신에 대해 죽는다.

3. '거룩한'의 의미

　로마서 12장 1절에서의 '거룩'이라는 말은 자신을 산제사로 드린다는 개념과 구원은 그리고 매일 순종하는 행위와는 궁극적으로 별개의 것이고 구분되는 행위라는 것을 설명하는 실마리를 제공한다. 이 구절에서 볼 수 있는 것처럼, 사람의 생명을 주님께 헌신한다는 것은 신자가 자신을 주님의 종으로 주님께 온전히 구별할 때 그의 가슴과 머리 속에서 일어나는 일이다.

　이 드림이 그리스도를 그저 믿는 자로서가 아니라 제자로서 따르고자 결단하는 것과 아주 비슷하다고 나는 개인적으로 믿는다. 누가복음 14장은 영원한 구원과는 전혀 상관이 없고 순종과 봉사와 온전히 관계가 있는, 제자도의 조건에 관해 말하고 있다. 그 강력한 구절 가운데 주님은 그분의 제자가 될 것인지를 고려하고 있는 사람들에게 제자가 되기 위해서 치러야 할 값을 신중히 계산해 보라고 권하고 있다. 누가복음 14장과 로마서 12장은 모두 삶의 중요한 결단에로 초청하고 있는데, 그 결단에 따르는 행위는 조심스럽게 고려되어져야 하고 일생의 결과가 따라 오는 것이다.

　이 결단의 심각성과 결과들 때문에, 그 결단을 하는 사람은 강렬한 감정을 체험하게 된다. 나이가 많을수록, 그 결단은 힘이 든다. 이 헌신의 위기를 통과하고 있는 많은 남자들을 상담하고 조언하면서, 나는 그 고투가 18개월에서 2년까지 지속되는 것이 드문 일이 아님을 알았다. 헌신의 최종 행위는 신자가 자주 거의 영적 산고를 경험한다고 할만큼 그런 온전한 지식으로 이루어진다. 주님께로의 이 헌신은 너무나 극적이고 깊어서 수많은 사람들이 정확하게 무슨 일이 일어났는지를 잘못 이해하는 듯하다.

불행히도 어떤 사람들은 당신이 자신을 헌신하지 않으면 구원받을 수 없다고 가르치기 때문에 수많은 신자들이 이 헌신과 제자로서의 행위를 잘못 해석하고 있다. 모든 신자들이 예수 그리스도를 온전히 닮아가는 노정 중에 겪게 되는 예상 가능한 단계를 개요한 '천로역정 7단계'(Seven Stages of a Pilgrim's Progress)에 관한 심층 시리즈를 두 주 전에 멕시코에서 가르쳤다. 헌신은 그러한 7단계 중 하나였고 그 모임에 참석한 사람의 반 이상이 무릎을 꿇고 주님께 자신을 드렸다.

이러한 일이 일어나고 난 후, 나는 청중들에게 이 행위가 그들의 영원한 구원과 어떤 관계가 있다고 생각해서는 안된다고 경고했다. 이 중년의 어른들이 아이들 때에 그리스도를 자신의 구주로 영접했지만, 30대, 40대 혹은 50대가 될 때까지 자신을 주님께 온전히 드리고자 결단하지 않은 것이었다. 헌신이 아주 강력하고 감정적일 때, 많은 사람들은 그들의 영적인 삶에 대해 '다시 쓰려는' 유혹을 받게 되고 그들의 헌신의 깊이 때문에 진실로 회심했던 경험을 지우려 한다.

어린아이 때, 당신이 자유 의지로 예수 그리스도를 구주로 영접했고 그분께서 당신의 죄를 위해 돌아가셨고 오직 그분의 죽음과 부활만으로 당신이 구원받을 수 있다는 것을 참되게 믿었다면, 당신은 그 순간 영생을 얻게 된 것이다! 그 진리를 잊어버리지 말고 누가 무슨 말을 하더라도 미혹되지 말라. 구원은 오직 그리스도의 희생을 통해서만 오는 것이고 헌신은 오직 그리스도께로 당신 자신을 희생하는 것이다. 하나는 2,000년 전에 십자가에서 끝이 났고, 또 하나는 일생에 걸쳐 당신의 가슴 속에서 온전하게 될 수 있다.

다른 주제로 넘어가기 전에, 이 구절에서 '거룩'의 의미 중에 하나 더 토론해야 할 것이 있다. 당신 자신을 산제사로 드리기 위해서는 당신의 삶이 주님께 온전히 순종적인 것이어야 하고, 그렇지 않으면 주님께서 당신의 희생을 받지 않을 것이라고 오늘날 많은 사람들이 가르치고 있다. 지금 내가 나누고자 하는 말 때문에 몇몇 사람들은 고민을 하게 되겠지만, 나는 그것이 이 구절을 올바르게 성경적으로 해석하는 것이라 확신한다.

'거룩'이라는 말은 그것이 사용된 내용에서 결정되어야 하지 우리들의 선입견으로 해서는 안되고, 그렇게 하지 않으면 우리는 '트렁크'의 실수에 빠지게 된다. 기억하라. 우리들은 그리스도를 믿는 그 순간 하나님의 눈에 '거룩'하게 된다. 구원적 거룩을 행위적 거룩으로 해석하는 것은 잘못된 일이다. 구원적 거룩은 우리들의 마음이나 행동 속에서 된 것이 아니라 하나님의 마음 속에서 구별된 것을 말한다. 이것은 거룩한 땅이 그 본질이 변한 것이 아니라 오직 하나님의 생각 속에서 변했다는 것과 비슷한 말이다.

이것이 성경적 거룩의 두번째 단계이고, 많은 사람들이 안타깝게도 두번째와 세번째 단계를 하나로 생각하거나 같은 것으로 여긴다. 로마서 12장 1절은 신자가 그의 마음 속에서 자신을 산제사로 주님께 구별하도록 초청하고 있다. 그러므로 첫번째 단계와 두번째 단계는 행동 속에서가 아니라 마음과 가슴 속에서 일어나는 점으로 볼 때 둘이 비슷하다. 첫번째 단계는 주님의 마음 속에서 일어나고 두번째 단계는 신자의 마음 속에서 일어난다. 로마서 12장 2절은 재빨리 세번째 단계로 옮겨 가고 있는데, 그 세번째 단계는 온전히 순종, 경건, 그리고 봉사의 행위에 중점을 두고 있다: "너희는 이 세대를 본받지 말고 오직 마음을 새롭게 함으로 변화를 받아 하나님의 선하시고 기뻐하시고 온전하신 뜻이 무엇인지 분별하도록 하라."

그러므로 사람이 산제사가 되기 위해서 자신의 모든 행동을 변화시켜야 하는가? 만약 그가 그렇게 한다면 그 사람은 성경이 산제사가 되는 것과 직접적으로 연관시키지 않는 곳에, 잘못되게 조건을 더하는 것 밖에 안 된다고 나는 믿는다! 신약에서의 그 순서는 너무나 명백하다: 당신 자신을 주님께 먼저 드리라. 그리고 나서 이 세대를 본받지 말고 오직 마음을 새롭게 함으로 변화를 받으라. "이 세대를 본받지 말고 오직 마음을 새롭게 함으로 변화를 받으라. 그리고 나서 하나님의 모든 자비하심으로 너희 몸을 산제사로 드리라"는 순서는 잘못된 것이다.

로마서 12장 1절의 전체 요점은 신자로 하여금 자발적으로 자신을 주님께 드릴 것과 그분의 지도력 아래 자신을 포기할 것을 선택하라고 권한다. 그런 결단이 있고 난 후, 어떻게 순종하고 그분을 섬길지에 대한 구체적인 방법을 찾는 것이 옳은 일이다.

구원을 얻는데 필요한 유일한 조건은 그리스도가 당신을 위해 하신 일을 믿는 것이다. 산제사가 되는 유일한 조건은 자신을 그분께 드리는 것이다. 그러나, 세번째 단계에서의 요구 조건들은 많으며 여러 가지가 있고 그것은 나중에 탐구하게 될 것이다.

4. '하나님이 기뻐하시는' 의 의미

로마서 12장 1절에 있는 이 문구는 성경에서 가장 영감을 주는 것들 중 하나이다. 주님이 당신의 제사를 기뻐하실지 어떻게 확신할 수 있는가? 자신을 주님께 드리고자 열망하지만, 오랫동안 성적으로 부도덕하게 살아온 것 때문에 하나님이 자기의 열망과 자신을 받을 수 없을 것이라고 확신하는 어떤 젊은 여인과의 상담을 잊을 수 없다. 그녀에게 주님이 '먼저 헌신(precommitment)' 하신 것이 얼마나 놀라운가! 로마서 12장 1절에서 주님은 자신을 산제사로 주님께 드리고자 하는 모든 자를 '기뻐하신다' 는 것을 밝히신다!

5. 헌신하고자 하는 진실된 마음이 주님께 큰 가치가 있는 것이다!

아직 마지막 질문이 남아 있다: 주님은 왜 우리가 자신을 산제사로 드리기를 원하시는가? 그런 행위를 통해 얻어지는 것이 무엇인가? 이 질문에 대한 해답은 다시 한 번 주님의 놀라우신 은혜를 보여 주는 것이 된다. 자신을 주님께 드리기도 전에 자신이 주님 앞에서 어떤 사람인지 알아보자:

> 너희 몸은 너희가 하나님께로부터 받은 바 너희 가운데 계신 성령의 전인 줄을 알지 못하느냐 너희는 너희 것이 아니라 값으로 산 것이 되었으니 그런즉 너희 몸으로 하나님께 영광을 돌리라(고전 6:19-20).

당신이 그리스도를 믿게 되는 그 순간부터 당신의 몸은 이미 누구의 것인가? 주님 그분의 것이다! 그리스도는 자신의 생명으로 당신의 전 인생을 사셨다. 그분의 죽음이 당신 생명의 가격표가 되었다. 그러므로 "너희는 너희 것이 아니지만" 이 시점까지 당신 자신의 것인 양 살아왔을지도 모른다.

그러면 왜 바울은 로마서 12장 1절에서 그들이 이미 하나님의 것이라는 진리를 선포하며 그렇게 사는 것이 더 좋다고 독자들에게 가르치는가? 그것은 주님께서 자신의 자녀들이 자발적으로 하는 것을 원하시기 때문이다. 우리의 마음이 헌신되지 않으면 우리의 행동도 헌신되지 않을 것이라는 것을 그분은 아신다. 그래서 당신과 내가 이미 주님께 속하였다고 해도 그분은 우리들이 자신을 주님께 산제사로 드리도록 초청하고 계신 것이다. 우리들의 권리를 그 분께 내어드리면서.

헌신 의식

이 번 장은 한 가지 질문에 중점을 두어야 한다: "당신은 이제 자신을 주님께 산제사로 드리겠는가?" 만약 그렇게 하겠다면 다음 몇 분간을 '거룩' 한 것으로 구별하여 주님께 그것들을 바치기를 요청한다. 하나님과 영원의 사업을 수행하기 위해 당신이 앉아 있는 곳을 '거룩' 한 곳으로 구별하라.

지금 이 순간 당신과 함께 있다면 얼마나 좋을까! 바로 당신 곁에서 당신과 함께 무릎을 꿇고 다음과 같은 기도를 인도하고 싶다. 당신의 마음이 하늘의 요구에 응하기 원한다면, 지금 이 책을 손에 들고 무릎을 꿇고 나와 함께 이 기도를 하자:

하늘에 계신 아버지여,
당신의 보좌 앞에 겸손으로 무릎 꿇습니다.
저의 자유 의지로 당신의 전에 나아왔고 당신과 함께 여기 거하기를 원합니다.
당신은 이 우주에서 가장 은혜가 풍성하시고 사랑이 많으십니다.
저를 향한 당신의 친절하심은 경계도 없고 한계도 없으십니다.
항상 당신은 인자하심으로 저를 인도하십니다.
당신의 자비가 아침마다 새롭고 당신의 성실하심이 크도소이다!
당신의 사랑 때문에 예수 그리스도를 이곳에 보내셨고, 죽게 하시고 저에게 영생을 주셨습니다.
당신의 사랑에 응답하고자 이 엄숙한 순간에 제 자신을 당신께 드립니다.
이렇게 온전한 헌신의 순간까지 오는 데 너무 오랜 시간이 걸린 것을 용서해 주십시오.
이제 제 자신을 당신의 제단에 올리고 산제사로 드립니다.
제 남은 일생을 통해 당신께 헌신합니다.
진실된 이 드림을 받아주셔서 감사합니다!
예수님의 이름으로 기도합니다. 아멘.

이 행위가 그리스도인에게 있어서 진실로 삶을 변화시키는 순간이 되는가? 이번 주에 나는 한 남자에게서 편지를 받았다. 믿기 어렵겠지만 그는 작년 초에 이 주제에 관한 비디오 시리즈를 보고 자신에게 일어난 일에 대해 편지를 적어 보냈다. 그의 드림에 관한 편지를 읽고 얼마나 기뻤는지 모른다.

삶을 주님께 온전히 드리고 살아 있는 날 동안 제 자신에 대해 죽음으로써 주님께 대답하라고 당신이 요청했을 때, 저는 기대로 흥분하고 있었습니다. 성령님이 그 생각을 하고 있는 제 속으로 뛰어들어 오셨다고 확신합니다. 왜냐하면 너무나 제 자신을 산제사로 드리고 싶어 견딜 수 없었기 때문이었습니다. 이 사건은 3월 18일 아침 7시 거실 바닥에서 일어난 일입니다. 주님을 찬양합니다! 저는 이제 완전히 주님의 것입니다!

신자여, 당신의 집 마루 바닥은 당신의 무릎을 기다리고 있다. 당신의 아버지는 당신의 생명을 기다리고 계신다. 당신에게 자신의 생명을 주신 그 분께 당신의 생명을 드리는 그 놀라운 기쁨을 경험하라.

우리가 주와 같은 형상으로 화하여

4

> 햇빛이 생명으로 변화되는 것은 자연의 위대한 법칙이다. 마찬가지로, 진리의 빛이 거룩한 삶의 열매로 변화되는 것은 그리스도인 삶의 위대한 종말이다.
> – 아도니람 골든(Adoniram Goldon)

매일 밤 저녁 식사 후, 우리들은 황홀할 정도로 아름다운 황야의 하늘 아래 모닥불을 피워두고 그 주위로 모였다. 우리들 모두는 멀리 떨어진 강가에서 야영을 하면서 새벽부터 땅거미가 질 때까지 다른 것과 견줄 수 없는 멋진 연어 낚시를 하며 다시 한번 모험에 찬 '소년들'로 되돌아갔다. 일상 생활에서 느낄 수 없었던 즐거움이 가슴 속에 차 오르며, 근간에 느낄 수 없었던 기쁨을 맛보게 되었다. 우리를 안내하던 안내원은 소용돌이 치는 물길 굽이굽이를 다 알고 있었고, 우리들이 던져놓은 기대에 부푼 미끼들을 기다리는 고기떼가 어디에 숨어 있는

지도 훤히 꿰고 있었다.

　20명 가까운 친구들이 함께 낚시를 하면서 보낸 그 한 주도 잊을 수가 없지만, 모닥불 주위에서 나누었던 그 시간들이야말로 진정으로 최고의 추억이 되었다. 밤이 더 절정이었다. 성경을 펴자 우리들의 마음은 성령님의 움직이심으로 녹아 내렸다. 감동되지 않고 변하지 않은 채 그 곳을 떠난 사람은 한 사람도 없었다. 목요일 저녁, 그 때가 솔직하고도 투명하게 그리고 직접적인 접근 방식으로, 남자들이 당하는 가장 깊은 고민을 다루어야 할 때임을 나는 알았다.

　개인의 거룩에 대해 얘기하는 중에 나는 그들의 삶에서 어느 한 부분이 진실로 깨진 것을 – '너무나 많이' 죄를 범하였다가 이제 더 이상 그 영역의 죄를 범하지 않는 – 경험한 사람이 있는지 물어 보았다. 나무로 지은 방에 침묵이 흘렀고 그 때 누군가 통나무 조각을 불꽃 속으로 던지자 불꽃이 조그마한 로켓이 되어 위로 솟아 올라가며 침묵을 깨뜨렸다.

　그러자 원을 그리며 둘러 앉아 있던 남자들 중 한 사람이 손을 들었다. "제가 먼저 할까요? 저는 돈을 사랑했었습니다. 정말로 돈을 사랑했습니다. 돈이 제 삶을 지배했습니다. 그리고 그것이 제 가족과 아이들을 거의 파괴하고 말았습니다. 저는 그것에 사로잡혀 있었습니다. 그러자 돈이 저의 신이고 제가 하나님보다 돈을 더 숭배하고 있다는 사실을 하나님께서 보여 주시기 시작했습니다. 약 6개월 간 주님께서는 제가 마침내 깨져서 탐심의 마음을 자백할 때까지 저를 몰고 가셨습니다. 이제 저는 돈을 더 이상 사랑하지 않습니다. 실제로 저는 돈을 사랑하는 것과는 반대로 이제는 돈을 나누어 주는 것을 사랑하게 되었습니다! 정직하게 말씀드릴 수 있습니다만, 저는 이제 옛 사람이 아니고 새로운 사람이 되었습니다. 저는 더 이상 돈을 사랑하지 않습니다. 그것이 정말 좋습니다!"

많은 사람들이 고개를 끄덕였다. 나는 이 남자를 잘 알고 있었다. 이 승리는 두 가지 면을 가지고 있었는데, 하나는 그가 진실로 다른 사람이 되었고 또 다른 하나는 그의 가족들이 더 이상 행복할 수 없을 정도로 행복하다는 것이다! 그러나 그 원을 그리고 앉은 사람들 중 적어도 6명의 남자들이 아까 그 남자가 자기 이야기를 나누는 동안 계속해서 모닥불만 지켜보고 있었다. 나는 그 사람들을 잘 알고 있었고, 그 여섯 명 중 누구도 아직 자신이 돈을 사랑하는 것으로부터 자유로와졌다고 말하지 않았다. 그 남자들 중 한 명이 바로 그 주에 그 문제에 대해 깊이 고민하게 되었고 우리들은 그때부터 깊은 대화를 나누었다.

그리고 나서 그 주간에 자기 문제의 해결점을 찾고자 했던 많은 사람들 중 한 사람이 솔직히 말했다. "음, 어쩌면 여러분들이 놀라실지 모르겠습니다만, 저는 수년 동안 여러 가지 포르노에 사로잡혀 있었습니다. '탐닉되었다'란 표현보다 더 심한 상태에 있었습니다. 저는 지금까지 제 아내에게 육체적으로 불성실하여 다른 여자와 성관계를 실제로 한 것은 아니었지만, 잡지, 비디오, 유선 방송을 통해 성적으로 노예가 되었고 간통 행위를 한 것이나 마찬가지였습니다. 무슨 뜻인지 여러분들은 알 것입니다." 몇 사람이 고개를 끄덕였지만 이 시점까지는 대부분의 사람들이 자신을 드러내지 않고 숨을 죽이고 있었다. 솔직히 그런 정직과 투명성이 사람들의 주의를 완전히 끈다고 생각하지 않는가?

"약 십 년 전에, 주님과 저는 그 문제를 철저히 해결하기에 이르렀습니다. 필사적으로 그 속박 상태로부터 놓여나기를 원했습니다만 기도할 수도, 성경을 읽을 수도 없었습니다. 왜냐하면 항상 그것 때문에 죄책감에 시달렸고 교회에서 주님께 봉사하려 할 때마다 제가 엄청난 위선자처럼 느껴졌기 때문입니다. 저는 제 죄를 주님께 고백하기 시작했고 혼자서는 그것을 해결할 수 없다고 결정을 내렸습니다. 그래서 저의 모든 것을 – 정말 모든 것을 – 제 가장 친한 '친구들'에게 말하였고 그들은 저를 돌아보며 세워 주었습니다!

"그러나 여러분" 아주 조용히 원을 그리고 앉아 있던 남자들의 눈을 한 사람씩 엄중히 들여다보며 그가 말했다. "오늘날 저는 이 성적인 죄로부터 자유로워졌습니다! 거의 십 년 동안 이 부분에서 죄를 범하지 않았습니다! 그리스도 안에서의 자유에 대해 여러분들은 얘기하고 있습니다! 이렇게 함으로써 저의 결혼 생활과 제 아내와의 성생활에 어떤 변화가 일어났는지 상상할 수 있겠습니까?" 그리고 나서 그는 웃기 시작했다. 정말 가슴 깊은 곳에서 우러나오는 그 웃음을. "저는 자유롭습니다! 만약 이러한 것에 노예가 되어 있다면 여러분들도 자유로울 수 있습니다! 나중에 제게 오시든가 내일 저와 함께 배를 타시면 어떻게 시작할 수 있는지 알려 드리겠습니다!"

그리고 나서 얼마간 진지한 토론이 진행된 후, 나는 마침내 개인의 거룩에 관한 주제로 성경을 가르치기 시작했다. "여러분 이것이 바로 그리스도인으로서의 삶을 말해 주는 것입니다! 자신의 과거를 돌아보며 정직하게 스스로에게 '전에는 이러한 죄를 범했지만 지금은 그렇지 않고 이 부분에서 만큼은 거룩한 삶을 살고 있다'고 말하는 기쁨말입니다. 거룩한 삶을 사는 것에 있어서 성장해 가고 있다면, 여러분은 적어도 한 가지 큰 죄의 영역에서 자유로워져야 한다는 것입니다. 그것이 그리스도의 사역을 통해 우리가 얻을 수 있는 것입니다. 점진적인 거룩이 약속된다는 말입니다! 그리고 내년에 또 다시 만났을 때, 아마 여러분이 승리를 경험한 영역이 한 가지 혹은 두 가지 이상 있을 것입니다. 여러분 중 몇 분이나 거룩하지 못하였다가 지금은 거룩하게 된 적어도 한 가지 중요한 영역의 이름을 말할 수 있겠습니까?" 20명 중 12명이 손을 들은 반면 나머지는 모닥불이 무척 신기한 듯 뚫어지게….

이번 장은 거룩의 세번째 단계에 초점을 두고 있다. 이를 점진적 거룩이라 부른다. 점점 더 그리스도와 같이 되어가는 것. 불신성함이 덜해지고 더욱 거룩해지는.

제 3단계: '점진적 거룩'

점진적 거룩은 그리스도인이 한 단계의 거룩에서 다른 더 높은 단계로 성장해 가는 것, 그리고 불신성한 어느 한 단계에서 그것이 덜한 어떤 단계로 성장하는 것을 의미한다. 점진적 거룩은 당신의 영적인 삶에 있어서 앞으로 그리고 계속적으로 나아갈 수 있고 또 나아가야 한다는 것을 의미한다. 그것은 점점 더 그리스도를 닮아가는 것을 뜻한다.

점진적 거룩은 당신이 구원받는 순간에 시작되고 육체적으로 죽음에 이르는 순간에 결론이 난다. 시간의 창이 잠시 동안 당신에게 열리든지 아니면 100년 이상 열리든지, 점진적 거룩은 당신 삶의 가장 큰 목표와 열정 중의 하나가 되어야 한다. 그것이 거룩이든 부정이든, 당신의 인생에 심은 대로 거두게 될 것이다.

구원의 순간에 우리들은 모두 주님의 눈으로 볼 때 동등하게 거룩해지지만(위치적 거룩을 기억하라. 주님께서 주님의 마음 속에서 당신을 주님께로 구별하신다), 그 시간 이후로 우리가 어느 정도로 '그분이 거룩한 만큼 거룩' 해지느냐 하는 것은 우리의 삶 속에 역사하시는 그분의 사역에 대한 우리의 반응 정도에 달려 있다. 주님은 우리 모두가 그분이 거룩하신 것처럼 거룩하기를 원하신다고 성경은 분명히 말하고 있기 때문에, 삶에 있어서 거룩함이 부족한 것은 그분의 실수가 아니라 우리의 잘못이다. 하나님은 우리가 그의 아들처럼 되도록 끊임없이 역사하신다. 그렇게 되지 못하는 것은 우리의 반항 때문이지 그분의 역사하심이 부족해서는 아니다. 그러므로 그리스도인의 삶에 있어서 거룩하지 못하다는 것은 항상 우리의 삶 속에 있는 주님의 부르심과 역사하심에 대해 우리가 저항하고 반항하기 때문이다.

점진적 거룩은 우리의 본질이 거룩하게 될 뿐 아니라, 우리가 생각하고 느끼고 하는 모든 것에 있어서도 또한 거룩해야 한다. "오직 너희를 부르신 거룩한 자처럼 너희도 모든 행실에 거룩한 자가 되라"(벧전 1:15). 거룩한 성품('거룩하라')은 항상 거룩한 행실('모든 행실에 거룩한 자가 되라')을 낳게 된다. 이 두 문구가 모두 명령으로 되어 있기 때문에, 점진적 거룩의 이 두 가지 면이 자동적으로 이루어지는 것이 아니며 우리는 그렇게 되기 위해 순종해야 한다. 그러므로 구원 받는 순간에 성품이 완전히 그리스도와 같아지는 것이 아니고 행실도 완전히 그리스도처럼 되는 것이 아니다. 점진적 거룩은 내가 나의 성품과 행실에 있어서 더욱 더 그리스도를 닮아가는 것을 의미한다. 이 두 가지 영역에서 내가 그리스도를 닮아가는 정도가 주님께서 삶 속에서 내가 거룩하도록 나를 특징 지으시는 정도와 동일하다.

점진적 거룩은 당신 자신과 다른 사람이 볼 수 있고 객관적으로 알 수 있다. 행실이 변함에 따라, 당신이 예전에 해 왔던 행동을 이제는 하지 않는 자신을 발견하게 될 것이다. 그리고 하지 않아야만 한다! 다른 사람들이 또한 그것을 알아차리고 당신의 성장을 인정할 것이다. 당신의 성품이 변함에 따라 동기와 정상적인 반응도 변화할 것이다. 분노로 반응하는 대신 인내와 자기 절제로 반응하게 될 것이다. 이기심에 굴복하기보다 다른 사람들을 먼저 생각하게 되고, 자신보다 다른 사람들을 더 돌아보게 될 것이다. 험담이나 비판하기보다, 말을 삼가게 되고 다른 사람들을 세우고 격려하는 말만을 하게 될 것이다. 부도덕의 노예가 되기보다, 성적으로 정절을 지키고 신실하게 살아갈 것이다. 이러한 변화들은 '육신의 일'로부터 '성령의 열매'로 전이되어 가는 것이고, 거룩하게 성장함에 따라 당신의 삶도 당신의 눈 앞에서 그리스도의 형상으로 변화해 나갈 것이다. 바울은 고린도후서 7장 1하반절에서 다음과 같은 말을 썼을 때 점진적 거룩에 대해 알고 있었다: "…하나님을 두려워하는 가운데서 거룩함을 온전히 이루어 육과 영의 온갖 더러운 것에서 자신을 깨끗케 하자."

바울은 이러한 종류의 거룩을 이루기 위해서는 우리가 '자신을 깨끗케 해야' 한다고 말하는 것에 주의를 기울이라. 깨끗케 함은 절대적인 필수 조건이다! 그러나 진정한 거룩은 완성된 과정이 아니고 계속해서 '온전히 이루어' 가는 것임을 바울은 또한 밝히고 있다. '온전히 이루어'로 번역된 헬라어는 '끝내다', '마치다', '완성하다'는 의미다. 회심의 때에 마음 속에서 시작된 거룩을 모든 면에서 완성하도록 전심으로 노력하라고 바울은 신자들에게 권하고 있다.

그 말 자체가 계속적인 진보를 말하고 있을 뿐 아니라, 하나님의 감동하심 아래 바울은 '온전히 이루어'를 헬라어 현제 시제로 말하고 있는데, 그것은 간헐적이거나 단번에 하는 것이 아니라 보통 계속적인 행동을 묘사하는 것이다. 그러므로 이 구절은 분명하게 거룩의 세번째 단계가 회심한 사람들의 전 생애 동안 점진적으로 계속되는 것이어야 함을 나타내고 있다. 당신은 거룩하고, 더 거룩해져 가고 있으며, 그리고 당신이 죽음으로써 궁극적으로는 그리스도처럼 완전히 거룩하게 될 것이다.

신학적 박스를 풀어라

콜로라도에 있는 친구의 아름다운 집에서 노트북 컴퓨터에다 이 글을 치는 동안에도, 잠시 손을 멈추고 당신을 위해 기도한다. 성령님이 당신의 눈을 열어 주셔서 개인의 거룩에 관한 성경적 진리들을 더욱 많이 보여 주시도록 말이다. 진리는 우리를 자유롭게 해 주지만 진리를 잘 알지 못함으로 우리들은 노예 상태에 있게 된다. 거룩에 관해 더 많은 진리를 이해하게 될수록 더 많은 자유와 해방감을 누리게 된다.

거룩에 대한 주제는 성경 전체에서 가장 오해가 많은 주제 중에 하나고, 그렇기 때문에 많은 그리스도인들이 엄청난 속박을 경험하고 계속적으로 패배하며 살게 된다. 거룩에 관해 성경이 가르치는 것을 혼동하고 있는 한 남자의 이야기를 들어 보자.

중서부 지역에서 열렸던 아주 광범위하고 할 일이 많았던 모임을 끝낸 어느 날 저녁 늦게, 나는 그 모임 장소에서 나와 상쾌한 저녁 공기를 마시며 피곤한 몸을 쉬게 해 줄 호텔로 가기 위해 주차장으로 가고 있었다. 주차장으로 연결되어 있는 보도를 따라가다 왼쪽으로

> 거룩은 갈등을 사라지게 하는 것이 아니고, 갈등을 통해 승리를 가져다 준다.
> -켐벨 몰간
> (Campbell Morgan)

돌기 전에, 밝은 달빛 아래서 그를 보았다. 고개를 푹 숙이고 낙담하여 어깨는 축 처져 있는 모습 때문에 그가 누구인지 미처 알기 전에 내 마음은 그 에게로 이미 가 있었다. 나도 속도를 내어 걸어갔다. 그리고 그도 또한 내가 거기 있다는 것을 알아차렸다. 그는 당장 속도를 줄여 걸었고 우리들은 같은 순간에 코너에서 마주치게 되었다. 누군가 했더니 그는 큰 희생과 훌륭한 지도력으로 주님을 섬기고 있는 72살의 기품 있는 그리스도인 정치가였고, 그를 아는 사람들은 모두 그를 존경했다.

    코너에서 멈추어 서서 서로 인사를 나누었고, 그날 하루 종일 가졌던 모임에 대해 간단히 언급했다. 그가 말할 때 나는 이 만남이 주님께서 준비하신 것이라는 것을 느낄 수 있었기 때문에 부드럽게 그의 눈을 들여다보면서 물었다. "이 어두운 곳에서 우리를 만나게 하신 분이 주님이라는 것을 저는 느끼고 있습니다. 제가 도움이 돼드렸으면 하는데요? 마음 속에 있는 것을 저와 나누실 수 있겠습니까?" 주님이 이 예기치 않은 만남을 허락하셨다는 것을 그에게도 깨닫게 해주셨기 때문에, 그는 무겁지만 안심이 되는 듯한 한숨을 내쉬었다. 몇 분 간 어색한 순간이 지나자, 그는 슬픔에 찬 무거운 짐을 나누었다. 저녁 식사 시간에 한 젊은 여자가 그 앞에서 떨어진 포크를 집으려고 몸을 숙였을 때 그녀의 브라우스가 너무 노출이 심했던 것이다. 내 존경받는 친구는 그것

을 의도적으로 보았고 그리고 그녀에 대해 음욕을 품었노라고 고백했다.

"브루스, 내가 어떻게 그런 일을 할 수 있겠는가? 나는 정욕으로 죄를 범했네! 이것은 내가 예수님의 진정한 신자가 아니라는 것을 증명하는 것이 아니겠나. 불행히도 나는 3년 전에 이러한 일을 한 번 범했었다네. 나는 무서운 죄인이야! 나는 이미 내 삶을 주님께 드렸다네. 그런데 어떻게 그런 일을 할 수 있는가?" 그는 머리를 설레설레 흔들면서 "내가 결코 구원받을 수 없다는 것을 이제 알았네!"라고 말했다.

내 가슴은 이 형제 때문에 찢어지는 듯 아팠다! 거룩하고도 희생적으로 그리고 용감하게 주님을 섬기며 사는, 참으로 거듭난 신자가 있다면 그것은 바로 이 사람을 두고 하는 말이다. 그러나 그는 이 죄 때문에 자신이 구원받은 사람이 될 수 없다고 확신하고 있었다. 감정적인 상처와 내적인 공포가 이 성숙한 그리스도인 지도자를 괴롭히고 있었다. 그것은 구원과 성화를 혼동함으로 일어난 일이었다. 우리는 30분을 더 이야기했고 주님은 은혜롭게도 그의 눈을 열어 주셔서 '영혼의 구원'과 '거룩의 완전함' 사이의 차이를 발견하게 해 주셨다. 그는 어두운 길거리 코너에서 기도했다. 그는 음욕을 품고 감정적으로 아내에게 성실하지 못했음을 자백했고, 자기 인생에서 처음으로 그가 이미 영원한 구원을 가지고 있음을 아는 기쁨을 체험한 것이었다.

그는 죄를 범했는가? 그렇다. 그의 죄가 그가 거듭나지 않았다는 것을 증명하는가? 물론 그렇지 않다! 그러나 그가 죄를 범했다는 것과 이러한 삶의 영역에서 그가 더욱 거룩해져야 한다는 것을 증명한 것은 사실이다. 이 죄가 그가 진실로 주님께 헌신되지 않았다는 것을 증명하는가? 물론 그렇지 않다! 그 사람은 그 순간에 그리스도를 위해서라면 자기가 가진 모든 것을 바쳤을 것이고, 필요하다면 그리스도를 위해서 자기 목숨까지도 바쳤을 것이다. 그러면 이 죄가 그가 헌신하지 않았다는 것을 증명한다고 누가 말할 수 있겠는가? 그는 헌신했다! 그의 죄가 증명하고 있는 것은, 그의 마음이 진실로 주님께 헌신되었다 하더라도 그의 눈은 모든 상황에서 그분께 헌신되지 않았고, '모든 생각을 사로잡아 그리스도께 복종하는' 연습이 부족했다는 사실이다.

우리가 얼마나 잘 혼동하고 있는지 보았는가? 우리들은 개인의 거룩 세 가지 단계를 분명히 나누기보다 합하려고 한다.

위치적 거룩은(단계 1)
드림의 거룩(단계 2)과 같지 않고
드림의 거룩은(단계2) 점진적 거룩(단계 3)과 같지 않다.

영혼의 구원은 삶의 헌신과 같지 않고
삶의 헌신은 성품과 행실에 있어서의 거룩과 같지 않다.

하나님이 그분의 마음 속에서 나를 그분께로 구별하신 것은
내가 나의 마음 속에서 나를 그분께로 구별한 것과 같지 않고
내가 나의 마음 속에서 나를 그분께로 구별한 것은
내가 내 삶의 양식에 있어서 내 마음과 습관을 그분께로 구별한 것과 같지 않다.
예수 그리스도를 나의 구세주로 믿는 것은

내 자신을 그분께 산제사로 드리는 것과 같지 않고
내 자신을 그분께 산제사로 드리는 것은
내 성품과 행실에 있어서 거룩을 완전히 이루어 가는 것과 같지
않다.

거룩의 이 세 가지 다른 종류를 더 분명하게 이해할수록 영적인 삶을 더 쉽게 이해하게 될 것이다. 그러면 이와 같은 질문에 어떻게 대답하겠는가?

1. '성도'이면서도 '성도답지 않게' 행동할 수 있는가?
2. 진실로 거듭났으면서도 아직 주님께 헌신하지 않을 수 있는가?
3. 주님께 헌신하였으면서도 여전히 삶의 어떤 부분에서는 거룩하지 못할 수도 있는가?
4. 당신 성품과 행실의 어떤 부분에서는 하나님과 사람 앞에서 진실로 '거룩' 하면서도 또 어떤 부분에서는 하나님과 사람 앞에서 진실로 '거룩하지 못할' 수도 있는가?
5. 당신이 예수 그리스도를 자신의 구세주로 영접한 후에도 수년 동안 거의 성장하지 않다가 나중에 진실로 자신을 주님께 바치고 그분께 순종하며 섬기게 되는 헌신의 위기를 경험하게 될 수도 있는가?
6. 거듭난 그리스도인으로 14살 때 교회 수련회에서 자신을 주님께 드리고, 어른이 되어서는 불규칙적으로 교회에 출석하며, 성가대 대원으로 수고하고, 의미 있는 개인의 경건 시간은 거의 가

지지 않으며, 식사 때나 교회 행사 외에는 거의 기도를 하지 않고, 일주일에 두 번 정도 성경을 읽으며, 수많은 성인용 프로그램을 포함하여 일주일에 20시간 이상 텔레비전을 보고, 다른 도시로 출장을 갔을 때는 술도 좀 마시다가, 교회 부흥회에 참석하여 십년 이상 자신이 별로 변한 것이 없는 것 때문에 성품이나 행실에서 거룩하지 못함을 진실되게 회개했는데, 집으로 가는 길에 죽었다면 여전히 천국에 갈 수 있겠는가?

개인의 거룩에 관해 사람들이 어떻게 잘못 생각하는가?

개인의 거룩은 성경에서 가장 간단하면서도 도전을 주는 진리 중 하나이기도 하다. 대부분의 신자들이 그들 인생의 어떤 시기에서 적어도 한두 번 이 부분, 즉 거룩이 무엇인가에 대한 것이든지 아니면 더 거룩하게 되기 위해 어떻게 행동해야 되는지에 대해서 균형을 유지하지 못한다는 것을 발견했다. 이 장의 중요한 부분으로 들어가기 전에, 사람들이 더 흔히 오해하고 있는 것을 간단히 짚고 가는 것이 도움이 될 것이다. 그것들을 읽으면서, 그 중 당신이 공감할 수 있는 것이 있는지 (과거나 현재에) 혹은 거룩에 관한 이러한 막다른 골목에 접한 친구나 가족이 있는지를 보라. 불행히도 공간이 부족하여 이러한 오해에 대해 온전하게 일일이 답할 수가 없어서 일반적으로 몇 가지 관찰한 것들을 기록하겠다.

오해 #1: "진실로 거듭났다면 나는 자동적으로 거룩한 삶을 살게 될 것이다."

이것이 얼마나 사람을 얽매고 있는지! 구원이 거룩과 같은 것이라고 잠재적으로 생각하여 보통 고린도후서 5장 17절을 잘못 이해함으로써 야기되는데, "그러므로 누구든지 그리스도 안에 있으면 새로운 피조물이라 이전 것은 지나갔으니 보라 새것이 되었도다."

뒷부분에서 거룩의 세번째 단계를 대조할 때 보게 되겠지만, 구원은 우리에게 영생과 성령의 선물을 가져다 주지만 무죄한 완전함을 가져다 주지는 않는다. 대신에 신약은 안타깝게도 비그리스도인들처럼 살아가는 그리스도인들에게 쓴 편지로 가득하다. 거듭하여 사도 바울은 그들의 행동에 대해 주의를 주고 그리스도를 믿음으로써가 아니라 그리스도께 순종함으로 변화받으라고 말하고 있다. 거듭난 남자들과 여자들이 안타깝게도 여전히 죄를 짓는다는 사실에 대한 충분한 증거를 원한다면 한 시간 정도 앉아 고린도전서를 읽어 보라.

당신이 거듭났다면 영원한 구원은 받지만 당장 죄없는 삶을 살게 되지는 않는다. 구원이 죄를 범하지 않는 것이라고 여전히 생각한다면 디모데후서 2장 19하반절을 읽어 보라. 진실된 그리스도인들도 여전히 범죄한다는 것을 증명해 줄 것이다: "주의 이름을 부르는 자마다 불의에서 떠날찌어다 하였느니라."

오해 #2: "우리 모두가 죄인이고 또 항상 범죄하기 때문에 누구도 진실로 거룩해질 수는 없다."

이런 생각을 가진 그리스도인은 거룩이란 불가능한 것이기 때문에 시작한들 무슨 소용이 있는가라고 단정지은 사람이다.

이런 생각을 하는 사람을 만날 때마다, 그들은 모든 사람이 항상 죄를 짓는다고 당연하게 여기고 있다. 이것이 사실인가? 당신은 항상 죄를 짓는가? 방금 읽은 디모데후서 2장 19하반절을 생각해 보라. 우리 모두가 거룩해지기 위해서 '떠나야' 할 죄가 무제한으로 많다고 생각하는가?

이 구절에 복종하기 위해 죄에서 떠나고 하나씩 그 죄에서 자신을 깨끗하게 한다면, 당신은 결코 끝마칠 수 없을 것이라고 생각하는가? 이것은 처음의 것과는 반대가 되는 잘못이다. 처음 것은 당신이 구원받는 순간에 자동적으로 무죄하게 된다는 것이고, 이번 것은 당신이 항상 죄를 짓지 않게 되는 시점은 당신의 인생에서 오지 않을 것이라는 것이다.

주제 구절인 베드로전서 1장 15절을 생각해 보라: "오직 너희를 부르신 거룩한 자처럼 너희도 모든 행실에 거룩한 자가 되라." '모든 행실에'라는 말을 주의하라. 당신과 내가 모든 면에서 거룩한 삶을 사는 것이 하나님의 뜻이다. 이것이 우리가 결코 죄를 짓지 않는다는 것을 의미하는가? 물론 아니다. 우리가 범죄할 필요는 없다 하더라도 여전히 범죄하기로 선택할 수도 있다.

당신이 모든 행실에서 거룩했다고 하나님과 사람 앞에서 정직하게 말할 수 있는 시기가 있어야만 하는가? 물론이다. 바로 그것이다! 점진적 거룩은 하나님의 은혜로 당신이 범죄하는 시간 사이의 간격이 더욱 멀어지는 것을 의미한다. 어제, 유명한 설교가이며 작가인 찰스 해돈 스펄전(Charles Haddon Spurgean)의 전기를 읽던 중 나는 이 말 때문에 크게 격려를 받았다: "내가 고의로 하나님의 법을 가장 작게라도 어기지 않으며 살고자 할 때…" 천국에서도 당신이 작년보다는 죄를 적게 지었다고 동의해야 한다. 친구여!

오해 #3: "'거룩 체험'의 결정적인 경험을 하게 될 때 마침내 거룩하게 될 것이다."

예배의 전통에 따라 이 '결정적인 경험'이 뜻하는 바가 모두 다르다. 많은 사람들은 이 결정적인 경험을 우리가 거룩의 두번째 단계에서 토론했던, 그리스도를 위해 살기로 자신의 삶을 바치고 헌신하는 행위로 이해한다. 자신을 주님께 극적으로 드린 것이 살아가는 삶에 영향을 끼쳤다 할지라도, 그것이 당장 죄와의 모든 투쟁을 없애주지는 못한다. 다락방에서 훌륭하고 정직하게 자신을 그리스도에게 드린 사도 베드로조차도 얼마 못 가서 그리스도를 부인했다. 헌신이 곧 거룩을 가져다 주는 것은 아니다.

또 어떤 사람들은 '성령 세례' 혹은 '성령 충만'을 모든 죄를 버리는 것과 연관짓는다. 거룩에 관해 토론하는 어떤 경우에도 성령이 중심이 된다는 것을 부인할 사람은 아무도 없지만 감정적이고 강력한 '세례'나 혹은 '충만'이 거룩한 삶을 살아가는 과정에서 겪게 될 모든 문제를 해결해 주는가? 다시 한번 말하지만, 신약 성도들의 삶에서 분명하고도 즉각적인 답을 얻을 수 있다. 신약 교회 중 고린도 교회는 분명히 '세례받고 성령 충만하며 은사를 받은' 사람들로 넘쳤다. 그러나 신약의 모든 교회 중 그들이 가장 거룩을 실천하지 못한 사람들이었다.

헌신이든지 아니면 성령과 관계되는 것이든지 참된 '결정적인 경험'이 사람의 헌신과 거룩에 영향을 미치는 반면, 그것들이 계속적인 거룩의 진보를 보장하지 않는다. 그래서 아마 사도 바울은 우리들에게 육체의 소욕을 이루지 않기 위해 성령 충만해야 한다고 명령했을 것이다.

나의 거룩을 어떻게 생각해야 하는가?

그 심오하고도 전략적인 질문에 답하기 전에 예비 질문을 하나 하고 싶다. 당신은 지금 얼마나 거룩하다고 말하겠는가? 할 수 있는 한 정직하게, 당신 개인의 거룩을 가장 잘 묘사하고 있는 답을 하나 선택해 보라:

- "묻지 말라… 나는 아직 거룩을 향해 거의 나아가지 못한 상태다."
- "보통이라고 생각한다. 내가 아는 대부분의 그리스도인들처럼."
- "거룩이 점점 내게 중요한 것이 되어가고 있고 나는 조금씩 변화되는 중이다."
- "정말 거룩하다고 말하기에는 아직 부족하지만, 이삼 년 전과 비교해 보면 내 성품이나 행실에서 절대적으로 그리스도를 닮아가고 있다."
- "개인의 거룩은 내게 정말 중요하다. 나는 적극적으로 주님을 좇아가고 있고 하나님의 관점에서 볼 때 지금 거룩한 내 삶의 전 영역을 깨끗하게 하고 있다."

거룩은 대부분의 사람에게 너무 크고 압도적이며 복잡해서 장롱 속에 감추어 놓은 그 유명한 '지지부진 상자 (Procrastination box)' 속에 영원히 담아둘, 그런 거대한 개념 중 하나다. 삶의 어떤 영역에서든지 진보를 이루기 위해서는 두 가지 사실이 진실이라는 것을 발견했다:

첫째는, 그 영역은 당신이 쉽게 이해할 수 있고 한 번 들은 후에는 노트나 선생님의 도움 없이 다른 사람에게 설명해 줄 수 있을 만큼 간단한 것이어야 한다. 그리고 둘째는, 그것이 당신의 삶에 어떻게 들어 맞을지 당장 느낄 수 있고, 그 안에서 상당한 진보를 이루기 위해 당신이 무엇을 해야 하는지 – 누군가 당신에게 무엇을 해야 하는지 얘기해 주지 않아도 – 알 수 있을 만큼 분명한 것이어야 한다. 이번 장에서는 거룩에 대한 이 두 가지 사실을 다루려고 한다. 이 장과 특히 다음 몇 페이지를 읽은 후에는 당신이 거룩에 대한 '큰 그림'을 너무나 잘 이해하여, 십 년 째 이웃인 사람에게도 그것을 설명할 수 있게 될 것이다. 그리고 이 거룩 과정 중 당신이 어디에 위치하고 있는지 알게 됨에 따라, 생활 속에서 진일보하기 위해 무엇을 해야 하는지 – 누가 당신에게 얘기해 주지 않아도 – 정확하게

> 유혹을 받지 않기 때문에 스스로 거룩하다고 생각해서는 안된다. 왜냐하면 인생에서 가장 거룩하고 높은 단계에 있을 때 가장 유혹을 많이 받기 때문이다. 언덕이 높을수록 바람이 더욱 거세지는 법. 마찬가지로 인생이 더 높은 단계에 있을수록 적게 받는 유혹은 더욱 강해진다.
> – 존 위클리프(John Wycliffe)

알게 될 것이다. 실제로 그것을 실천하게 되는 것이 내 소망이다.

안타깝게도 거룩은 미스테리와 음모로 둘러싸여 있는 것처럼 보인다. 거룩은 너무 크고 복잡한 것처럼 보여 대부분의 사람들이 가장 적은 노력을 하고서도 금방 좌절감에 포기해 버린다. 사람들에게 더 거룩하기 위한 어떤 계획을 갖고 있느냐고 물어보면 멍한 시선으로 쳐다보는 것이 가장 보편적인 반응이다. 당신처럼 나도, 우리가 개인의 거룩에 대해 모호하게 생각하거나 어리둥절해 하거나 혹은 개인이 거룩의 삶을 원할 때 무엇을 해야 하는지에 대해서 좌절감을 느끼도록 주님께서 의도하셨다고는 믿지 않는다. 그러므로 우리가 '개념적인' 것을 더 '구체적인' 것으로 그리고 '심오한' 것을 더 '실제적인' 것으로 바꿀 수 있는지를 살펴보도록 하자.

어려운 개념을 쉽게 이해하기 위한 최고의 방법 중 하나는 그것을 시각화하는 것이다. 성경이 가르치는 방식으로 거룩을 실제적으로 어떻게 시각화할 수 있겠는가?

'거룩 도표'와 '거룩 색상표'를 사용하라

당신 인생 전체를 '거룩 도표' - 큰 종이 한 장에다 10개의 네모를 밑으로, 다른 10개의 네모를 옆으로 하여 100개의 작은 네모 칸을 그려서 - 에 요약해 보라. 각 네모 칸에 숫자를 달고 그 각각의 칸이 당신의 성품("내가 거룩하니 너희도 거룩하라")이나 행실("모든 행실에서 거룩한 자가 되라")의 어떤 특정한 부분을 대표한다. 예를 들면, 14번은 '진실' 칸이고, 23번은 '험담' 칸이며, 54번은 '친절' 칸이고, 72번은 '기도' 칸이다. 83번은 '주님을 섬김' 칸이고, 92번은 '분노' 칸이 될 수 있다. 그러므로 그 작은 각각의 한 칸이 '당신'을 형성하는 모든 것이다.

그리고 나서 솔직하게 자가 검진을 하라. 주님이 당신의 삶으로부터 좀 뒤로 물러나서, 각 해당 칸에 당신이 얼마나 거룩한지 혹은 거룩하지 않은지를 당장 볼 수 있는 힘을 당신에게 주셨다고 생각해 보자. 14번인 '진실' 칸과 92번인 '분노' 칸을 보라. 주님은 즉시 당신이 지난 12개월 동안 매순간 진실을 말했는지 (거룩한 행위) 아니면 진실을 말하지 않았는지 (거룩하지 못한 행위)에 대해 보여 주셨다.

간단하게 말해서, 지난해 당신이 생활하는 중에 진실과 관련된 일이 단지 10번만 일어났었다고 (사실 1,000번 이상이겠지만, 맞는가?) 가정해보자. 당신은 이 열 번의 경우 중에 '진실한/거룩한'이든지 아니면 '진실하지 못한/거룩하지 못한'이든지 표시를 하면 된다. 당신이 진실과 분노에 대해 발견한 것이 이러하다.

'진실' #14		'분노' #92	
진실한 #1	거룩하지못한	분노 #1	거룩한
진실한 #2	거룩한	분노 #2	거룩한
진실한 #3	거룩한	분노 #3	거룩하지 못한
진실한 #4	거룩한	분노 #4	거룩하지 못한
진실한 #5	거룩하지 못한	분노 #5	거룩하지 못한
진실한 #6	거룩한	분노 #6	거룩하지 못한
진실한 #7	거룩한	분노 #7	거룩하지 못한
진실한 #8	거룩한	분노 #8	거룩한
진실한 #9	거룩한	분노 #9	거룩하지 못한
진실한 #10	거룩한	분노 #10	거룩하지 못한
80% 거룩 (20% 거룩하지 못한)		30% 거룩 (70% 거룩하지 못한)	

그래서 당신은 '진실'에 있어서는 80퍼센트가 거룩하였고 20퍼센트가 거룩하지 못했다. '분노'에 관해서는 거의 거룩하지 못했다. 30퍼센트가 거룩하였고 70퍼센트가 거룩하지 못하였다. 주님은 일반화하여 보시지 않는다는 것을 기억하라: 그분은 우리가 하는 말 한마디조차 기록하신다! 이제 당신이 도표에서 발견한 것을 어떻게 기록할 것인가?

아마 당신 곁에는 검정색부터 흰색에 이르기까지 모두 다른 회색으로 메워진 100가지 색상표가 있을 것이다. 이 '거룩 색상표'에는 1부터 100까지 있는데 가장 높은 숫자가 가장 거룩한 것을 나타낸다. 검정색은 단지 1퍼센트의 거룩 (혹은 완전히 거룩하지 못함)을 나타내는 반면 순수 흰색은 100 퍼센트의 완전한 거룩을 상징한다. 100가지 색상표의 실례는 다음과 같다.

점수 #	종류	의미	색상
1	검정색	1% 거룩	
25	진한 회색	25% 거룩	
50	중간 회색	50% 거룩	
75	연한 회색	75% 거룩	
100	흰색	100% 거룩	

이제 14번 칸에 80%의 거룩과 92번 칸에 30%의 거룩을 색칠하면, 거룩하라(완전히 흰색 - 00 퍼센트)는 주님의 명령에 이 두 가지

영역에서의 당신의 행실이 얼마나 근접하는지 당장 알 수 있다:

진실	분노
# 14	# 92
80% 거룩	30% 거룩

이제, 주님이 당신의 눈을 열어 주셔서, 100개 각 칸에 주님이 당신의 삶에 관해 어떻게 기록하셨는지 볼 수 있게 되었다. 당신 개인의 거룩에 관해 보여 준 대로, 당신은 각 칸에 100개의 색상 중 하나를 선택해서 그 칸을 메웠다. 어떤 칸에는, 한해 동안 내내 거룩했기 때문에 흰색이었다. 예를 들면, 17번인 '도둑질' 칸에는 당신이 다른 사람의 소유물을 소중하게 생각하고 한번도 훔친 적이 없기 때문에 흰색으로 칠했다. '인내'와 같은 칸에는 색상 15번을 사용해야 했는데, 왜냐하면 너무 일이 힘들게 돌아갈 때는 오래 견디고 인내하는 대신 참지 못하고 많은 불평을 했기 때문이다.

당신이 색칠한 각각의 칸을 보면 주님이 진실로 당신을 얼마나 거룩하다고 보시는지 당신 자신의 눈으로 확인할 수 있다. 거룩은 더 이상 크고 종교적인 용어가 아니라 이제는 쉽게 이해할 수 있는 것이 되었다. 실제로 거룩은 당신 생활의 각 부분에서 당신이 얼마나 그리스도를 닮아가는가 하는 것을 다른 식으로 표현한 것임을 깨닫게 되었을 것이다.

당신 자신의 거룩 도표를 더 오랫동안 볼수록, 어떤 영역에서는 당신이 기대했던 것보다 훨씬 더 거룩하다는 것을 깨닫게 될 것이다! 그런 때에는 얼마나 위로가 되는지! 그러나 다른 것들은 거의 모두 검은 색이었다. 이러한 영역에서 패배감을 느끼는 것도 당연하다. 당신 삶 전체를 더 큰 그림으로 보고 싶었지만, 어떻게 그렇게 할 수 있는지 몰랐었다. 호기심으로 당신이 거룩 도표를 더 자세히 보니, 그 밑에 조그마한 글씨로 적혀 있는 것이 눈에 띄었다: "주님께서 당신을 어떻게 보시는지 알고 싶다면, 이 종이로부터 10걸음 뒤로 물러나서 다시 보시기 바랍니다."

그 종이를 옆에 있는 책장에다 붙이고 한 번에 한 걸음씩 뒤로 물러나 보라. 그러면 눈을 의심하게 될 것이다! 더 멀리 걸어갈수록, 그 조그마한 칸은 더 작게 보이고 모든 것이 섞여 전체가 한가지 색깔로 보이게 될 것이다. 오, 그것이 주님께서 보시는 우리의 모습이다. 그제서야 당신은 당신의 삶 전체를 어떻게 더 잘 통제해야 할지를 생각하게 된다. 그래서 당신은 명확한 답을 얻을 때까지 그곳에서 우두커니 서서 생각한다. 색상표를 다시 가지고 와서 당신의 거룩 도표의 전체 색상이 어떤 것인지 여러 가지 색상과 대조해본다. 드디어 찾았다. 그것은 색상 62번이었다.

1	10	20	30	40	50	60	70	80	90	100

그리고 나면 하늘에서 소리가 들리는 듯 할 것이다. "너는 네가 예상했던 것보다 더 거룩해지고 있다. 내 눈에는 네가 62% 정도 내 뜻대로 살고 있다." 이제 당신이 그리스도를 닮아가고 있다는 것을 스스로

알 수 있을 것이다. 당신은 '모든 행실에 거룩한 자가 되기' 시작하고 있다! 내년 이맘 때에는 예수 그리스도의 형상을 향해 더욱 더 나아가 있기를 바란다!

이제 이해가 되는가? 대부분의 그리스도인들은 '거룩'이 완전히 불가해한 것이라고 생각하지만 그러나 우리들의 거룩은 성품과 행실의 여러 가지 부분에서 우리가 얼마나 거룩한가 합계를 낸 것과 같은 것에 지나지 않는다. 그것은 복잡한 것이 아니며 실제로 당신은 당장 격려받기도 하고 지적을 당하기도 한다. 당신이 어떤 부분에서 은혜 가운데 성장하고 죄를 짓지 않으며 그리스도처럼 살아가려 하기 때문에, 그 부분이 주님의 눈에 '거룩'한 것이다. 그러한 부분을 축하하라!

다른 한편으로 보면, 당신의 일치되지 않는 - 때때로 거룩하고 또 때때로 거룩하지 않은 - 행동 때문에 많은 다른 부분이 그 사이에 끼여 있게 될지도 모른다. 어떤 부분은 회색이거나 혹은 주된 실패와 패배를 반영하는 완전한 검정색이다. 죄가 그러한 부분을 지배할 때 은혜의 강력한 역사가 필요하다.

마지막으로 거룩은 단지 불신성함의 부재(不在)를 의미하는 것은 아니다. 거룩은 생활의 어떤 특정한 분야에서 당신이 죄로부터 구별되어 주님께로 구별되는 것을 의미한다. 예를 들면 분노 칸의 거룩은 당신이 결코 화를 내지 않는 것을 의미하는 것은 아니다. 오히려 그것은 당신의 권리가 침해되었을 때, 당신이 인내와 관용으로 반응하고 사랑 가운데 진리를 말하는 것을 의미한다. 그 칸의 색이 진해질수록 육체/자아가 더 지배한다. 그 칸의 색이 더 엷어질수록 그리스도/성령이 더 지배한다.

어두운 데서부터 빛으로 즉시 변화되는 경험은 할 수 없다! 대신에 그것은 우리가 어느 정도의 거룩에서 더 깊은 정도의 거룩으로 변화하는 과정임을 성경은 밝히고 있다. 성경이 거룩을 묘사하는 다른 단어는 '영광'이다. 거룩이 더 커질수록 영광도 더 커진다. 고린도후서 3장 18하반절에서 바울이 언급하는 것을 주의 깊게 읽어 보면 "우리가… 주와 같은 형상으로 화하여 영광으로 영광에 이르니 곧 주의 영으로 말미암음이니라."

> 첫번째 주장은 새 피조물은 그렇게 엄격하게 살 필요가 없다는 것이다. 죄에 대항하여 경계하는 태도는 지나치게 철저한 사람이라고 그것은 주장한다. 두번째 주장은 죄를 범했을 때, 그것이 절대 심각한 것이 아니라고 한다. 그것은 복음의 은혜로 용서될 것이기 때문에, 영혼의 파멸로 이끌지 않을 것이라는 것이다. 그래서 진리는 기만으로 뒤틀려져 있다; 그리고 그것은 다시 한 번 죄를 짓는 유혹의 근원이 된다. 영양가 있는 음식이라고 생각될 때, 그것은 치명적인 독이 된다. 그래서 마음은 죄에 대해 부주의해지고, 죄의 타락성에 대한 감각을 잃어버린다.
> – 존 오웬(John Owen)

예수 그리스도는 100퍼센트 거룩하시기 때문에 이 거룩의 저울 맨 끝에 서 계신다. 그분은 모든 신자들이 변화해 가야만 하는 '형상'이고 우리 모두는 이 변화의 과정에 있다! 이제 당신의 마음을 거룩을 향하게 하고 "하나님을 두려워하는 가운데서 거룩함을 온전히 이루기"(고후 7:1하) 위한 목표를 좇아가라.

유혹을 이기고 승리를 얻으라

한 걸음 더 거룩에게로

5

> 나는 제국을 정복했으나 나 자신을 정복할 수는 없었다.
> – 피터 대제(Peter the Great)

본 장은 가장 중요한 주제, 즉 당신의 거룩성을 성장시키기 위해 정확히 무엇을 해야 할 것인가에 관해 실제적이고도 실용적인 접근방법을 제시하기 때문에 바울은 '허리를 동이라' 혹은 현대적인 표현으로, '소매를 걷어부쳐라'고 말할 수 있었을 것이다. 본 장은 깊은 신학이나 호언장담식의 철학이 아니라 실제적 거룩에 관한 솔직하면서도 상식적인 정보를 제공한다.

이쯤 되면 거룩은 더 이상 신비에 싸여 있거나 혼동스러운 것이 아님을 당신도 이해하고 있을 것이다. 이제 거룩은 당신의 마음 속에서 강력한 '매력 지수'를 가지고, 당신은 거룩을 갈망할 뿐 아니라 실제로 거룩하게 성장해 가기 위해 어떻게 해야 하는지를 배울 준비가 되어 있으리라 믿는다! 주님은 당신이 거룩을 '온전히 이루어'(온전히 완성하게 되다) 가도록 부르신다는 고린도후서 7장 2절의 핵심적인 원리를 확실하게 기억하라.

거룩의 두 가지 반쪽

진실로 개인의 거룩을 추구하기 원하는 시점에 이르렀다면, 실제로 거룩하게 성장해 갈 수 있는 근본적인 방법을 이해해야 한다. 거룩은 자연스럽게 오는 것이 아니다. 성경은 불신성함(거룩하지 못함)이 자연스럽게 온다고 밝히고 있다! 그러므로 거룩을 추구하기 위해 자신을 준비하라. 올바른 방향으로 의도적인 걸음을 내딛어라. 그렇지 않으면 잘못된 방향으로 가는 것으로 끝나게 될지도 모른다.

디모데후서 2장 19하반절-22절 속에는 거룩의 두 가지 반쪽이 깊숙이 묻혀 있다. 그것들이 무엇인지 발견하기 위해 아래에 적힌 대로 구절을 읽어 보라:

> 주의 이름을 부르는 자마다 불의에서 떠날지어다 하였느니라 큰 집에는 금과 은의 그릇이 있을 뿐 아니요 나무와 질그릇도 있어 귀히 쓰는 것도 있고 천히 쓰는 것도 있나니.

> 그러므로 누구든지 이런 것에서 자기를 깨끗하게 하면 귀히 쓰는

그릇이 되어 거룩하고 주인의 쓰심에 합당하며 모든 선한 일에 예비함이 되리라.

또한 네가 청년의 정욕을 피하고 주를 깨끗한 마음으로 부르는 자들과 함께 의와 믿음과 사랑과 화평을 좇으라.

'귀히 쓰이고', '거룩하며', 또한 '모든 선한 일에 예비된' 사람에게서 주님이 요구하시는 행위가 네 개의 동사로 나타나 있다. 세 개는 첫번째 반쪽을 묘사하고 있고 마지막 것은 두번째 반쪽을 설명하는 것이다:

1. 불의에서 떠나(즉, 죄를 버리라)
2. 자기를 깨끗하게 하라(예전의 불신성했던 행위를 버리라)
3. 청년의 정욕을 피하라(이기적인 욕심을 버리라)
4. 의를 좇으라(거룩을 추구하라)

옛 것을 버리고 새 것을 추구하기로 선택한다. 이 두 가지 반쪽을 조금 다르게 그려보기 위해 잠시 거룩 도표로 돌아가보자. '진실'(#14)과 '분노'(#92)를 평가했을 때를 기억해 보고, 당신이 각각 몇 번씩 거룩하였는지 그리고 거룩하지 못했는지에 주의하라. 이 두 가지 행위가 거룩의 두 가지 반쪽을 반영한다. 거룩의 첫번째 반쪽은 불의에서 떠나는 것, 죄로부터 자신을 깨끗하게 하는 것, 그리고 정욕을 피하는 것에 중점을 두고 있다. 거룩의 두번째 반쪽은 의를 좇아가는데 중점을 두고 있다.

당신 인생의 시간표 어디 쯤에 서 있는지 그려 보라. 주님의 눈에 거룩하지 못했던 부분들을 돌아보라. 피하고, 떠나고 그리고 자신을 그것들로부터 깨끗하게 하라! 그것이 거룩의 첫번째 반쪽이다. 그리고 나서 예수 그리스도가 당신의 성품과 행실 속에 바로 계신 것처럼 그렇게 살도록 당신을 부르시며, 당신 인생의 마지막에 그분이 서 계신 것을 상상해 보라. 이제 의를 좇으라. 그것이 거룩의 두번째 반쪽이다.

히브리서 12장 1-2상반절은 우리 앞에 거룩의 두 가지 반쪽이 놓여 있음을 보여 주는 구절이다:

이러므로 우리에게 구름 같이 둘러싼 허다한 증인들이 있으니 모든 무거운 것과 얽매이기 쉬운 죄를 벗어 버리고 인내로써 우리 앞에 당한 경주를 경주하며 믿음의 주요 또 온전케 하시는 이인 예수를 바라보자.

마찬가지로 히브리서도 거룩의 첫번째 반쪽을 "…얽매이기 쉬운 죄를 벗어 버리고"로 거룩의 두번째 반쪽을 "인내로써 당한 경주를 경주하며… 예수를 바라보자"로 설명하고 있다. 이 두 구절 모두에서 저자가 분명하게 그의 독자들이 자신을 현재의 죄로부터 깨끗하게 하고 의와 예수를 좇아갈 필요가 있다고 당연히 생각하는 것이 재미있지 않은가? 당신 자신은 잠시라도 이 두 가지 훈계에서 예외가 된다고 생각해서는 안 된다!

바울은 이 두 가지를 그의 다른 책에서도 달리 표현하고 있다. 바울이 그의 목사 친구인 디모데에게 표현한 것 (깨끗하게 함/좇음)을 살펴 보았고, 이제 그가 골로새서 3장 8절과 12-13상반절에서 지역 교회를 어떻게 격려했는지 관찰해 보라: "이제는 너희가 이 모든 것을 벗어 버리라 곧 분과 악의와 훼방과 너희 입의 부끄러운 말이라… 긍휼과 자비와 겸손과 온유와 오래 참음을 옷입고 누가 뉘게 혐의가 있거든 서로 용납하여 피차 용서하되…"

순서를 주의해 보라. 처음에는 '벗어 버리라'고, 다음에는 '옷입고' 다. 이것들은 각각 서로 다른 행동이지만, 그것들은 둘 다 당신이 거룩하게 성장하는 데 필요한 것들이다. 당신과 나는 거룩하게 성장하기 위해 계속적으로 '벗어 버려야' 하고 그리고 계속하여 '옷입어야' 한다. 이 두 가지 모두를 행하라는 주님의 지시하심에 당신이 예외가 되리라는 생각을 결코 해서는 안 된다!

모든 죄에서 자신을 깨끗하게 하는 것의 전략적 중요성

알려진 모든 죄로부터 자신을 깨끗하게 하는 것이 신자가 해야 하는 가장 어려운 것들 중 하나다. 당신이 이 시대의 보통 그리스도인이라면 당신의 죄에 대해 별로 크게 생각하지 않을지도 모른다. 개인적인 죄의 제거를 우리가 '해야 하는 일' 목록 중 가장 먼저 해야 하는 것으로 보지 않는 듯하다. 이 때가 정말 당신이 적극적으로 거룩을 추구할 시간이라고 결정하지 않는 이상에는 말이다. 그러한 시간이라고 결정했다면 선택의 여지가 없다!

개인 거룩의 성장은 항상 개인의 죄를 깨끗하게 하는 것으로 시작된다. 왜냐하면 당신의 죄는 개인의 불신성함과 다르지 않기 때문이다. 그러므로 거룩을 추구하고자 한다면 당신이 하나님의 뜻 저 밖에 있던 생활의 어떤 부분을 처리하는 것으로 시작해야 한다. 이 순간까지 당신은 어쩌면 당신의 삶 속에 있는 그러한 죄의 영역들을 합리화해 왔거나 아니면 그 영역들에 대해서 방어적인 태도를 취했을지도 모른다. 거룩을 추구함에 따라 당신은 더 이상 죄를 합리화하거나 옹호하지 않고, 그것으로부터 깨끗하게 되고 당신의 삶에서 그 죄를 없애버리고 싶어 할 것이다. 거룩에 대한 열망이 커질수록, 온전히 깨끗하게 되고 하나님과 사람 앞에서 깨끗한 양심을 갖기 위해 어떤 값이라도 기꺼이 지불하려고 할 것이다.

> 우리들은 친구처럼, 다시 만나 예전처럼 친해지기 위한 목적으로 혹은 더 친해지기 위해 죄에 가담해서는 안된다. 바울이 그의 손에 있던 독뱀을 불 속으로 떨어뜨린 것처럼 우리들도 그것을 손에서 털어 버려야 한다.
> - 어윈 루처(Erwin Lutzer)

개인적으로 깨끗하게 하는 운동을 성경에서는 무어라 부르는지 아는가? 개인의 '영적 부흥'이라 부른다. 성경적 부흥은 그리스도인답지 않게 살아온 거듭난 신자가 다시 주님께 돌아올 때 일어나는 것이다 (이전 세대에서는 그런 상태를 '타락'이라 불렀다).

먼저 죄로부터 깨끗하게 해 달라고 주님께 간구하지 않고 의를 추구하고자 한다면, 결코 어떤 수준의 거룩에도 이르지 못할 것이다. 그것 때문에 그렇게 많은 사람들이 정규적으로 헌신하여도 거룩하게 살지 못하는 것이다. 그들은 주님을 경배하고 찬양하지만 여전히 존재하고 있는 죄 때문에 그분을 기쁘시게 하지 못한다. 신자는 자신을 깨끗하게 하고 주님과 사귀어야 하는데, 어떤 하나를 선호해서 다른 하나를 부정해서는 안된다. 하나님과 사귀는 것과 의를 추구하는 것을 배우지 않고 그들의 죄를 깨끗하게 하는 데만 중점을 두는 사람들은 가혹하고 비판적이며 율법적이 된다.

역대하 7장 14절에 있는 부흥(공동체 거룩)에 대한 성경의 중심 구절에서 긍정적 거룩과 부정적 거룩의 균형 잡힌 모습에 주목하라. 대부분의 그리스도인들은 이 본문을 다음과 같이 이해하고 있다:

> 내 이름으로 일컫는 내 백성이 스스로 겸비하고 기도하여 내 얼굴을 구하면 내가 하늘에서 듣고 그들이 악한 길에서 떠나도록 도와주며 그 죄를 사하고 그 땅을 고칠찌라

다른 말로 하면, 주님의 백성으로서 우리가 우리 할 일을 다하면(겸비하고 기도하여 구하면), 주님은 그의 일을 하실 것이다(듣고 그 죄를 사하고 고치신다). 우리가 죄에서 돌아서기 위해서는 (이런 식으로 생각하자면), 우리는 겸비하고 기도하고 구해야 하고, 그러면 주님께서는 마침내 우리가 '악한 길에서 떠나는 데' 필요한 도움을 부어 주실 것이다!

열심히 노력했지만 별다른 일이 일어나지 않았던 적이 있는가? 나는 그랬다. 너무나 여러 번. 조금 지나서는 좌절감이 오고 낙담되어 우울해지고 마침내는 완전히 절망하여 포기하고 말았다. 개인의 거룩과 부흥은 제대로 작용하지 않았다. 내가 해야 할 일을 아무리 열심히 해도 하나님은 자신이 하셔야 할 것을 하시는 것처럼 보이지 않았다. 나

는 그분이 들으셨다는 것을 알았다. 그러나 그분은 내 삶을 정말로 깨끗하게 하는 데 필요한 모든 것을 내게 주시지 않았다. 나는 내 개인의 죄에 얽매여서 예전의 나로 여전히 남아 있었다.

그러다가 어느 날 똑같은 구절을 다시 한번 읽게 되었다. 그리고 큰 충격을 받았다! 부흥과 거룩에 대한 과거의 가르침들과 내 종교적 배경 때문에, 나는 거룩이 어떻게 삶에 적용되는지에 대해 선입견을 갖게 되었고 이 구절을 너무나 잘못 읽고 있었다는 것을 깨달았다. 당신이 방금 읽었던 것처럼! 이 구절을 정말로 어떻게 읽어야 하는지 다음을 보라:

> 내 이름으로 일컫는 내 백성이 그 악한 길에서 떠나 스스로 겸비하고 기도하여 내 얼굴을 구하면 내가 하늘에서 듣고 그 죄를 사하고 그 땅을 고칠찌라.

확인했는가? '악한 길에서 떠나' 는 것이 부흥 혹은 거룩 다음으로 오는 것이 아니라, 그것들이 오기 전에 일어나는 일이다. 개인의 거룩은 항상 당신의 삶 가운데 있는 죄를 깨끗하게 하는 것으로 시작한다.

악한 행실에서 떠나는 것은 나의 책임이라고 성경은 가르치고 있다. 주님은 내가 죄에서 떠나는 것을 책임지시는 분이 아니다. 내가 그분의 명령에 따라 선택해야 하는 것이다. 우리가 그분께로 가서 그분의 용서를 구하면, 그분은 우리들을 용서하신다. 어떤 것도 기다릴 필요가 없다. 그저 떠나라! 가장 크고 널리 퍼져 있는 적의 거짓말 중 하나가 '지금 당장은 그 악한 길에서 떠날 수 없다' 는 것이다. 그리고 하나님이 정말로 나로 하여금 '하도록 원하게' 혹은 '할 수 있는 힘을 가지도록' 도와 주시기까지는 내가 아무 것도 할 수 없다 - 주님께 도와 주시기를 기도했지만 그분은 도와 주시지 않았기 때문에 어떤 이유에서든 지금은 내가 나 자신을 깨끗하게 할 시간이 아님에 틀림없다! - 고 생각하는 것이다.

그리스도인들이 범하는 죄에 대한 경보(警報)적 진리

내 경험으로 증명이 되건대, 대다수의 그리스도인들이 적극적으로 개인의 거룩을 추구하지 않고 있다는 것은 조금도 의심할 여지가 없는 사실임을 이 책의 앞부분에서 말했었다. 대신에 아주 소수의 사람들만이 '모든 행실에 거룩한 자가 되기' 위해 심각하게 노력하고 있다.

당신이 알고 있는 모든 그리스도인들을 생각해 보라. 그들 중 많은 사람들이 성품이나 행실에서 거룩해지기 위해 노력하는가? 지난 6년 동안 나는 전 소비에트 연방으로 일 년 간의 단기 선교사를 보내는 대규모 선교 운동에 봉사하는 특권을 가졌었다. 대부분의 경우에 이들은 최고의 교회에 다니는 평신도 남자들과 여자들 중에서 '엄선된' 사람들이었다. 그들은 삶 가운데 주님의 부르심을 느꼈고 주님을 섬기기 위해 희생적으로 모든 것을 뒤로 하고 떠났다.

이 대규모 운동의 리더 팀은 그 사람들을 전 소비에트 연방으로 파송하기 전에, 각 그룹을 위해 내가 사역할 수 있는 기회를 주었고, 그래서 나는 12개의 훈련 모임에서 이 훌륭한 남자들과 여자들에게 직접적으로 사역하였다. 평균 연령이 35에서 45세였는데, 그들은 자신의 죄

> 유명한 영국 작가인 오스칼 월드(Oscar Wilde)는 수백만의 사람들의 태도에 대해 요약하여 말하기를 '나는 유혹 외에는 어떤 것이라도 물리칠 수 있다.' 불행히도, '유혹을 물리친다는 것'은 구식이 되어 버렸고 '자연스럽게 오는 것을 하는 것'이 '유행' 처럼 되었다.
> - 조지 스위팅
> (George Sweeting)

를 깨끗하게 하는 과정을 통해 그들 인생의 대부분을 그리스도인으로 살았던 사람들이었다 (대부분이 25년에서 30년간 믿어 온 사람들이었다).

깨끗케 함에 관한 성경적 원리를 가르친 후, 주님을 슬프게 하고 주님과 그들 사이에 놓여 있는 모든 자백하지 않은 죄를 보여달라고 간구하도록 그들을 권했다. 그들은 주님이 죄를 깨닫게 해 주시는 그 순간에 보여 주시는 모든 구체적인 죄를 백지에 썼다. 그것이 상처 입은 관계든지, 부도덕, 거짓말, 도적질, 권위에 대한 반역 혹은 어떤 다른 것이라도. 그리고 나서 그들이 깨끗케 되기를 원하시는 부분 중에 적어도 서너 가지 중요한 것들을 주님이 마음 속에 떠오르도록 해 준 사람은 손을 들어보라고 했다. 이 헌신된 그룹의 몇 퍼센트나 손을 들었는지 아는가? 95퍼센트다. 많은 사람들이 12가지 이상의 구체적인 죄를 적었다.

3일 안에 공식적으로 임명받기 전에, 깨끗한 양심을 갖기 위해 그들이 해야만 하는 일들은 무엇이든지 다 하도록 그들에게 도전을 주었다. 그 죄의 목록을 적어 놓고 해야할 바를 행한 후에 그 위에 '완성했음'이라는 말을 적도록 했다. 그리고 그들 그룹에서 아직 완성하지 않은 사람이 있다면, - 그들도 복종하도록 하기 위해 - 그들을 위해 기도하고 격려해 주도록 했다.

수 년에 걸쳐 수백 명의 어른들에게 다섯 혹은 여섯 번 이것을 인도한 후에, 알고 있는 모든 죄를 완전히 깨끗하게 한 한 그룹의 사람들에게 이런 질문을 해 보았다: "여러분이 살아온 일생 동안 주님 앞에서 완전히 깨끗한 삶을 경험하고 고백하지 않은 죄가 하나도 없는 이런 순간을 가진 것이 처음인 분은 몇 분이나 되십니까?" 이 헌신된 그리스도인들의 70 퍼센트 이상이 손을 들었다.

조금 더 생각해 보자.

대다수의 신자들이 거룩한 삶을 살지 않고 있다고 얘기했을 때 내가 과장하고 있다고 생각하는가? '엄선된' 그리스도인들의 90 퍼센트가 이미 알고 있는 수 없이 많은 죄를 고백했다. 떠나려고 하는 선교사들 중 70 퍼센트가 이것이 그들의 인생에서 처음으로 온전히 깨끗하게 된 시간이었다고 말했다. 이 시점에서 내 뜻이 잘못 전달되지 않기를 원하며, 만약 신자가 그와 주님 사이에 세 가지 중요한 죄를 가지고 있다면, 그가 거룩하게 살아가고 있는 것이라고 말할 수 있겠는가?

청중들에게 그들 속에 존재하는 죄의 목록을 적어보라고 요청할 때마다, 70 퍼센트 이상이 적어도 3가지에서 5가지 죄를 당장 떠올린다. 당신의 목록에는 지금 얼마나 있는가?

서론에서 소개되었던 '매력 지수'가 '거룩'의 개념과 '거룩한 사람'이 되고자 하는 것에 대해 당신이 어떻게 느끼는지를 쉽게 알 수 있도록 해 준다. 당신이 이전에 배운 것을 적용하고 당신의 죄에 대해 어떻게 느끼는지와 관련지어 '매력 지수'를 알아 보라. 이것이 편안하게 해 주지는 않겠지만, 당신에게 확실히 많은 것을 보여 줄 것이다. 분명한 것은 죄에 대한 당신의 정직한 느낌이 앞으로 당신이 다시 범죄할 것인지 그렇지 않을 것인지를 선택하는 데 크게 영향을 끼칠 것이다. 당신이 느끼고 있는 단계를 선택해 보라. 그것이 지금 이 순간 당신을 가장 잘 말해 주는 것이다:

1. 나는 적극적으로 죄를 범한다
2. 나는 그것에 대해 깊이 생각하지 않고, 그저 범죄하게 된다
3. 나는 대부분 죄를 피하려고 노력한다
4. 죄를 범한 후에는 후회하게 된다
5. 죄를 범한 후에는 화가 난다
6. 죄를 범한 후에 몹시 슬퍼한다
7. 나는 죄를 증오하고 혐오한다

성경과 주님이 개인의 죄에 대해 어떻게 '느끼시는지' 알아 보라. 아직 모른다면, 주님께 당신의 마음을 변화시켜 주셔서 당신의 감정과 당신의 죄에 대한 주님의 반응이 합해질 수 있도록 기도하라.

죄를 깨끗케 하는데 있어서
당신이 어느 시점에 와 있는지 평가하라

많은 그리스도인들이 죄를 깨끗케 하는 것을 도와 주면서, 보통의 그리스도인들이 자신을 깨끗케 한 뒤 거룩하게 성장해 가는 과정에는 5가지의 시기가 있음을 발견했다. 이것을 읽어가면서, 당신이 어느 시점에 와 있는지 잘 판단하고 다음에는 어떻게 해야 하는지 알아보라.

1. 마음이 굳어져서 깨끗케 되는 것을 거절함

　이런 상태에 있는 신자는 계속 범죄하려는 욕망 때문에 주님께 대항하여 그의 마음을 단단하게 하고 있다. 그는 전혀 경건한 삶을 살지 않고 있고 주님과 가깝게도 느끼지 않으며, 패배감을 느끼고 있고 계속해서 그를 지배하는 적어도 한 가지 중대한 죄에 노예가 되어 있다.

2. 강력한 외부의 영향 때문에 간헐적으로 깨끗케 함

　이런 상태에 있는 신자는 성령님의 죄를 깨닫게 해 주시는 역사에 반응하지만 결코 의도적으로 하지는 않는다. 다른 말로 하면, 어떤 고통스러운 경험, 강력한 설교자 혹은 다른 개인적 경험이 그의 마음을 움직여서 진실되게 회개하나 계속적으로 삶을 변화시키는 정도는 아니다.

3. 주님을 향한 강한 내적 욕구 때문에 처음으로 깊이 깨끗케 함

　이 시기에 있는 그리스도인은 영적으로 성장해 가며, 전보다 훨씬 나은 매일의 경건의 시간을 가지고, 주님을 섬기는 데 있어서 더 많은 열매를 맺으며, 때때로 그리스도와 함께 진실로 연합하는 즐거움을 맛본다. 주 예수님과의 관계에 있어서 예기치 않은 기쁨, 즐거움 그리고 만족 때문에 그 신자는 이제 주님을 더 필사적으로 찾게 되고 더 깊이 주님을 알아갈 수 있는 길을 보여달라고 주님께 간구하게 된다.

　신자가 자신도 모르게 부흥의 4가지 조건(겸비하고, 기도하고, 주님을 찾으며, 오랫동안 범해 온 죄에서 떠남)을 모두 갖추고 있기 때문에, 주님은 신자가 경험해 온 것보다 더 깊은 단계까지 반응하신다. 이

렇게 '처음으로 깊이 깨끗케 하는' 동안, 신자는 주님과 더 깊이 동행하는 것을 막는 모든 죄를 보여 달라고 주님께 간구하게 될 것이다. 이 단계에서 신자가 한번도 제대로 다루어 본 적이 없는 구체적인 죄들을 두세 장 적는 것은 그리 드문 일이 아니다. 주님이 그 신자의 눈을 열어 주셔서 자신의 죄의 깊이와 넓이를 알도록 해 주시는 것이 이번이 처음일 것이다. 신자의 반응에 따라 - 깨끗케 함을 추구하든지 아니면 어두움으로 들어가 숨어 버리든지 - 주님은 그 신자가 처음으로 온전히 깨끗케 되는 경험을 하도록 인도하실 것이다. 이 경험은 신자에게 매우 겸허한 시간이 되고, 이 세번째 단계를 경험하는 신자들은 항상 은혜와 겸손에 대해 더 깊이 이해하게 된다.

4. 거룩에 대한 갈망 때문에 계속적으로 자신을 더 깊이 정결케 함

처음으로 깊이 깨끗케 한 후, 신자는 그의 마음이 이제 주님 앞에서 온전히 깨끗해졌다고 생각할 것이다. 어떤 의미에서 보면 그의 마음은 상당히 깨끗하게 되었지만, 실제로 주님은 그의 삶 속에 있는 죄의 완전한 모습은 보여 주시지 않았다. 만약 수 주, 수 개월, 수 년 혹은 어떤 경우에는 수십 년 동안 축적된 죄를 모두 보게 되면, 너무 질려 버려서 시작하는 것조차 포기해 버릴지도 모른다는 것을 주님이 아셨기 때문이다.

그러나 성장하는 그리스도인이 주님을 계속해서 찾음에 따라, 주님은 그리스도와 같이 되기를 더욱 열망하는 마음을 그에게 주실 것이다. 첫번째는 신자가 그리스도를 더 닮아가기 위해 주님께 간청하게 될 것이다. 두번째는 신자가 그리스도를 더욱 잘 섬기기 위해 주님께 간청하게 될 것이다. 세번째는 신자가 그리스도와 더 가까이 동행하기 위해 주님께 간청하게 될 것이다. 이미 알다시피 주님은 이러한 각각의 요구들에 있어서 거룩해지기를 원하신다.

그러므로 다시 한번 신자가 자신도 모르는 사이에 주님이 그의 삶에 깊이 역사하시기를 간구하게 되는 것이다. 그 신자의 삶 깊은 곳에 더 단단한 껍질로 둘러 싸여 있는 죄악이 그 세 가지에 대한 대답을 막고 있다. 이 시기 동안 주님은 그 신자에게 죄의 더 깊은 단계들을 보여 주심으로써 스스로를 깨끗케 하도록 하실 것이다.

WTB에서 나오는 '천로역정 7단계 시리즈'를 가르칠 때 보면, 깨끗케 함은 외부에서 내부로 그리고 영원으로 움직인다. 첫째는 행실을 깨끗케 함, 즉 우리들은 주님께 우리가 하고 있는 것을 깨끗케 해 주시라고 간구한다. 둘째는 성품을 깨끗케 함, 즉 우리의 사람됨을 깨끗케 한다. 셋째는 중심을 깨끗케 함, 즉 우리가 무엇을 할 때 왜 그것을 하는지에 대한 것을 깨끗케 한다.

> 유혹에 저항하는 매 순간이 승리다.
> - 프레드릭 윌리엄 파버
> (Frederick William Faber)

신자의 반응과 죄의 깊이와 넓이에 따라 수 개월부터 십 년까지 어떤 시점에서 한 번에 하나씩 주님은 이렇게 깨끗케 하는 역사를 하신다. 주님이 우리들을 더 깊이 깨끗케 할수록 그 시간은 더 오래 걸린다. 그럴 뿐 아니라 깨끗케 함이 더 깊을수록 우리들의 죄가 완전히 처리되는데 더 고통스럽고 더 어렵게 된다. 거룩은 거대한 가격표를 가지고 있고, 우리가 진실로 거룩한 사람을 만나게 될 때는 그들의 삶이 수도 없이 많은 정련의 불을 통과했다는 것을 확신할 수 있다.

행실을 깨끗케 하는 과정을 통과하고 있다면, 다른 사람들이 알고 있는 상당한 양의 외부적인 죄가 이제 사라졌고 그것은 더 이상 삶의 일부분이 아니다. 성품을 깨끗케 하는 단계에 들어 왔다면, '본질'은 더 그리스도의 것으로 변형되어 가고 있을 것이다. 더 친절하고 부드럽고 더 동정심이 많으며 온화하고 오래 참으며 사랑이 많고 그리고 즐거운 표정을 가지게 되었다는 것을 다른 사람들이 눈치채고, 당신에게 일어난 변화를 언급하게 될 것이다.

마지막으로 중심을 깨끗케 하는 것은 진실된 동기를 다룬다. 이러한 것들은 성품과 행실이 깨끗케 될 때까지 우리의 참된 지각으로부터 감추어져 있던 것들이다. 이기적인 야망, 질투, 시기 그리고 자기 영광을 위한 열망 같은 근본적인 문제들이 신자의 삶과 가슴과 영혼 속에서 주님의 깊은 역사로 인해 근절되어야만 한다.

5. 주님과의 깊은 관계 때문에 정규적으로 깨끗케 함

이 시기에는 신자가 깊이 겸허해져 있고 계속 성장하는 추세로 주님과 동행하는 기쁨을 알고 있다. 신자의 마음이 그렇게 부드러워져 있기 때문에 그는 이제 어떤 죄에라도 너무나 민감하여 요한일서 1장 9절에 말하고 있는 원리를 따라 자신을 빨리 그리고 즉시로 깨끗케 한다. 그는 전보다 더 깊이 성령님을 알게 된다.

신자는 성령님과의 밀접한 관계 속에서 성장해 간다. 그는 성령님의 부드러운 성질, 그분의 충실, 친절, 긍휼 그리고 인내하는 온유를 알게 된다. 성령님과의 이러한 관계를 아주 소중히 간직하며 성령님을 근심케 하고 슬프게 하는 것이 무엇인지 더욱 더 잘 알게 되어 그분과의 친밀한 관계를 유지하기 위해 자신을 신속히 깨끗케 하는 것으로 반응한다.

이 시기에 신자는 주님과 밀접한 관계를 유지하고 자백하며 매일 그리고 매순간 그 관계를 유지함으로써 더 크고 더 깊게 깨끗케 하는 것은 더 이상 필요없게 된다. 어느 시기 동안에는 깨끗케 함이 끝이 없는 듯이 보이지만 곧 영광스런 끝이 오게 된다. 몸, 혼 그리고 영이 순결함으로 살아가는 자유를 아는 신자는 얼마나 자유로우며 기쁨이 넘치는지.

본격적인 정결을 위해 '심층 정결 10 단계'를 사용하라

거룩에 관한 가장 큰 방해물은 동기의 문제가 아니라 축적의 문제다! 신자가 영적인 삶에서 좌절감과 패배감을 경험하게 되는 이유는 그의 내부 깊숙이 고백하지 않고 정결케 되지 않은 죄들이 축적되어 있기 때문이다. 요한일서 1장 9절을 묵상함으로써 '심층 정결 10단계'에 관한 가장 전략적인 문단을 공부할 준비를 하라: "만일 우리가 우리 죄를 자백하면 저는 미쁘시고 의로우사 우리 죄를 사하시고 모든 불의에서 우리를 깨끗케 하실 것이요."

고백은 용서와 불의를 깨끗케 함에 있어 필요한 구성 요소다. 우리들은 주님께 가기로 선택하고 주님은 우리를 깨끗케 하기로 선택하신다. 이 구절에서 우리들의 고백은 주님께 직접 전달되고 그것은 우리가 그분과 – 우리 행위가 그분께 죄를 지은 것이라는 사실에 – 동의한다는 것을 의미한다. 이제 전 세계에서 수천의 사람들이, 그중 많은 사람들은 자신의 일생에서 처음으로 경험한 바 있는 '자신을 깨끗케 하는 것을 도와 준 10 단계'에 대해 나누고자 한다! 이 과정이 끝날 무렵 당신이 경험하게 될 온전한 자유와 기쁨을 생각해 보라.

1. 백지 한두 장, 펜 그리고 성경을 가지고 적어도 한 시간 정도 조용한 장소에서 홀로 있으라.
2. 가만히 앉아 눈을 감고 당신의 마음이 주님을 향하도록 하여 주님 앞에서 당신의 마음을 조용히 가라앉히라. 모든 염려와 산만한 것들과 방해하는 생각들을 제거하고 당신이 그분 앞에서 마침내 조용해졌다는 것을 알 수 있을 만큼 오랫동안 그분의 보좌 앞에 있으라.
3. 주님께 기도하고 당신을 이 시점까지 – 당신이 그분 앞에서 깨끗하게 되기를 희망하는 시점까지 – 오게 해 주신 것에 감사하라. 그분 앞에서 스스로 겸손히 행할 때 주님께서 용기와 은혜를 주시도록 간구하라. 당신의 삶 속에 행하시는 주님의 깊으신 역사로부터 도망하지 않고 그리고 당신이 주님 앞에서 완전히 깨끗하게 되었다는 것을 보여 주실 때까지 그 과정에 계속해서 머물러 있도록 주님께 헌신하라. 이 과정을 위해 마음을 준비하고 어떤 값을 치르든지 어떤 결과가 오든지 상관 없이 그 과정을 끝마칠 것이라고 스스로 다짐하라.
4. 성령님께 이렇게 간구하라. "제 삶 속에 있는 구체적인 죄 – 제가

잊어버리고 있는 것조차도 - 를 보여 주십시오. 예수님의 이름으로 기도합니다. 아멘."

5. 성령님이 당신에게 보여주시는 모든 것을 다 적으라. 주저하지 말고, 더 어려운 것들을 그저 지나쳐 버리려는 유혹에 지지 말라. 더 이상 생각할 수 없을 때 다시 한 번 기도하라. "성령님, 저는 당신과 저 사이에 있는 모든 죄를 다 고백하기를 원합니다. 다른 어떤 것이라도 더 있으면 보여 주십시오. 제게 당신의 용기와 은혜를 주십시오." 목록이 다 작성되면 당신이 고백하고 회복하기 어려운 것부터 번호 1을 매기라.

6. 주님 앞에서 한 번에 하나씩 당신의 죄를 고백하라. 가장 어려운 것부터 이렇게 말하라: "주님, 제가 _____ 죄를 지었음을 고백합니다. 제 죄를 용서해 주시고 저를 그 죄에서 완전히 깨끗하게 해 주십시오." 그리고 나서 하나씩, 끝날 때까지 모두 고백한다.

7. 이러한 문제들을 직접 대면하여 주님 앞에서 그 죄들을 고백한 적이 이 시점까지 없었다면, 개인적인 갈등을 겪게 된다는 것을 예상하라. 모든 사람이 느끼는 것처럼 당신도 도망하고 싶은 강한 열망을 느낄 것인데, 그것에 개념치 말고 당신이 헌신한 대로 밀고 나가라. 당신이 적은 목록에 있는 것들을 하나씩 모두 다 해결하기 위해 많게는 3일까지 필요하게 될 것이다.

8. 회복되는 과정에 있어서 적어도 다른 어떤 한 사람에게 자신을 낮추어야 한다는 것을 예상하라. 그 사람을 개인적으로 방문하라. 그것이 불가능하면 전화로 하고, 그것도 불가능하면 편지를

쓰라. 아마 고백해야 할 것이 있거나 그와의 관계를 회복해야 할 것이다. 어쩌면 상점에 가서 당신이 훔친 물건에 대한 값을 치러야 할 것이고, 혹은 선생님께 가서 시험이나 레포트에서 컨닝한 것을 고백해야 할 것이다. 항상 고지(高地)를 택하고 주님과 피해 입은 사람을 만족시키기 위해 당신에게 기대할 수 있는 이상의 일을 하라.

9. '고백하고, 회복하고, 용서받고, 하나님의 깨끗케 하심'을 얻은 후에 그 종이에다 '완성!'이라고 적어라. 그리고 나서 주님의 완전하고도 온전한 용서를 상징하는 행위로 그 종이를 태우라. 참소하는 자로 하여금 다시는 절대 이런 문제들로 당신을 공격하지 못하게 하라. 만약 당신이 '나는 용서받지 못했어' 혹은 '이 죄를 또 다시 고백해야 해' 아니면 '용서받기 위해서는 어려운 일을 겪어야만 해'라는 생각들로 괴로워한다면, 그것들은 하나님께로부터 나온 것이 아니기 때문에 당장 그런 생각을 버려야 한다. 그래도 너무 힘이 들면 큰 소리로 이렇게 기도하라: "주님, 저의 죄를 고백합니다. 그리고 당신이 저를 용서해 주셨다는 것을 압니다. 저는 당신의 용서하심과 깨끗케 하심 안에 거합니다."

10. 당신이 적은 목록을 다 태워 버렸을 때 주님께 감사하라. 주님의 용서하심을 인해 그분을 찬양하고 그분의 깨끗케 하심을 인해 감사하라. 그리고 당신의 승리로 누군가 한 사람을 격려하고 싶다면, 당신의 이름이 적힌 카드에다 '완성!'이라고 손으로 적어 내게 보내 주면 감사하겠다. 그것이 전부다. 당신과 같은 사람들이 마음을 다하여 의를 좇고 자신을 깨끗하게 하기 위해 겸손과

고백의 값을 치르는 것이 나를 격려하는 것이다. 당신의 '완성!' 카드가 내게 얼마나 큰 의미를 주는지 모를 것이다!

정기적 정결을 위해 '정결 주기'를 사용하라.

이 심층 정결 작업이 한번 완성되면, 주님이 앞으로 수 주 혹은 수 개월 안에 당신이 두세 가지 더 깨끗케 하는 과정을 통과하도록 인도하시는 것에 놀라게 될지도 모른다. 진실되게 모든 죄를 보여 달라고 주님께 간구했기 때문에, 첫번 깨끗케 함으로 모든 것이 다 해결되었으리라고 생각했다 하더라도, 주님은 당신이 성공적으로 처리할 수 있는 정도만 보여 주셨다. 거룩하게 성장해 감에 따라, 그분은 당신이 예전에 잊고 살았던 것들까지도 나타내 보여 주실 것이다. 이것에 대해 놀라지 말라! 대신에, 예상하고 있으라. 용기를 갖고, 준비하여, 깨끗케 함으로 가게 되는 '심층 정결 10 단계'를 반복하여 하라.

'정결 주기'는 그런 심층 정결 과정을 피하기 위한 목적이며 예방책이다. 주님과 동행하는 사람들은 이것을 종종 '주님과 빨리 계산하는' 것이라 부르는데, 그것은 우리가 죄를 짓는 것과 그 죄를 고백하는 시간 사이에 간격이 생기지 않도록 하는 것을 의미한다.

당신이 거룩한 삶을 살기로 헌신하게 되었을 때, 그것이 실제 습관

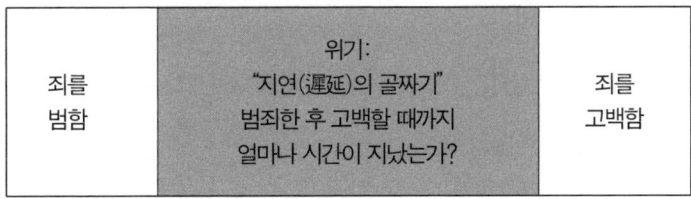

이 될 때까지 연습해야 하는 처음 일들 중의 하나가 범죄한 그 순간에 그 죄를 고백하는 것이다. 분명히 누구도 죄를 짓고 싶은 사람은 없지만, 우리는 천국 문에 들어갈 때까지는 죄를 지을 것이다. 그러므로 우리가 일상 생활에서 사용할 수 있는 다섯 가지 '정결 주기'에 대해 생각해 보자.

1. 순간 주기

부작위의 죄든지 작위의 죄든지 당신이 범죄할 때는 언제든지, 당장 그것을 주님께 고백하고 원상을 회복하라. 그것을 연습할수록 당신이 범죄하는 것을 막는 강력한 도구가 될 것이다! 당신이 일초라도 특별한 죄를 생각하게 될 때 '순간 주기'를 연습하게 되면, 주님께 나와 그것을 고백하는 훈련에 확실히 도움을 줄 것이다.

2. 매일 주기

아침 그리고/혹은 저녁에 개인적으로 경건의 시간을 가질 때, 특별히 주님 앞에서 조용히 기다리며 고백할 필요가 있는 그 전날의 어떤 죄가 있는지 주님께 물어보는 시간을 항상 가지라. 오늘 아침 해가 떠오를 때, 나는 그 전날 잘못한 것이 있는지 주님께 물어 보았고 주님은 나의 참을성 없음을 지적해 주셨다. 내가 어떻게 했는지 아는가? 그렇다. 그 죄를 자백했다.

3. 매주 주기

주님은 시간과 때를 정하셨다. 그렇지 않은가? 순간부터 시간, 수

일, 수 주, 수 개월, 계절들 그리고 수 년, 수십 년, 일생까지. 이러한 시간의 단위들은 우리의 인생을 재평가하고 검토하고자 할 때 아주 훌륭한 단위가 된다. 때때로 죄를 범하는 순간에는 그것을 죄로 깨닫지 못할 때가 있고, 또 어떤 경우에는 뒤늦은 지혜로 그것을 깨닫게 될 때가 있다.

교회사를 통해 볼 때, 구약에서의 안식일과 신약 시대의 주일이 더 깊은 자기 검토와 자백의 시간으로 사용되어 왔다. 아마 주일 밤의 마지막 시간이 혼자서 지난 주와 다가올 주에 대해 당신의 관점에서가 아니라 주님의 관점에서 검토해 볼 수 있는 귀중한 시간이 될 수 있을 것이다. '순간 주기'이나 '매일 주기'와는 달리 당신의 주의와 고백이 필요한 부분들이 크게 떠오르는 것에 놀라게 될지도 모른다.

4. 매월 주기

매월 1일마다 나는 일기를 다시 읽어 보며 주님께서 현재 내 속에서 그리고 나와 함께 역사하시는 삶의 교훈들을 '추수' 하는 시간을 갖는다. 예를 들면, 나는 그리스도의 완전한 형상을 닮아가는 데 있어서 속도가 느린 어떤 부분을 고쳐 보려 노력하고 있었다. 어제 오후에 WTB에서 함께 일하는 한 사람과 얘기하면서 또 하나의 방해물을 제거하게 되었다.

그래서 오늘 아침 일기장에 내가 점점 더 분명하게 깨달아 가고 있는, 내 속에 깊이 감추어진 가치관이 주님의 온전하신 뜻이 아니라는 것을 다시 새롭게 자백하였다. 그것들은 일생 동안 나와 함께 있었으나 내가 주님께 더 가까이 나아갈수록 더 죄악되게 보였다! 내 친한 친구

> 거룩의 길을 가야 할 책임이 있다는 사실을 직시해야 한다. 어느 주일에 목사님은 이런 취지의 말씀을 하셨다: '진실로 원한다면 당신을 지배하고 있는 그 습관을 그만둘 수 있습니다.' 내게 전혀 문제가 되지 않는 어떤 특별한 습관을 그가 예로 들었기 때문에, 재빨리 그의 말에 동의했다. 그 때 성령님이 내게 말씀하셨다. '네가 죄악된 습관에 책임감을 갖는다면, 너를 괴롭히는 그것들을 버릴 수 있다.' 이 책임감을 인정하는 것이 나 자신이 거룩을 좇는 데 있어서 이정표가 되었다.
> – 제리 브릿지스(Jerry Bridges)

들 중 한 사람은 매달 하루를 택하여 평가하고 고백하고 예배하며 계획하는 시간으로 주님과 온전히 하루를 보낸다.

5. 매년 주기

마지막으로 '매년 주기'는 가장 도움이 되는 것 중 하나다. 내가 아는 많은 그리스도인 리더들이 한 해 동안 주님이 역사하신 것을 돌아보기 위해 크리스마스와 새해 사이에 상당한 시간을 자기의 일기장과 기도 일기장을 읽는 데 투자한다. 다시 한번 말하지만 이렇게 하는 것이 너무나 새롭고도 활력적이라는 것을 발견했다. 주님의 계획이 내 삶 가운데 어떻게 이루어졌는지 보게 되는 놀라운 시간이다. 작년에 당신이 어떻게 살아 왔는지를 읽어 보면, 그해 초에 자백하고 용서받았던 부분들이 그해 말에는 더 이상 나타나지 않았다는 것을 알 수 있다. 그해 초에는 '안개' 처럼 모호했던 것들이 이제는 완전히 분명하게 보인다. 12개월 동안 얻은 뒤늦은 지혜로 얼마나 시각이 넓어졌는지 놀랄 것이다! 뒤늦게 얻은 지혜가 많을수록 통찰력도 더 크다.

당신이 볼 수 있듯이, 이 '깨끗케 함'은 가벼운 문제가 아니다. 마음과 영혼과 힘을 다해 주님을 따르고자 하는 사람들에게 고백과 깨끗케 함은 삶의 방식이 된다. 개인의 순례길에 당신을 가장 잘 준비해 줄 수 있는 마지막 한 가지가 있다면 주님과 더 가까이 동행할수록 당신이 더 죄악되다는 사실을 깨닫게 된다는 점이다! 그러므로 삶 속에서 주님이 역사하시는 것 때문에 당신이 훨씬 덜 죄를 범하고 있다 하더라도, 당신은 당신의 죄악됨을 더욱 더 깊이 느끼게 될 것이다. 주님과 그분의 거룩하심을 향한 당신의 마음 때문에 당신이 모든 행실에서 거룩해지기를 바란다.

지금 당장, 이 책을 잠시 옆에 치우고, 10단계를 밟은 뒤 그것을 끝내고 내게 '완성!' 카드를 보내지 않겠는가? 나는 나와 함께 '거룩 카드 소지자'가 될 10,000명의 남자와 여자를 위해 기도하고 있다.

유혹과의 전쟁을 선포하라

6

> 누구도 자신이 선해지려고 노력해 보기 전에는 얼마나 악한지 깨닫지 못한다. 선한 사람들은 유혹이 무엇인지 알지 못할 것이라는 생각은 바보 같은 생각이다.
> - C. S. 루이스(C.S.Lewis)

당신은 이제 막 적진으로 들어가려고 한다. 적의 진지 내부를 들여다 보면, 거룩한 사람이 되고자 하는 당신의 열망에 대항하는 너무나 강력한 무기들을 가지고 있는 것에 충격을 받게 될 것이다. 이 장이 말하는 바를 배우는 데 있어서 당신 앞서 지나간 사람들과 똑같다면, 당신의 삶은 이제 확연히 달라질 것이다. 그리고 당신의 눈이 완전히 열리게 되면, 구석구석에 있는 적의 무기들을 발견하게 될 것이고 그 적과 그의 기만적인 계략을 무찌르기 위해 정확하게 무엇을 해야 하는지 알게 될 것이다.

죄를 범하도록 그가 모든 사람에게 사용해 온 으뜸가는 전략이 무엇인가? 바로 '유혹'이다. 생활에서 직면하는 유혹을 이용하려는 적의 능력을 파괴할 수 있다면, 그는 즉시 무기력하게 될 것이다.

당신의 삶 속에서 실제로 유혹이 어떻게 작용하는지를 잠시 생각해 보라. 거듭나고 주님을 사랑하는 당신과 같은 사람이 거룩하다가 어떻게 그렇지 않게 변할 수 있는가? 신자로 하여금 거룩에서 부정함으로, 순종에서 불순종으로 그리고 의에서 불의로 옮겨가도록 하는 근본적인 경로나 전략은 무엇인가?

곧 알게 되겠지만, 유혹이라는 똑같은 전략이 매일 수백만 번씩 그것을 수상하게 생각지 않는 군중을 사로 잡는다. 이 전략은 효과적인가? 대다수의 경우에 있어서, 전략적으로 때와 장소에 맞는 유혹은 거룩하게 살고 있는 사람을 끌어내리는데 충분하다. 당신이 마지막으로 죄에 '빠졌던' 때를 생각해 보면, 항상 당신으로 하여금 범죄하도록 '밀거나' 혹은 '끄는' 유혹의 똑같은 손에 의해 떠밀려졌다'는 사실을 알 수 있을 것이다.

유혹을 묘사하는 또 다른 단어는 '유인(誘因, incentive)'이다. 유인이라는 말은 어떤 사람으로 하여금 무엇을 하도록 고무하거나 자극하는 어떤 것이다. 사업 세계에서는 인센티브라는 말로 널리 사용되고 있다. 예를 들어 두 경쟁 회사가 자사의 음료수를 판매할 때 한 회사에서 '하나를 사면 또 하나를 공짜로 드립니다'라고 광고를 하면 당신은 어떻게 자극을(유혹을) 받는가?

아니면 상관이 와서 '적자'가 된 품목이 있는데 그것을 팔 때마다 인센티브를 주겠다고 말한다면, 당신이 그 주에 고객을 방문하게 될 때

의식적으로 그 '적자' 품목을 팔려고 하지 않겠는가?

부모들이 보상이나 유인할 수 있는 어떤 것을 이용하여 자녀들에게 그들의 방을 깨끗하게 정돈하고 좋은 성적을 받도록 격려하지 않겠는가? 보상이라는 것이 나쁜 것인가? 옳은 방법으로 바른 행동을 하도록 자극하는 것이라면 나쁘지 않다. 성경을 읽어 보면 하나님도 자주 동기를 부여하기 위해 보상물을 사용하셨다는 사실을 놓칠 수 없다.

그러나 보상물은 좋은 결과를 위해서 뿐 아니라 나쁜 결과를 위해서도 사용될 수 있다. 성경에서 나쁜 결과를 내는 보상물을 무엇이라고 얘기하는지 아는가? 유혹. 모든 유혹의 근본 목적은 개인이 범죄하도록 자극하는 것이다. 좋은 보상물과는 달리 악한 보상물은 당신이 범죄하도록 자극하기 위해 기만과 속임수를 이용한다. 당신의 적이 오늘 오후 3시 13분에 공식적인 선물을 통해 당신에게 유혹을 보낼 것이며, 그래서 당신이 바보같이 그것에 빠진다면 당신의 명성, 가족, 자녀 그리고 직장까지 파괴하고 말 것이라고 생각하는가?

유혹의 이러한 전체 과정을 이해하는 것은 정말 가치 있는 일이다. 이번 장에서는 유혹이 어떤 것인지 그리고 어떻게 작용하는지에 관해 당신이 갖고 있던 모든 가정들을 깨뜨리고 유혹에 관한 진리를 폭로하여 그 베일을 벗기게 될 것이다. 다음 장에서는 성경의 유일한 어떤 구절을 통해 모든 유혹의 일곱 가지 단계를 배움에 따라 초점이 바뀌어질 것이다. 주어진 상황에서 당신이 그 일곱 가지 단계 중 어느 단계에 와 있는지 즉시 알 수 있는 방법과 어떻게 그 유혹을 이길 수 있는

> 유혹:
> 바로 내 팔꿈치에 있는 악마.
> - 윌리엄 세익스피어
> (William Shakespeare)

지를 배우게 될 것이다.

유혹에 관한 진리를 더 잘 이해하게 될수록, 그리고 당하고 있는 유혹의 단계를 더 잘 분별하게 될수록, 그 유혹의 힘을 당장 이기고 거룩하게 살 수 있도록 더 자유로와질 것이다.

유혹에 관한 핵심 구절

하나님 말씀의 진리를 확실히 붙잡기 원한다면, 항상 그 주제에 관한 진리를 포함하고 있는 '핵심 구절'을 찾아 보는 것으로 시작하고 그리고 나서는 깊이 파고들어 그것의 비밀을 밝혀 낸다. 유혹에 관한 주제를 공부할 때, 핵심이 되는 성경 구절은 고린도전서 10장이다. 유혹과 그 적용에 관한 7가지 진리로 들어가기 전에 고린도전서 10장 12-13절을 주의 깊게 읽어 보라:

> 그런즉 선 줄로 생각하는 자는 넘어질까 조심하라 사람이 감당할 시험(유혹) 밖에는 너희에게 당한 것이 없나니 오직 하나님은 미쁘사 너희가 감당치 못할 시험(유혹) 당함을 허락지 아니하시고 시험(유혹) 당할 즈음에 또한 피할 길을 내사 너희로 능히 감당하게 하시느니라.

1. 유혹은 죄를 짓기 원하는 근본적인 이유가 된다.

그 연결 고리는 분명하다. 죄에 '빠지기' 전에 '당신을 사로잡는' 유혹이 항상 먼저 온다. 그 유혹은 항상 범죄를 자극하는 동기가 된다.

유혹이 존재하지 않는다면, 그 죄를 범하려는 동기도 갖게 되지 않을 것이다. 당신이 범하는 모든 죄 앞에는 항상 유혹이 숨어 있다.

성경의 첫 장을 열면 사탄이 무엇을 하고 있는지를 볼 수 있는가? 선악을 알게 하는 나무의 실과를 먹지 말라 하신 하나님의 지시에 불순종하도록 아담과 하와를 유혹하고 있다. 그가 하와에게 써먹은 교활한 유혹과 보상물이 무엇인지 보라:

"너희가 결코 죽지 아니하리라." 그 실과를 먹으면 죽을 것이기 때문에 먹지 말라 하신 분명한 하나님의 경고를 의심하게 함으로써 사탄은 하와를 유혹했다. 다른 말로 하면, 유혹은 죄와 반대가 되는 이미 알려진 진리와 맞서야 하는데, 그렇지 않으면 그 죄를 범하지 않을 것이다. 만약 죽음이 정말로 생명을 앗아가리라는 것을 의심하는 유혹에 빠지지만 않았다면 하와는 결코 그 유혹에 굴복하지 않았을 것이다. 유혹은 항상 실제의 부정적인 위험을 최소화하고 상상 속에서만 가능한 유익을 극대화한다.

"너희 눈이 밝아." 사탄은 하와의 눈이 닫혀 있음에 틀림없으며 그것을 뜬다면 얼마나 좋겠는가 하는 것을 미묘하게 내비치고 있다! 그렇다면 처음에 누가 당신의 눈을 '밝지 않게' 만들었는가? 그들의 눈을 의도적으로 소경으로 만드셨다는 주님의 성품에 대한 얼마나 교묘한 공격인가! 하나님의 성품을 의심하게 하는 이 두번째 유혹과 하나님의 말씀을 의심하게 하는 첫번째 유혹을 연결해 보라. 유혹은 항상 하나님의 말씀과 성품에 의심을 갖게 한다.

"하나님과 같이 되어." 사탄은 '하나님과 같이' 된다는 생각과 함께 하와의 상상력을 자극한다. 하나님과 '같이' 되는 것보다 더 신나는 일이 있을까? 유혹은 바로 이 시점에서 놀라운 도약을 하게 된다. 바로 그 순간에 아담과 하와는 온 우주와 영원을 통해 어느 곳에 있는 생물보다 더 '하나님과 같이' 된다! 아담과 하와는 초자연적으로 하나님의 바로 그 형상을 따라 하나님께서 창조하셨다!

사실 그들은 이미 '하나님과 같았다!' 그러나 그 나무의 실과를 먹음으로 가장 '하나님과 같지 않게' 되기를 선택했고 그것은 가능한 일이었다! 그러면 '하나님과 같이 되는' 방법은 무엇이었나? 하나님과 같이 될 것이라고 하며 사탄이 제안한 것은 하나님이 그들에게 말씀하신 것과 정반대가 되는 것이었다! 오직 하나님께 불순종하는 것을 택함으로써 '하나님과 같이' 될 수 있는 것이었다. 유혹의 뿌리가 되는 거짓말은 그 규모가 거대하다. 모든 유혹은 그 사람이 찾고 있는 대답으로 조장된, 적어도 한 가지 거대한 거짓말에 그 뿌리를 두고 있다.

"선악을 알게 될 것이다." 사탄은 '금지된 지식'이 인간에게 얼마나 유혹적인지 알고 있다. 비밀스런 지식보다 더 강력한 것이 무엇이겠는가? 아담과 하와는 에덴 동산에서 전능자와 동행할 때 이미 '선한' 지식의 온전함을 알고 있었다! 악이 선을 파괴할 뿐 결코 선을 가져다 줄 수 없는데 그들은 왜 악을 '알려고' 했을까? 모든 생명이 '선'을 추구하는 것으로 둘러싸여 있는데 '선'을 파괴하는 그것으로 왜 생명을 갈라 놓으려고 할까?

여기에서 유혹하는 자는 사람을 위해 창조된 범위 밖에 있는 어떤 것을 원하는 욕심과 '정욕'을 이용한다. 사람은 선과 악으로부터 자신을 구분해 주는 안전대를 넘어 가도록 창조되지 않았다. 주님은 선을 풍성하게 공급해 주셨고 그리고 악이 존재하지 않게 하심으로 그것을 보호하셨다. 주님이 의도적으로 허락하지 않으신 것을 알기로 선택함으로써 아담과 하와는 사탄과 같은 죄에 빠지게 되었고, 그것은 하나님이 정하신 주권적인 한계를 전복하고 독립적으로 통치하려는 욕심이었다. 유혹은 항상 '선'을 추구하는 것으로 위장되어 있지만 실제로는 하나님이 금지하신 '악'을 알고 경험하고자 하는 욕심을 자극한다!

왜 사탄은 이러한 유혹을 사용하는가? 유혹이나 동기가 없었다면 아담과 하와가 주님께 불순종하고자 생각하지도 못했을 것이기 때문이다. 삶 속에 있는 유혹의 이 결정적인 역할을 이해할 수 있겠는가? 그것이 없다면 어떤 것이 범죄의 동기가 되겠는가?

마찬가지로 예수님을 패배시키려고 사탄이 무엇을 했는지 생각해 보라: 그는 세 가지 강력한 유혹을 했다. 예수님께서 사탄을 어떻게 꾸짖으셨는지 그리고 어떻게 그의 공격의 특성을 드러내셨는지 주의해 보라: "주 너의 하나님을 시험하지 말라."

당신의 일생 동안 사탄이 사용할 이러한 전략을 다시는 잊어버리지 말라. 당신이 무슨 죄를 범하든지, 믿고 자극되고 그리고 나서는 하나님께 불순종하고 의지적으로 범죄하는 행동을 하기 전에 항상 그렇게 하도록 만드는 '유혹'이 있다.

2. 당신이 넘어질 수 없다고 생각할 때 유혹은 특히 위험한 것이다

고린도전서 10장 12절은 유혹에 대한 강력한 경고로 시작한다: "그러므로 선 줄로 생각하는 자는 넘어질까 조심하라." 이 경고가 처음에 나오는 이유는 아마 사람들이 유혹에 대해 '정상적으로' 생각하는 것과 정반대가 되기 때문이다. 어떤 것이 더 낫겠는가: 죄에 빠질 수 없다고 생각하는 것과 죄를 지을 수 있다고 생각하는 것? "나는 결코 저런 죄를 짓지 않을꺼야!" 혹은 "나는 절대 저런 일을 할 수 없어!" 아니면 "저 사람은 어떻게 저런 일을 할 수가 있었을까?" 혹은 "나는 주님을 너무나 가까이 느끼기 때문에 오늘은 범죄하지 않을 거라고 생각해"라고 하는 것들은 현란한 색의 빛을 반짝이며 절박한 위험을 알리는 날카로운 소리의 경보등과도 같다. 왜 우리는 어떤 유혹에 직면할 때 자신이 강하고 견고하다고 느껴야 하는가?

"교만은 패망의 선봉이요 거만한 마음은 넘어짐의 앞잡이니라"(잠 16:18). 넘어질 수 없다고 생각할 때 교만이 지배한다. 교만이 지배하면 곧 멸망이 따른다. 그것이 노골적인 것이든 아니면 교묘하게 감추어져 있든지 우리가 넘어지게 되는 계기가 됨을 확신할 수 있다. 그러면 유혹에 직면하였을 때 우리들을 패망이 아니라 승리로, 넘어지지 않고 서 있도록 해 주는 올바른 태도와 행동은 무엇인가? 깨어 있고 기도하며 주님을 온전히 의지하는 것이 그 답이라는 것을 다음의 구절들을 통해 알 수 있다:

> 내가 겪은 유혹들은 내가 더욱 거룩해지도록 이끈 일종의 스승이었다.
> - 마틴 루터(Martin Luther)

· "시험(유혹)에 들지 않게 깨어 있어 기도하라 마음에는 원이로되 육신이 약하도다"(마 26:41).
· "그곳에 이르러 저희에게 이르시되 시험(유혹)에 들지 않기를 기도하라 하시고"(눅 22:40).
· "주께서 경건한 자는 시험에서 건지시고.…"(벧후 2:9).

우리는 항상 우리의 약함과 주님의 강함에 초점을 맞추어야 한다. 유혹에 빠지지 않게 주님이 지켜 주시도록 그리고 유혹이 오면, 그것 안에서 그리고 그것을 통해 주님이 당신을 강하게 하시기를 날마다 기도하라.

3. 유혹이 당신을 사로잡으려 한다

유혹은 활발하게 움직인다. 유혹은 당신에게서 떠나지 않고 당신을 '사로잡으려(overtake, 역주: 한국어 성경에는 감당하다로 번역되어 있음)' 한다. 유혹을 경험하는 것이 '사로잡히는' 것처럼 느끼는 것이다: "그러므로 선 줄로 생각하는 자는 넘어질까 조심하라 사람이 감당할 시험(유혹)밖에는 너희에게 당한 것이 없나니…".

가장 영적인 활동을 할 때 조차도 유혹은 앞으로 나아와 힘과 끈기로 당신을 잡으려고 한다. 바울이 여기에서 사용한 '사로잡는다'는 말은 적이 그렇게 하듯, 누군가가 당신을 붙들어서 단단히 잡고 있는 것을 의미한다.

바울은 유혹이 활동적인 것이고 거의 독립적인 실체라는 것이다. 그것들은 와서 사로잡는다 / 붙잡는다 / 맹렬히 공격을 퍼붓는다 /움켜

잡는다. 마침내 우리가 죄를 범할 때까지 우리들을 끌어내리려고 한다. 유혹에 굴복하고 나면 더 이상 그것이 존재하지 않는 것을 성경에 있는 모든 유혹으로부터 그리고 당신 자신의 경험에서 알 수 있을 것이다. 유혹은 오직 죄의 한 쪽 면에 위치한다: 그것은 죄에 앞서 온다! 모든 죄 앞에는 유혹이 놓여 있다. 그 유혹을 이기면 당신은 범죄하지 않을 것이다!

4. 당신이 당하는 유혹은 유일한 것이 아니고 항상 누구에게나 공통적인 것이다

어떤 죄를 반복해서 짓고 있다면, 당신은 예외 없이 항상 그 유혹이 '정상적인' 크기나 힘이 아니고 진실로 보기 드문 희귀한 것이라고 결론짓게 될 것이다. 그러나 당신이 당하는 유혹에 관한 진리는 무엇인가? "사람이 감당할 시험(유혹) 밖에는 너희에게 당한 것이 없나니."

어느 모임에서 남자들에게 개인의 거룩에 대해 강의하고 났을 때, 한 젊은 남자가 확신에 차서 내게로 왔다. 그는 자신의 삶에 큰 변화를 주고 싶지만 그렇게 하는 데는 너무나 큰 어려움이 있다고 했다. 그는 지금 어떤 여자와 살고 있는데, 그러면서도 지난 10년 동안 수없이 많은 여자와 살았었다고 말했다. 왜 그런 부도덕하고 불경건한 삶을 청산할 수 없는지 묻자 그는 그렇게 하고 싶지만 성적 유혹 앞에 자신이 무기력해진다고 말했다.

나는 그를 보며 "당신의 성욕은 정말 강한가 봅니다!" 라고 말했다.

즉시 그는 "음… 저를 이해해 주시는 분을 만나게 되어 정말 기쁩니다. 제 성욕은 너무 강력하고 그 유혹은 정말 거대합니다." 라고 대답

했다.

나는 수긍한다는 듯 고개를 끄덕이며 "아마 정상적인 남자들의 수배가 되겠군요."라고 말했다. 그는 그렇게 밝혀진 것이 부끄러운 듯 얼굴이 붉어지며 고개를 끄덕였다. 마침내 그는 이해해 주는 누군가를 만난 듯이 보였다. 그의 죄는 그의 잘못이 아니었다. 장본인은 그를 공격하는 저 거대한 유혹일 뿐이었다.

그 거대한 유혹을 정상적인 크기로 줄여 주면 어떤 차이가 있을지 그에게 물어 보았다. "와!" 그는 탄성을 지르며 말했다. "정상적인 유혹으로 줄일 수만 있다면 무엇이라도 하겠습니다. 저는 그저 '안돼', '멈춰' 라고 말할 수 있을 테니까요."

나는 모임에 참석했던 남자들이 일하러 떠난 그 방을 돌아보며 계속해서 말했다, "당신의 유혹이 척(Chuck), 밥(Bob), 포리스트(Forest) 그리고 다른 사람들의 것과 같다면 어떻게 하시겠습니까?"

그가 되물었다. "어떻게 한다는 것이 무슨 말입니까? 무엇을 어떻게 한다는 겁니까?"

"당신의 부도덕하고 죄악된 생활 양식에 관해서 말입니다. 그렇기만 하다면 주님께 순종하고 부도덕한 생활 양식을 버릴 수 있겠습니까? 물론 당신이 당하는 유혹을 다른 사람들의 것과 똑같이 '정상적인' 크기로 줄여 드리기만 한다면 말입니다."

좋은 말인 것 같아 그는 거의 무책임한 포기 상태로 고개를 끄덕였다. 그는 해답을 알고 있었다. 누구도 그의 문제를 해결해 줄 수 없는데 무슨 걱정인가!

그리고 나서 나는 돌아서서 그에게 바로 이 구절을 소리내어 읽어

보라고 요청했다: "사람이 감당할 시험(유혹) 밖에는 너희에게 당한 것이 없나니…"(고전 10:13). 충격적이지만 그가 당하는 유혹이 완전히 정상적이고 모든 남자들의 삶 속에서 자라고 있는, 여러 가지 종류의 유혹중 하나일 뿐임을 발견한 것이다. 여태껏 그는 거짓말을 믿고 있었다. "아무도 당하지 않는 그런 유혹을 내가 당하고 있기 때문에, 나는 그 유혹에 대해 무기력할 뿐이야. 유혹이 누구에게나 '공통적' 인 것이라면 확실히 그것을 이겨낼 수 있었을 거야." 나는 그 방에 아직 머물러 있던 남자들을 가리키면서 "그들도 당신이 당하는 것과 똑같은 유혹을 당하고 있습니다. 그렇지만 당신이 '괜찮아' 라고 대답할 때 그들은 '안돼' 라고 말합니다."라고 했다.

다음 몇 분간, 나는 그 젊은 남자가 지금껏 믿어 왔던 그 비극적인 거짓말과 싸우고 있는 것을 보았다. 그 거짓말은 기능을 마비시키는 자기 기만의 엄청난 무게로 그를 누르고 있었다. 그리고 그 거짓말이 성경의 빛으로 실체를 드러냈을 때 힘없이 그의 발 아래로 떨어졌다. 눈에 눈물이 가득한 채 말했다. "제 유혹은 다른 사람과 다를 바 없는 것이었습니다. 저는 속고 있었습니다. 저는 오늘 자유로워질 것입니다. 성적 유혹에 이제 '안돼' 라고 말하겠습니다. 여기를 떠나면… 거룩하게 살겠습니다."

진리는 항상 우리를 자유롭게 하지만;
거짓은 항상 우리를 속박한다.

당신이 죄에 속박되어 있다면;

그것은 당신이 거짓말을 믿기 때문이다.

당신이 당하는 유혹에 대해 어떻게 생각해 왔던지 상관없이 - 특히 당신이 계속적으로 범죄하게 되는 그 유혹들에 대해 - 성경은 그것들이 모든 사람들이 당하는 것과 결코 차이가 없음을 가르치고 있다. 우리가 자신에게 하는 거짓말을 생각해 보라:

- "너무 강력해서 어떻게 할 수가 없어!"
- "내가 당하는 유혹은 달라. 누구도 내가 당하는 유혹을 당해보지는 않았을거야!"
- "가족에게서 물려받은 거야. '유전인자'가 나를 이렇게 만든거야!"
- "항상 그렇게 해 왔는데… 이제 그만 두기에는 너무 늦었어."
- "마귀가 나를 이렇게 만들었어."
- "나는 유혹이 무섭지 않아. 너무나 강하거든."
- "내 잘못이 아니야. 내가 감당할 수 없는 것이었어."
- "유혹에 대해 기도했지만 그만 둘 수가 없었어."
- "하나님 잘못이야. 그분은 내가 너무 약하다는 것을 알고 계셔."
- "내버려 둬. 완전한 사람은 아무도 없어."

핵심 구절(고전 10:13)을 잘 살펴 보면, '밖에는'이라는 말을 재빨리 읽을 수 있을 것이다: "사람이 감당할 시험(유혹) 밖에는 너희에게 당한 것이 없나니." 이 구절은 '희귀한 유혹'은 없다고 가르칠 뿐 아니라 거기에 더 온전한 진리를 덧붙이고 있다. '당신이 당하는' 유혹이 특히 '누구에게나 있는' 것이라는 사실이다! 당신이 범죄할 때, 기억하라. 그 유혹은 누구에게나 공통적이라는 것을.

'공통적' 이라는 말의 원 뜻은 '사람들에게 속한 것' 그리고 '모든 사람들의 방식에 따라' 이다. 모든 유혹은 정상적이고 그러므로 완전히 물리칠 수 있는 것이다. 그러면 다음에 그런 '희귀한' 유혹이 우리를 공격해 올 때 우리가 어떻게 해야 하는지 설명할 수 있겠는가? 아마 조그마한 개가 그 비밀을 가지고 있을지도 모른다.

오즈의 나라를 통치했던 마법사를 기억하는가? 모든 사람들이 그 마법사의 힘과 능력에 무서워 떨었다. 그 조그맣고 더러운 개가 신성한 커튼을 끌어내릴 때까지는! 거기에서 도로시와 그녀의 친구는 목소리를 가장하고 특수 효과들로 자신을 감싸고 있는 작고 왜소한 노인을 보았다. 그들이 '강한 마법사'에 관한 진리를 보았을 때 무슨 일이 일어났었는지 기억하는가? 너무나 충격적이고 화가 난 나머지 서로를 쳐다보다가 웃기 시작했다! 진리가 그들을 즉시 자유롭게 해 주었던 것이다. 유혹의 속임수가 밝혀질 때, 그 유혹은 힘을 잃게 된다. 진리는 항상 사람을 자유롭게 한다.

당신의 유혹에 드리워져 있는 커튼을 끌어내리라. 그리고 두 가지 진리를 발견하라. 첫째는, 당신이 당하는 유혹이 인간 사회에서 널리 퍼져 있는 공통적인 종류라는 것이고 둘째는, 그 유혹이 뜨거운 공기를 담고 있어서 당신이 '안돼' 라고 간단히 말하기만 하면 풍선처럼 날아가서는 자취를 완전히 감추게 될 것이다.

5. 하나님은 미쁘시기 때문에 당신이 감당하지 못할 유혹을 허락하지 않으신다.

주님이 가까이에 계시지 않는다고 생각할 때가 범죄의 유혹을 가장 받기 쉬운 때다! 그러나 주님은 모든 유혹에 복잡하게 관련하고 계신다고 성경은 말한다. 유혹을 주신다는 말은 아니고 죄에 굴복하지 않고 그것을 견디어내도록 하신다는 말이다. 오직 이 구절은 지적하기를 "하나님은 미쁘사 너희가 감당치 못할 시험(유혹) 당함을 허락지 아니하시고."

바울의 이 말은 어떤 유혹에서든 우리를 격려하고 확실한 희망을 준다. 유혹을 당할 때에 '무기력' 하게 느끼는 대신, 고린도전서 10장 13절은 당신이 모든 유혹 가운데에서도 확실하게 '도움을' 받게 된다는 것을 말하고 있다. 오직 우주의 주 하나님 외에는 어떤 사람도 도울 수 없는… .

당신 마음이 이 진리로 옷입게 하라. 주님은 당신이 유혹 받을 때에 외면하시지 않고 오히려 보호하고 당신에게 가까이 오신다. 그분은 당신 곁에 계시고 전쟁의 한 가운데에 계시며, 당신이 어떤 유혹

> 유혹은 죄가 아니다; 그것은 전쟁에로의 부름이다.
> – 어윈 루처(Erwin Lutzer)

에도 굴복하지 않게 하신다. 앞에서 배운 원리에 따르면, 당신이 당하는 모든 유혹은 다른 사람에게도 '공통적' 이거나 자연스러운 것이다. 이번 원리는 '유혹' 에서부터 '유혹 받는' 사람에게로 그 초점을 옮기고 있다.

모든 유혹이 공통적인 것이라 할지라도, 우리들 각자는 매우 다르

다. 예를 들면, 어떤 사람은 대식(大食)의 부분에서 유혹을 받고, 또 어떤 사람은 포르노, 또 다른 사람은 험담 혹은 분노의 영역에서 자신을 통제하기 어렵다. 어떤 사람을 유혹하는 것이 다른 사람에게는 유혹이 되지 않는다. 예를 들어, 당신이 친구와 함께 시장을 갔다고 가정해 보자. 당신은 대식가여서 음식 파는 통로에서 떠날 수가 없고 당신 친구는 다른 유혹을 당하고 있는데, 그는 잡지 통로에서 고민하고 있다. 그러면 당신도 잡지가 있는 부근에서 고민하고 있다는 것을 의미하는가? 아마 그렇지 않을 것이다. 사람마다 받는 유혹이 모두 다르기 때문이다.

그러므로 누구에게나 공통적인 사실인 유혹을 받는다는 것에서 내가 예외가 될 수 없지만, 어떤 부분에서는 극도로 연약하기 때문에 당신 같으면 유혹을 잘 받지 않는 부분에서도 나는 넘어질 수 있다. 이 구절에서 주님은 개인적으로 당신을 압도하는 유혹으로부터 당신을 보호하시는 일에 사적으로 관련하시는 그분의 역할에 대한 진리를 분명히 말씀하시고 있다: "너희가 감당치 못할 시험 당함을 허락지 아니하시고."

그러므로 어떤 특정한 유혹을 통제할 수 있는 당신만이 갖고 있는 유일한 능력에 따라 주님이 유혹을 허락하신다는 사실이다. 상상할 수 있겠는가! 주님이 얼마나 친밀하게 당신과 함께 하시고 유혹에 대해 승리하도록 도우시는지를 생각해 보라! 유혹의 한 가운데에 있을 때, 주님이 화가 나셨다거나 멀리 계신다는 그 거짓말을 이제 다시는 믿지 말라. 왜냐하면 주님은 유혹받는 바로 그 순간에 온전히 관여하시기 때문이다. 그분은 땅에다 굵은 선을 그으시고, 유혹이 그 선까지는 와도 그 선을 넘지는 못하게 하신다.

왜 주님은 당신과 나를 위해 이렇게 굵은 선을 그으시는가? 왜냐하면 그분이 그렇게 하지 않으시면, 어떤 유혹이 우리들을 말 그대로 압도하여 우리가 '안돼' 라고 말할 수 없게 될 것이기 때문이다. 주님의 지혜와 지식 안에서, 그분은 우리들의 능력이 그것을 견딜 수 있고 범죄하지 않도록 유혹을 제한하신다.

그러므로 과거나, 현재나 혹은 미래에도 주님은 결코 당신에게
너무 어려운 유혹을 당하도록 허락하지는 않을 것이다.

이 장을 쓰고 있던 어느 날 오후, 휴식을 취하기 위해 아내 달린과 함께 동네를 산책하고 있었다. 우리는 머리 저 위만큼 자란 커다란 떡갈나무 아래를 지나게 되었다. 우리들은 이 나무의 힘과 웅장함에 그리고 이 나무가 어떻게 수십 년 동안 거센 폭풍과 바람에 이길 수 있었는지 감탄했다. 이 거대한 나무를 쓰러뜨릴 만큼 크고 강한 폭풍이 한 번도 없었을까 하고 달린에게 물어보았다. 지나가면서 길가에 있는 모든 것을 파괴하고 마는 대폭풍을 생각하면서, 그녀는 고개를 끄덕였다. 그러나 말 그대로 우리들을 파괴하고 거룩을 향한 헌신을 부수어뜨릴 만한 '유혹 대폭풍' 은 과연 있을 것인가? 결코 없을 것이다. 주님은 우리들을 보호하시고 모든 유혹의 힘을 제한하신다. 사탄은 쉽게 우리가 범죄하도록 한다 할지라도, 주님은 우리가 유혹을 당할 때에 그 빨간 선을 넘지 않도록 사탄의 자유를 제한하신다.

왜 주님은 당신을 위해 당신의 인생에 수백 번 그리고 어쩌면 수천

번도 더 간섭하신다고 생각하는가? 이 구절의 처음 세 단어가 그 질문에 답을 하고 있다: "오직 하나님은 미쁘사…" 미쁘시다는 것은 항상 애정과 충성을 다하고 관계 속에서 맺은 약속을 확실하게 지켜 나가는 것을 의미한다. 미쁘심은 충직, 불변을 수반하고 배반 혹은 버림을 야기하는 어떤 일에도 굳게 저항하는 것을 의미한다.

이 구절의 내용으로 볼 때 하나님은 무엇에 대해 미쁘신가? 하나님은 당신에 대해 미쁘시다. 하나님은 자신의 말씀에 대해 미쁘시다. 하나님은 자신의 목적에 대해 미쁘시다. 하나님은 자신의 약속에 대해 미쁘시다. 하나님은 공평과 정의에 대해 미쁘시다. 당신에게 "모든 행실에 거룩한 자가 되라"고 명령하시면서, 우리가 범죄하지 않기 위해 모든 것을 다했는데도 어쩔 수 없이 범죄하게 하는 강한 유혹을 동시에 허락하신다면 하나님이 어떻게 미쁘실 수가 있겠는가?

주님은 변하지 않고 미쁘시므로 당신이 당하는 유혹을 주권적으로 제한하신다는 사실을 온전히 의지하라. 그러나 우리들이 계속적으로 불성실하고 유혹을 당할 때 계속해서 또 범죄하기를 선택한다면 어떤 일이 일어나겠는가? 명백히 주님은 우리가 얼마나 그분께 '미쁜지'에 따라 그분의 미쁘심에도 한계를 보이실 것인가? 다른 말로 하면, 하나님의 '미쁘심'의 성품은 한계가 있다는 말인가? 디모데후서 2장 13절을 그 대답으로 찾아보라: "우리는 미쁨이 없을지라도 주는 일향 미쁘시니 자기를 부인하실 수 없으시리라."

그러므로 당신이 당하는 유혹에 관한 진리는, 유혹의 때에 주 하나님이 당신을 결코 떠나거나 버리지 않을 것이라는 것이다. 그분은 모든 환경에서 언제나 주권적으로 당신이 당하는 유혹을 제한하셔서 그것들이 당신의 능력을 결코 넘지 않도록 하신다. "모든 행실에 거룩한 자가 되라"고 하나님이 말씀하신 것도 당연하다. 그분은 당신에게 필요한 모든 것을 확실히 공급해 주시지만 당신에게 필요하지 않은 모든 것을 제한하신다.

이 진리 속에 내포된 몇 가지 사실을 당장 알 수 있다:

첫째, 하나님은 다른 사람의 능력이 아니라 내 능력에 따라 내가 당하는 유혹을 제한하신다. 하나님은 당신의 삶에 따라서 내가 당하는 유혹을 제한하시는 것이 아니라 내 삶에 따라 그렇게 하신다. 다른 어떤 사람의 유혹에 대해 어떤 것이 진실인지에 상관없이, 주님은 당신과 당신의 능력에 온전한 주의를 기울이신다는 사실을 항상 알게 된다. 주님은 오직 당신이 당하는 유혹을 당신에게 맞게 주권적으로 제한하신다. 그것은 만약 당신과 친구가 예기치 않았던 유혹을 함께 당하였다면, 주님은 각 개인을 위해 다르게 그 특정한 유혹을 제한하신다는 것을 의미한다. 개인의 여러 가지 다른 능력에 따라 그 똑같은 유혹을 주님이 제한하신다.

둘째로, 하나님은 유혹을 제한하시지만 꼭 우리의 힘을 증가시키는 것은 아니다. 당신 앞에 200kg 무게의 역기가 있다. 주님이 당신에게 그것을 들어올리라고 지시하신다. 힘을 다해 애써 보지만 조금도 움직일 수 없다. 그래서 주님은 무엇을 하시는가? 기적적으로 단단한 근육을 주시는가? 아니다. 성경은 이 구절에서 "하나님은 미쁘시기 때문에, 당신의 능력을 증가시켜 주셔서 그 유혹을 감당하게 할 것이다"라고 가르치지 않고 대신에 "오직 하나님은 미쁘사 당신이 감당하지 못할 유혹을 당함을 허락하지 않을 것이다"라고 가르친다.

하나님은 당신이 들어올릴 수 있다고 생각하시는 무게까지 그 역기의 무게를 낮추어 주심으로 당신이 그분께 복종할 수 있도록 하실 것이다. 그러므로 주님이 기적적으로 당신의 힘을 강하게 하실 것이라고 기대하지 말고 대신에 그분이 그 유혹의 무게를 기적적으로 제한하실 것을 기대하라. 그런데 당신이 앉고 나니, 다음 사람이 와서 그 역기를 들려고 한다. 주님이 그 사람을 위해 어떤 일을 하실지 추측해 보라.

셋째로, 하나님은 다른 모든 상황에서 내 능력에 따라 유혹을 제한하신다. 유혹에 견딜 수 있는 당신의 능력은 다른 모든 사람의 것과 다를 뿐 아니라 그 당시에 당신의 삶에 어떤 일이 일어났는지에 따라 변화하기도 한다. 당신에게 가까운 어떤 사람이 죽었다거나 사업에 실패했다거나 오랫동안 아팠다고 가정해 보자. 어떤 특별한 유혹에 대해 견딜 수 있는 당신의 능력이 보통 때와 같다고 말할 수 있겠는가? 명백하게 그렇지 않다. 그렇다면 주님이 어떻게 하실지 추측해 보라. 그 유혹을 이길 수 있는 당신의 능력이 지금 너무나 낮기 때문에 주님은 그것을 더 많이 제한하신다. 주어진 상황에서 어떤 이유로든 당신의 능력이 어떠한가에 따라 주님은 당신이 당하는 유혹을 제한하신다.

당신을 향한 주님의 놀라우신 미쁘심을 이해해 감에 따라 당신이 주님께 대해 어떻게 느끼는지 나는 알 수 없지만, 나를 보호하시는 그분의 자비와 긍휼은 나를 너무나 감동시킨다. 주님이 우리에게 모든 행실에 거룩한 자가 되라고 명령하실 수 있는 것도 당연하다! 그분은 틀림없이 우리가 할 수 있도록 해 주신다!

6. 유혹은 항상 주님의 피할 길과 동반된다.

우리가 당하는 유혹에 관해 이 두 구절 속에 있는 굉장한 계시들 중 하나님의 이 공급하심보다 더 인상적인 것은 없다: "오직 하나님은 미쁘사 너희가 감당치 못할 시험(유혹) 당함을 허락지 아니하시고 시험(유혹) 당할 즈음에 또한 피할 길을 내사 너희로 능히 감당하게 하시느니라."

> '안돼' 라고 말하는 것을 배우라;
> 라틴어를 읽을 수 있는 것보다 훨씬 더 당신에게 유익할 것이다.
> - 찰스 해돈 스펄전
> (Charles Haddon Spurgeon)

하나님이 공급해 주신 처음의 것(유혹을 제한하시는 일)을 알게 된 후에, 이렇게 생각할지도 모르겠다. "하나님이 이미 하신 그 일 외에 또 어떤 일을 더 하실 필요가 있을까?" 그러나 당신이 이번 원리를 심사숙고해 보면, 그분의 두 번째 행동에 크게 놀라게 될 것이다.

유혹을 받을 때에 하나님이 하시는 첫번째 일은 제한이다:
하나님은 당신이 감당치 못할 유혹 당함을 허락지 않으실 것이다.
유혹을 받을 때에 하나님이 하시는 두번째 일은 공급이다:
하나님은 그 유혹을 피할 길을 공급하실 것이다.

하나님은 우리들을 향한 미쁘심 때문에 두 가지 행동을 하신다. 첫째, 우리들의 능력을 꿰뚫을 어떤 유혹도 허락하지 않으시고, 둘째, 범죄하지 않고 유혹으로부터 자유를 경험할 수 있도록 우리들에게 피할 길을 공급해 주신다. 유혹을 당할 때, 주님은 유혹에 대해 '안돼' 라고 하시고 당신에게 '괜찮아' 라고 말씀하신다. 그분의 최상의 목표는 당신이 가벼운 죄도 범하지 않고 모든 유혹을 온전하게 그리고 완전히 이겨내는 것이다.

그리스도가 생애 동안 경험하셨던 것처럼, 우리들 모두도 범죄하게 하는, 수도 없이 많은 유혹을 경험하게 된다. 그리스도처럼 우리들도 그 유혹들을 이겨내어 '죄가 없도록' 부르심을 받았다. "우리에게 있는 대제사장은 우리 연약함을 체휼하지 아니하시는 자가 아니요 모든 일에 우리와 한결 같이 시험(유혹)을 받은 자로되 죄는 없으시니라"(히 4:15). 예수님은 우리들이 유혹을 받은 것과 같은 식으로 유혹을 받으셨지만, 항상 '안돼' 라고 하셨다. 그분은 항상 피할 길을 선택하셨다.

이 말을 주의 깊게 공부해 보라: "시험(유혹) 당할 즈음에 또한 피할 길을 내사 (but with the temptation will also make the way of escape)." 영어 성경에서 처음 시작하는 말 'but' 은 그 앞에 말한 것과 예기치 않게 대조가 된다. 하나님은 우리들의 유혹을 제한하시지만, 그러나 하나님은 또한 피할 길을 내신다. 유혹이 제한되었다고만 해서 우리가 그것을 꼭 피할 수 있다는 의미는 아니다. 피할 길을 악한 적이 모두 막고 있다면 어떻게 되겠는가?

질문: 하나님은 얼마나 자주 '피할 길을 내시는가?'
대답: '유혹 당할 즈음에' 피할 길을 내신다.

다른 말로 하면, 당신이 '유혹 당할 즈음에' 하나님이 새로이 피할 길을 내신다. 다른 어떤 장소에서 필요했던 그 전의 피할 길은 당신이 벼랑 끝으로 밀려날 때는 전혀 도움이 되지 않을 것이다. 모든 유혹이 다 다르기 때문에 그 피할 길도 또한 모두 다를 것임에 틀림없다. 하나님은 당신을 위해 피할 길을 '찾는' 것이 아니라 당신을 위해 피할 길을 '만드신다.' 다른 말로 하면, 유혹이 당신을 사로잡으려 할 때 하나님은 주권적으로 그리고 유일하게 그 유혹에서 빠져 나올 '안전한 통로'를 고안하고 건축하신다는 것이다.

이 구절이 진정 말 그대로 피할 길에 대해 가르치고 있는지에 관해 의심하고 있다면 '피할 길' 앞에 있는 단어를 다시 한번 보라. 그러면 그 단어가 'a'가 아니라 'the'라는 것을 알게 될 것이다 (역주: 한국어 성경에는 분명하지 않으나 영어 성경에서는 구분이 된다). 이 구절은 '모든 유혹에는 어떻게든 피할 길이 있다 (with temptations there are escapes available)'라고 모호하게 일반화하여 말하는 것이 아니라, '유혹 당할 즈음에 (with the temptation)' 하나님은 '피할 그 길 (the way of escape)'을 만드신다는 것이다. 그 피할 길은 당신이 당하는 자연적인 유혹에 대해 초자연적으로 공급되는 것이다. 하나님은 당신이 당하고 있는 유혹까지 손을 뻗으시고 오직 당신을 위해 개인적으로 '피할 길을 내신다'는 것이다.

그 '피한다'는 말은 사면이 산으로 둘러 싸인 협곡을 빠져 나오는 비밀스런 산길을 의미한다. 도무지 나올 길이 없는 산 속에 갇힌 군대가 갑자기 한 길을 발견하여 아무런 해도 받지 않고 그 곳을 빠져 나왔다는 것을 상상해 보라. 사도 바울이 방금 가르친 것을 사도 베드로가 어떻게 묘사하고 있는지 읽어 보라: "주께서 경건한 자는 불의에서 건

지시고…"(벧후 2:9).

그야말로 실제적인 적용이 우리에게 소리치는 것 같다. 우리가 유혹을 당할 때에 주님은 얼마나 미쁘신가? 절대로 신실하시다. 그분은 제한하시고 그리고 또 공급하신다. 그분은 그 유혹이 우리를 이기는 것을 허락하지 않으시고, 그 특별한 유혹에서 바로 빠져 나올 수 있는 유일하고도 독창적인 피할 길을 만들어 주심으로 우리들을 위해 역사하신다.

유혹에 대한 진리가 당신의 마음과 머리 속에 더 분명해짐에 따라, "모든 행실에 거룩하라"는 주님의 명령이 절대적으로 실질적인 것이 된다.

7. 유혹은 당신이 감당하지 못할 정도로 클 수 없다

이 마지막 원리가 당신이 당하는 유혹에 관련하시는 주님의 마음을 보여 준다. 왜냐하면 그분은 거룩한 교회를 원하시고 상상 가능한 모든 상황에서 거룩을 위해 일하시기 때문이다. 당신이 지금까지 보아온 것처럼, 주님은 당신이 '그것을 감당할' 수 있도록 제한하시고 공급하신다.

"오직 하나님은 미쁘사 너희가 감당치 못할 시험(유혹) 당함을 허락지 아니하시고 시험(유혹) 당할 즈음에 또한 피할 길을 내사 너희로 능히 감당하게 하시느니라."

시험(유혹)에 관한 가장 큰 거짓말은, "아무리 힘들게 노력했어도 이 시험(유혹)에 대해서 '안돼'라고 말할 수 없었어"라는 말이다.

이제 당신은 이 말이 진실이 아니거나 아니면 주 하나님이 완전히 성실하시지 못하다는 것을 알게 된다. 이 패배시키고자 하는 거짓말에 다시는 굴복하지 말라. 왜냐하면 당신이 일초라도 그렇게 생각하게 되면, 이미 죄를 향해 미끄러져 내려가기 시작한 것이다.

지금까지 보아온 것처럼 어떤 유혹이든 그것에 굴복하지 않고 감당할 수 있다는 것을 성경은 공공연하게 가르치고 있다. 그것은 강하게 견딘다는 것이 항상 쉬운 것이라는 의미는 아닌데, 왜냐하면 때때로 그것은 어렵기 때문이다.

예수님은 모든 유혹들 중 가장 어려운 것들을 당하셨는데, 그분의 투쟁의 정도를 생각해 보라: "…죄인들의 이같이 자기에게 거역한 일을 참으신 자를 생각하라 너희가 죄와 싸우되 아직 피흘리기까지는 대항치 아니하고"(히 12:3-4). 당신의 일생 중 때로는 유혹이 너무 맹렬해서 "죄와 싸우되 피흘리기까지 대항"하게 될 수도 있을 것이다. 그러나 그렇게 될지라도 주님은 당신이 감당치 못할 유혹을 허락하지 않으신다는 것을 기억하라.

피할 길은 항상 존재하지만 주님은 언제나 재빨리 혹은 당신이 간구할 때조차 즉시 보여 주시지 않을지도 모른다. 대부분의 경우 피할 길은 바로 당신 앞에 있다. "청년의 정욕을 피하라"에서처럼, 이 구절은 말 그대로 피할 길이 바로 당신의 신발 속에 있다고 말한다. 즉, 반대방향으로 도망가라! 그러나 어떤 경우에는 그 피할 길이 당신의 육체의 죽음까지도 요구하는 그런 '저항'이 될 수도 있을 것이다. 궁극적 진리는, 생명이 달려 있다 하더라도 범죄하게 하는 유혹에 강하게 맞서는 것이 더 중요하다는 사실이다. 역사를 통해서나 오늘날 이 세상에서도 순교한 많은 분들을 위한 '피할 길'은 죽음의 시점까지 가면서도 그가공할 유혹에 강하게 맞서는 것이었다.

많은 사람들이 자신의 생명을 바쳤지만, 그리스도와 그분의 부르심을 아는 또 어떤 사람들은 여전히 어두움 속으로 달려가고 있고 자신의 생명을 구해 주기 위해 그들을 구속하신 주님을 부인하고 있다. 그들이 듣고 감싸안는 거짓이 무엇인지 아는가? "나는 이것을 할 수 없어. 너무 어려워." 친구여, 죽음조차도 너무 어려운 것이 아니다. 왜냐하면 주님은 당신이 범죄하지 않고 견딜 수 있는 능력 밖의 어떤 유혹도 결코 허락하지 않으실 것이기 때문이다. 어두움 속으로 달려가는 사람들은 오직 그 거짓말을 믿기 때문이다. 유혹을 받는 만큼, 당신은 그것을 항상 능히 감당할 수 있다. 모든 행실에 거룩한 자가 될 수 있다.

유혹에 관한 진리

유혹에 관한 이 진리를 한 그룹의 남자들에게 가르치고 난 두 주 후에, 상점에서 예기치 않게 그 중 한 사람을 만났다. 지난 두 주 동안 주님이 그의 삶 속에 역사하신 이야기를 당신도 들을 수 있었다면 얼마나 좋았을까!

"믿을 수가 없었습니다. 제 평생 유혹에 관해 얼마나 속고 있었는지 말입니다. 그것들이 너무나 큰 거인들로 보였기 때문에, 대항하기에는 제가 너무 무력했습니다. 얼마 지난 후에는, 유혹과 맞서 싸우는 것조차 포기했습니다. 왜냐하면 어떻게 해도 승리를 경험할 수 없을 것이라고 생각했기 때문입니다. 그 후에 저는 고린도전서 10장에 나와 있는 유혹에 관한 진리를 배웠고 그 유혹들로부터 모든 공기가 다 새나오는 것같이 생각되면서 처음으로 진리를 보았습니다. 이제 저는 유혹들이 저를 '압도하기' 전에 하나님이 그것들을 막으신다는 것을 압니다. 제가 유혹을 받을 때에 하나님은 저에게 화를 내시지 않는다는 것도 이제 압니다. 그분은 항상 피할 길을 주시는 진정한 구원자이십니다. 우리의 하나님은 얼마나 훌륭한 분이신지요!"

그는 계속해서 얘기했다. "지난 두 주 동안 무슨 일이 일어났는지 아마 상상할 수도 없을 것입니다. 저를 쓰러 뜨렸던 똑같은 유혹들이 더 이상 저를 그렇게 하지 못했습니다. 거의 믿을 수가 없습니다만, 지난 두 주 동안 저는 유혹에 관한 진리에 희망을 걸었고 수 년 동안 범해 왔던 그 죄를 짓지 않았던 것입니다! 이것은 정말 효과가 있었습니다! 실제로 제가 죽기 전에 모든 행실에 거룩한 자가 될 수 있으리라는 희망을 처음으로 가져 보았다고 생각합니다!"

다음에 당신이 유혹이 주는 거짓말에 약해지는 것을 느끼게 된다면, 다음과 같은 강력한 진리의 말을 하라. 그러면 유혹이 어두움 가운데로 어떻게 바로 그것들이 온 곳으로부터 그리고 바로 그것들이 속해 있는 곳으로 도망하는지 놀라움으로 목격하게 될 것이다. 진리는 항상 당신을 자유롭게 할 것이다!

나는 내가 범죄하려는 유혹 가운데 있다는 것을 안다.
나는 성령님에 의지하여 범죄하지 않기로 주님께 헌신한다.
나는 주님이 이 유혹을 제한하시고, 이 유혹이 내게 너무 힘든 것이 아님을 안다.
나는 주님이 나를 위해 이 유혹으로부터 나올 수 있는 길을 만드신다는 것을 안다.
나는 끝날 때까지 이 유혹을 참아낼 수 있다.
나는 "모든 행실에 거룩한 자가 되라"는 주님의 명령에 복종하기로 결심한다.
주님, 저를 향한 당신의 미쁘심에 감사드립니다!

적을 알고 나를 알고 주를 알라

7

> 거룩한 사람은 죄를 지을 수 없는 사람이 아니다. 거룩한 사람은 죄를 짓지 않을 사람이다.
> - A. W. 토저(A.W.Tozer)

주님께서 당신이 당하는 모든 유혹에 간섭하신다는 것을 이제 알았다. 이번 장은 유혹을 당할 때에 정확히 무엇을 해야 하는지에 대해 알려 줄 것이다. 주님께서 당신이 당하는 유혹을 제한하시고 피할 길을 주신다 하더라도, 당신은 여전히 유혹을 당하고 그것을 극복해야만 한다. 당신은 자신의 싸움에서 승리하기 위해 싸워야만 한다. 주님께 기도하고 성령님을 의지한다 하더라도 성경은 우리들이 '강해야 하고' '전신갑주를 입어야' 한다고 분명하게 말한다. 성경은 '우리가 싸우고' '견뎌 내야 하고' 그리고 '굳게 서야 한다'고 강조한다.

이번 장은 유혹을 이기기 위해 사용할 수 있는 강력한 도구들로 당신을 무장시킬 것이다. 거룩한 사람이 되고자 헌신하게 되면, 유혹을 이기는 데 전문가가 되어야 한다. 어떻게 유혹이 당신에게 영향을 미치는지를 배워야 하고, 그리고 나서는 한 번에 한 가지 싸움에서 진정한 승리를 즐기기 위해 정확히 무엇을 해야 하는지 알아야 한다. 이 장을 공부할 때, 당신에게 한 가지를 약속할 수 있다: 유혹에 맞서는 자세가 달라질 것이고 무기들을 사용하는 데 익숙해지면 유혹을 더 잘 이기게 될 것이다.

그러나 그 일에 착수하기 전에 마지막으로 한 가지 더 생각해 보자. 주님의 공급하심과 당신의 부지런함으로 유혹을 이기게 되는 숙련된 '유혹 군사'가 됨에 따라 당신의 것이 될 기쁨과 자유를 생각해 보라. 이러한 도구들이 절대적으로 유효하다는 것을 알기 원한다. 나는 생활에 그것들을 정규적으로 이용하고 있다. 그 유혹 도구들을 사용하기 전과 후를 비교해 보면, 극적이고도 지속적인 차이가 난다. 거룩은 유혹을 이기는 승리의 다른 한 면에 존재한다!

당신의 '유혹 지수'

어떤 주어진 순간에 자신이 얼마나 공격받기 쉬운지를 알기 위해 자신을 '즉시 점검'할 수 있는 도구를 가지고 있는가? 유혹은 특별히 시간을 잘 맞추어 온다. 유혹은 조심스럽게 목표를 정한다. 유혹은 가장 상처받기 쉬울 때 공격함으로써 그들의 힘을 극대화한다. 선지자 모세부터 다윗왕에 이르기까지, 유혹은 우리의 약한 부분에 그리고 약한 때에 공격함으로써 우리들 중 강한 자를 끌어내리는데 성공한다. 성경에 나오는 남자들과 여자들 그리고 그들이 유혹과 벌였던 한판 승부를 공부하면, 공통적인 경향이 있음을 보게 될 것이다. 유혹은 신자가 약한 때에 그리고 가장 예기치 않은 때에 공격한다.

    사탄이 예수님을 유혹한 것은 언제인가? 40일 간 금식하신 후, 육체적으로 약하고 완전히 고립된 상태에 있을 때였다. 우리가 약하고 유혹을 받기 쉬운 때는 언제인가? '유혹 지수'(Temptability Quotient)는 당신의 상태를 점검하는 데 이 분 정도밖에 걸리지 않는 훌륭하고 손쉬운 도구다. 유혹 지수의 목표는 유혹의 공격을 받는 그 순간에 당신이 얼마나 공격당하기 쉬운 상태인지를 알려 주는 것이다. 10가지 다른 범주가 있고, 왼쪽에는 부정적인 것 그리고 오른쪽에는 긍정적인 것이 있다. 삶의 매순간마다 당신은 이 10가지 범주 안에서 가장 낮은 것 1번부터 가장 높은 것 10번까지 사이에 있게 된다.

1. 육체적으로 너무 지친/피곤한	1 2 3 4 5 6 7 8 9 10	정력적인/강한
2. 감정적으로 낙담한/낙심한	1 2 3 4 5 6 7 8 9 10	힘을 얻은/활발한
3. 정신적으로 지겨운/불만스런	1 2 3 4 5 6 7 8 9 10	도전을 받은/만족한
4. 영적으로 고갈된/공허한	1 2 3 4 5 6 7 8 9 10	성장하는/온전한
5. 지리적으로 떨어진/홀로 있는	1 2 3 4 5 6 7 8 9 10	가까운/함께 있는
6. 관계적으로 고립된/냉담한	1 2 3 4 5 6 7 8 9 10	친밀한/따뜻한
7. 내면적으로 희망이 없는/슬픈	1 2 3 4 5 6 7 8 9 10	희망찬/행복한
8. 개인적으로 불안한/불확실한	1 2 3 4 5 6 7 8 9 10	안정된/확신하는
9. 비밀히 쓴 뿌리가 있는/화난	1 2 3 4 5 6 7 8 9 10	용서하는/용납하는
10. 깊이 상처가 난/상한	1 2 3 4 5 6 7 8 9 10	감사하는/사랑하는
오늘 나의 '유혹 지수'는		

이 범주 안에서 지금 당신의 상황을 가장 잘 나타내 주는 곳에 동그라미를 하고 점수를 다 합하면 당신의 지수가 나올 것이다. 점수는 다음과 같이 이해하면 된다:

90-100   당신은 천국에서 이미 영화롭게 되었다!
80-89   아주 강하지만, 미묘한 자만감과 교만에 주의하라.
70-79   강하다. 주님을 계속하여 의지하라.
60-69   보통이다. 당신의 특정한 성향에 주의하라. 커트라인에 있다.
50-59   약하다. 감정적으로 공격받기 쉬운 상태다.
40-49   위험! 강력하게 자신을 지키라. 허우적거리고 있다.
39-39   극도로 위험! 가장 친한 그리스도인 친구에게 전화하여 '도움'을 요청하라.
20-29   치명적인 상황. 아마 이미 큰 죄에 빠졌을지도.
10-19   당신을 시체 공시소로 데려 가고 있다. 발가락이라도 한 번 움직여 봐라.
0-9   악몽이다. 깨워서 다시 시작하라!

70 아래에 있다면 '황색기'를 올리는 편이 나을 것이다. 그 이유는 파도가 세고 강한 역류가 표면적으로 보이는 것보다 상황이 더 심하기 때문이다. 60 아래에 있다면 당신은 틀림없이 격렬하고 사나운 물결에 휩쓸려가고 있는 것이다. 내가 60 아래로 내려가면 나는 아내 달린에게 말한다. 우리들은 너무 가깝기 때문에 보통 이때쯤 되면 그녀가 이미 느끼고 있다. "여보, 난 정말로 약해져 있고 너무 불안정하오. 앞으

로 몇일 간 기도해 주겠소? 그리고 내가 좀 인내심이 없거나 너무 무감각하다면, 그것은 당신 때문이 아니라 나 때문이라는 것을 기억해주시오."

당신이 50 아래로 내려간다면, 막강한 포병대에 도움을 요청하는 것이 좋다. 친한 친구에게 그저 "나 힘들어" 혹은 "좀 어려움을 겪고 있어"라는 말 한마디를 함으로써 마음의 문을 열고 그들로 하여금 당신의 삶에 들어오도록 하여 필요한 도움을 받을 수 있다. 그러나 이러한 것들을 이성(당신의 배우자를 제외한)에게 나누지 않도록 하라. 그렇게 하면 당신이 진부한 유혹의 덫으로 직접 걸어가는 것이 되기 때문이다. 절대 그렇게 하지 말라. 절대로 안된다! 이러한 깊고 개인적인 문제를 이성과 나눈 것 때문에 얼마나 많은 사람들에게 큰 문제가 생겼는지 아는가? 더 깊은 유혹으로부터 자신을 보호하라. 동성의 사람에게 가라.

얼마나 자주 '유혹 지수'를 측정해 보아야 하는가? 일 주일에 한 번 계속해서 12주간 정도가 괜찮다. 도표를 복사하여 성경책 속에 넣고 매주일 아침 교회에서 광고 시간에 측정해 보라. 그것이 잘 되지 않으면, 당신이 매주마다 가는 다른 장소와 시간을 선택해서 신속하고 자연스런 과정이 되게 하라. 매주 점수를 '유혹 지수 그래프'에 기록하고 얼마나 진보되었는지 검토하라. 단 일초 밖에 걸리지 않을 것이지만, 당신의 눈을 완전히 뜨게 해 줄 것이다.

유혹 지수 그래프

점수＼주	1	2	3	4	5	6	7	8	9	10	11	12
90 - 100												
80 - 89												
70 - 79												
60 - 69												
50 - 59												
40 - 49												
30 - 39												
20 - 29												
10 - 19												
0 - 9												

유혹 지수 그래프에는 다른 명도로 된 세 구역이 있다:

□ 건전한 구역

□ 반(半) 위험 구역 (전이 구역이다)

■ 위기 구역

우리 모두는 구역을 상하로 왔다갔다 하며 굴곡을 그리게 된다. 예를 들어, 나는 지금 59에 와 있다. 그래서 나 자신을 주의 깊게 살필 뿐 아니라 '유혹에 들지 않도록' 그리고 '성령님께 굴복함으로써 내 속사람을 강건케 하옵소서' 라고 주님께 기도하고 있다. 지난 주에 내 점수는 76이었고 그전 주는 83이었다. 무슨 뜻인가? 그래프는 나의 관심을 집중하게 한다. 다음 주에 내 유혹 지수가 50아래로 떨어진다면, 나는 주님 앞에서 상당한 노력을 할 것이고, 적어도 친구 한 사람에게 알려서 내 삶이 힘과 건강을 회복하는 데 온 힘을 기울이게 될 것이다.

이 그래프의 가치는 현재 당신이 어디로 향하고 있는지 분별하게 해 준다는 것이다. 적어도 계속하여 3주 동안 '위기 구역' 에 그래프가 지나가고 있지 않은 신자가 큰 죄에 빠지는 것을 본 적이 없다!

당신은 거룩한 삶을 살기로 헌신했기 때문에, 당신 자신의 삶과 당신이 처해 있는 상황 속에서 더욱 깨어 있어야 한다. 유혹 지수가 낮을수록, 당신의 관심은 커져야 한다. 유혹 지수가 50 아래로 떨어져 있는 시간이 길수록 당신의 관심도 더 커져야 한다. 50이나 그보다 낮은 점수가 두 주간 계속된다면 '불이야!' 라고 소리치고 당신의 삶에 급격한 변화를 주어야 한다.

자신의 상태를 무시하고 또 한 주

> 자신이 지켜야 할 모판 위로 날아 다니는 새들을 막기 위해 허수아비가 있는 것처럼 우리의 마음 속을 스쳐 지나가는 악한 생각들에 대해 우리는 책임을 져야 한다. 두 경우 모두 유일한 책임이 있다면 그것들이 내려앉지 못하도록 막는 것이다.
> – 존 처튼 콜린스
> (John Churton Collins)

를 보내지 말라! 그룹으로 이것을 공부하고 있다면, 매주 유혹 지수가 얼마인지 다른 사람들과 나누기 시작하라. 실제로 더 큰 유익을 얻으려면 유혹 지수 그래프에 대해 나누라. 당신이 유혹 지수 95 아래에 있는 유일한 사람이라고 생각하지 말라! 당신의 점수는 죄를 나타내는 것이 아니고 당신의 삶에 무슨 일이 일어나고 있는가를 보여주는 것이다. 많은 경우에 당신의 삶 가운데 일어나는 어떤 일은 완전히 당신이 통제할 수 없는 것이기도 하다. 유혹 지수 때문에 너무 낙담하지 말라. 그러나 유혹의 때에 당신의 상태를 일깨워 주는 것으로 그 지수를 이용하라!

유혹 지수가 당신 삶의 일부가 됨에 따라, 다음에 그래프를 보면 당신이 어떤 상황에 처하게 될지 예견할 수 있게 된다. 그러면 당신이 예상하는 바를 계산한 뒤 당신의 삶을 주관하라. 하나님께 당신을 인도해 주시고 강하게 해 주십사고 기도하라. 그렇게 하면 유혹에 대비하여 또 거룩을 향해서도 더 견고해질 것이다.

비난, 책임전가 게임을 풀어가기

죄를 범하도록 만들기 위해 모든 유혹이 움직여 가는 정확한 단계를 이해하는 것이 중요하다. 주님은 그분의 말씀 속에서 적(敵)이 매번 우리에게 사용하는 그 정확한 단계를 보여 주시고 있다! 당신도 곧 혼자 힘으로 그것을 보게 될 것이다. 성경은 적의 전략에 대해 명백하게 가르쳐 줌으로써 다시 한번 우리를 건져 주신다.

모든 유혹은 야고보서 1장 3-17절에 나와 있는 것처럼 7가지 단계를 통과한다. 유혹을 받을 때에 당신이 어떤 단계에 있는지 알고 다음에 무엇이 올지 아는 것의 힘을 상상해 보라. 이 정보는 아주 값진 것이고 그래서 주님은 우리들에게 그것을 주셨다!

이 구절을 주의 깊게 읽고, 유혹을 이기게끔 주님이 보여 주신 모든 것에 우리가 눈을 뜰 수 있도록 간구하라:

사람이 유혹을 받을 때에
내가 하나님께 유혹을 받는다 하지 말찌니
하나님은 악에게 유혹을 받지도 아니하시고
친히 아무도 유혹하지 아니하시느니라
오직 각 사람이 유혹을 받는 것은
자기 욕심에 끌려 미혹됨이니
욕심이 잉태한즉 죄를 낳고
죄가 장성한즉 사망을 낳느니라
내 사랑하는 형제들아 속지 말라
각양 좋은 은사와 온전한 선물이 다 위로부터
빛들의 아버지께로서 내려오나니
그는 변함도 없으시고 회전하는 그림자도 없으시니라

야고보는 모든 유혹의 일곱 가지 단계를 기록하면서 유혹에 관한 가장 깊은 거짓말에 직접적인 공격을 가한다: "…내가 하나님께 유혹을 받는다 하지 말찌니." 범죄의 결과로 결국에는 가정을 파괴한 후에 모든 인간이 주로 하는 것이 무엇인지 아는가? 비난하는 것이다. 다른 사람에게 책임을 전가하는 것이다. 다른 어떤 것에 책임을 돌리는 것이다. 결국 하나님께 최종적인 비난이 돌아간다.

우리가 얼마나 우리 자신의 죄에 대해 책임을 지기 싫어하는지 모른다! 태초부터 모든 사람이 자신의 죄를 다른 사람의 잘못으로 돌렸다. 하나님께서 아담에게 "내가 너더러 먹지 말라 명한 그 나무 실과를 네가 먹었느냐?"라고 물으셨을 때 아담은 "여자 그가 그 나무 실과를 내게 주므로 내가 먹었나이다"라고 대답했다. 그리고 하나님께서 하와에게 "네가 어찌하여 이렇게 하였느냐?"라고 물었을 때 하와는 "뱀이 나를 꾀므로 내가 먹었나이다"라고 하나님께 대답했다.

책임 전가란 어떤 잘못에 대해 다른 사람을 비난함으로 자신의 행동에 대한 책임을 전적으로 지려 하지 않는 것을 의미한다. 흔히 이 책임 전가를 '책임을 떠넘기다(passing the buck)'라고 하는데, 더 이상 남에게 돌릴 수 없을 때 우리는 '모든 것이 내 책임이야(The buck stops here)'라고 말한다. 한 단체의 회장으로 나는 그러한 말에 익숙하다. 그러나 우리가 죄를 범하고 그로 인해 너무나 뼈아픈 혹은 파괴적인 결과가 따라올 때, 그 '책임(buck)'은 종종 계속 거슬러 올라가서 제일 꼭대기까지 간다. 그리고는 "책임져야 할 분은 하나님이시다!"라고 말하곤 한다.

내가 아직 완전하게 인용하지 않은, 아담이 하나님께 한 말이 무엇인지 아는가? 아담이 한 말은 정확히 다음과 같다: "하나님이 주셔서 나와 함께 하게 하신 여자 그가 그 나무 실과를 내게 주므로 내가 먹었나이다." 아담의 죄에 대한 궁극적인 책임이 누구에게 돌아갔는가? 하나님께 돌아갔다. 아담은 "하나님 당신이 제게 저 여자를 주셨는데, 만약 주시지 않았더라면 제가 죄를 범했겠습니까? 하나님이 제 죄의 궁극적인 원인이지 제가 아닙니다. 당신이 제게 하와를 주심으로 궁극적으로 그 유혹을 보내신 것입니다. 그러므로 궁극적으로 무죄한 제게 책임을 묻지 마십시오"라고 말하는 것과 같다.

당신이 범한 죄를 하나님의 잘못으로 돌린 적이 없는가? "하나님께서 그를 막으시기만 했더라도" 혹은 "하나님께서 모든 것을 아신다면, 이 일이 일어났을 때 내가 범죄할 것도 알고 계셨다. 그러므로 그분께서는 사전에 그것을 막으셔야 했다" 혹은 "내가 기도했지만 하나님께서는 직장에서 그 유혹을 없애 주시지 않으셨고, 그래서 범죄한 것은 내 잘못이 아니다." 너무나 익숙한 얘기 아닌가?

이제 당신은 왜 야고보가 유혹에 관한 심오한 진리에 대해 이러한 말로 시작하는지 알게 된다: "…내가 하나님께 유혹을 받는다 하지 말찌니." 하나님은 결코 어떤 유혹의 근원도 아니시다. "하나님께서 …하시기만 했더라도" 혹은 "그것은 내 잘못이 아니야 왜냐하면…"라고 생각하게 될 때마다, 당신은 '책임 전가의 전철'을 밟고 있는 것이다. 그것은 당신의 인생에 엄청난 파괴만을 가져다 줄 뿐이다. 성경은 너무나 분명하다: 주님께서는 직접적으로든 간접적으로든 누구도 유혹하지 않으신다. 결코 그렇게 하지 않으신다.

하나님: 모든 좋은 것을 주시는 분

그러나 더 나아가 이 구절은 너무나 놀라운 것을 보여 준다. 하나님께서 유혹의 근원이 아니시라면 그분은 정확히 어떤 것의 원인이 되시는가? 이 구절의 마지막 몇 줄을 주의 깊게 읽어 보라: "각양 좋은 은

사와 온전한 선물이 다 위로부터 빛들의 아버지께로서 내려오나니 그는 변함도 없으시고 회전하는 그림자도 없으시니라."

야고보서를 잘 알고 있다면, 이런 말들이 유혹과 무슨 관계가 있는지 항상 의아해 했을 것이다. 절대적으로 관계가 있다! 유혹은 오직 우리가 범죄하도록 만들고 우리들의 죄는 우리를 파괴한다. 하나님께서 유혹의 배후에 계시다면 그분은 궁극적으로 우리의 고통과 고난을 계획하시고 즐기시는 나쁜 하나님임에 틀림없다. 정말 그것이 하나님의 속성인가? 슬프게도 진리를 알게 될 때까지는 우리의 마음 어두운 한 구석에 그런 생각이 도사리고 있다는 것이다. 이렇게 생각한다: "하나님께서 나를 사랑하신다면 그 유혹이 내 삶에 침입해 오도록 허락지 않으셨을 것이다" 혹은 "하나님께서 나를 정말 돌보신다면 그분께서는 내가 얼마나 약한지 아실 것이고 그 유혹이 내게 근접하지 못하도록 틀림없이 도우셨을 텐데."

> 유혹에 대항하여 기도하면서 그곳으로 뛰어드는 것은 손가락을 불에 집어 넣으면서 타지 않기를 기도하는 것과 같다.
> - 토마스 세커(Thomas Secker)

우리가 무엇을 하고 있는지 짐작하는가? 하나님의 동기를 공격하고 있다! 그분의 가슴을 찢어 놓고 있는 것이다. "그분이 유혹을 멈추게 하실 수 있었을 것이고 그러면 우리들은 범죄하지 않았을 텐데. 그리고 그분께서 그렇게 하시지 않은 까닭은 그분의 가슴이 차고 딱딱하며 무자비하기 때문이다."

야고보는 우리의 악한 마음과 왜곡된 생각을 틀림없이 예상했고 그래서 그는 하나님과 유혹에 대한 참된 진리를 밝히 보여 주고 있다. 하나님께서 파괴의 화살을 보내는 대신 무엇을 보내시는지 들어 보라:

"각양 좋은 은사와 온전한 선물." 확실히 알아야 할 것은 하나님께서는 결코 어떤 악한 유혹의 근원도 아니시며 항상 당신의 삶에 각양 좋은 것들을 주시는 분이시라는 사실이다. 성경이 우리에게 가르쳐 주지 않는다면 하나님에 대한 이러한 사실을 어떻게 알 수 있겠는가? 내가 어떻게 '각양 좋은 은사와 온전한 선물' 뒤에 하나님의 손이 계시다는 사실을 알았겠는가? 우리에게 일어나는 '좋은 일'은 우리가 열심히 일한 결과이거나 혹은 '어쩌다가 생긴' 것이라고 보통 생각하기 쉽다. 그러나 그것은 진리와는 너무 거리가 멀다.

하나님께서 모든 악한 유혹 뒤에 계시는 것이 틀림없다고 생각하면서 하나님께서 모든 좋은 선물 뒤에 계시는 것을 믿을 수 없다는 것이 말이 되는가? 야고보가 우리의 불신을 예상한 듯이 '각양'이라는 말을 쓰고 있다. '각양'은 그의 중요한 생각을 담고 있다. 각양 좋은 은사, 즉 선물이 위로부터 온다. '선물'은 사람을 통해 전달될 수도 있지만 그것이 '좋은' 것이거나 '온전한' 것이라면 궁극적으로 '아버지께로서' 내려 오는 것임을 절대적으로 확신할 수 있다!

그렇다면 하나님의 진정한 동기와 방법은 무엇인가? 오로지 좋고 온전한 선물이 그분의 손으로부터 내려 온다. 악한 유혹은 결코 아니다. 앞 장에서 하나님께서 유혹에 어떻게 관련하시는지 바울이 가르친 바를 잊지 말라: 하나님께서는 우리에게 오는 모든 유혹을 주권적으로 제한하시고 우리를 위해 피할 길을 주권적으로 만들어 주신다. 그분께서는 악한 것으로부터 빠져 나올 수 있는 모든 것을 공급해 주실 뿐 아니라 모든 좋은 것을 우리에게 주신다! 우리가 무서운 결과를 초래하는 죄를 범하게 되었을 때, 하나님의 마음이 사랑으로 가득하지 않을 것이라고 믿으려는 유혹을 당장 받게 된다. 하나님의 마음이 악한 동기로 가득할 것이라고 생각하려는 유혹을 받는다. 뱀이 에덴 동산에서 하와에게 하나님의 성품을 의심하도록 하려고 어떻게 음모를 꾸몄는지 주의해 보라: "뱀이 여자에게 이르되 너희가 결코 죽지 아니하리라 너희가 그것을 먹는 날에는 너희 눈이 밝아 하나님과 같이 되어 선악을 알 줄을 하나님이 아심이니라"(창 3:4-5).

> 종종 크고 공개된 유혹들은 가장 무해하다. 왜냐하면 그것들은 기를 날리고 밴드가 연주되면서 전쟁에 필요한 군수품들을 다 보여 주기 때문이다. 그래서 우리는 우리를 해칠 적군에 둘러싸여 있다는 것을 알고 그들을 맞아 대항할 준비가 된다. 우리에게 다가오는 치명적인 위험은 불현듯 나타나 우리를 놀라게 하고 우리 요새 안에서 배신 행위를 하는 것들이다.
> – 헨리 워드 비처
> (Henry Ward Beecher)

뱀의 교묘하고도 기만적인 말들의 이면을 살펴 보면, 생각지도 않게 하와의 마음 속에 사탄이 넣어 준 두 가지 강력한 거짓말을 볼 수 있게 된다: 첫째는, 하나님이 거짓말을 하셨기 때문에 그분의 성품에 결점이 있다고 말한다. 하나님께서는 "…정녕 죽으리라"고 말씀하셨을지도 모르지만 참된 진리는 "네가 결코 죽지 아니하리라"는 것이다. 그러므로 뱀은 하나님이 다시 거짓말을 하실지도 모른다고 주장한다. 그렇게 되면 당신은 그분과 그분의 말씀을 결코 믿을 수 없게 된다.

둘째로는, 하나님이 당신이 가질 수 있고 그리고 정말로 가져야만 하는 것을 의도적으로 보류하셨기 때문에 하나님의 동기에 결점이 있다는 거짓말이다. "너희가 그것을 먹는 날에는 너희 눈이 밝아 하나님과 같이 되어 선악을 알 줄을 하나님이 아심이니라 (그런데 하나님은 너희에게 이것을 절대 말씀하지 않으셨다. 그렇지?).” 그러므로 하나님은 당신과 당신의 선을 위해 전념하시는 것이 아니라 이기적이셔서 정당하게 당신의 몫을 보류하신다. 사탄의 전략이 얼마나 시간을 초월하는 것인지 알겠는가? 하나님의 성품과 동기를 중상하고 속이는 것이 항상 그의 전략이 되어 왔다. 왜냐하면 하나님에 관해 의심하게 되는 그 순간에, 당신은 수많은 유혹이 들어올 수 있는 문을 열게 되는 것이기 때문이다.

하나님이 진리를 말씀하셨는가? 절대적으로 그것도 아담과 하와 둘 다 하나님이 말씀하신 대로 죽었다. 하나님은 그들의 선을 위해 그렇게 하셨는가? 절대적으로 그렇다. 아담과 하와는 하나님과 같이 되지 못했고 하나님의 적과 같이 되었다. ‘악에 대한 지식’과 함께 모든 악한 것들이 그들의 삶에 침입해 들어 왔다. 그 구절의 의미를 되새겨 보면, 우리가 어떻게 생각할 것인지를 야고보가 다시 한번 예상했다는 것을 알 수 있다: “각양 좋은 은사와 온전한 선물이 다 위로부터 빛들의 아버지께로서 내려오나니 그는 변함도 없으시고 회전하는 그림자도 없으시니라”(약 1:17).

하나님의 성품과 동기에 대한 이 두 가지 진리가 진실이 아닐 때가 있겠는가? 우리들에게 너무 화가 나시거나 혹은 좌절감을 느끼시거나 아니면 속이 상하신 하나님이 마음을 우리에게서 돌아키시고 의도적으로 범죄의 유혹을 보내실 수 있는가? 야고보서는 주님을 ‘변함도 없으시고 회전하는 그림자도 없으신’ 분으로 설명하고 있다. 하나님은 당신에게 유혹을 보내시지도 않으셨고, 않으시며, 않으실 것이다.

유혹에 관한 세번째 거짓말은 그 유혹들이 신비하고 인간의 이해밖에 감추어져 있는 것이기 때문에 우리가 알 수도 이해할 수도 없다는 것이다. 이것보다 더 진리와 먼 것이 있을까! '유혹'은 이해할 수 있는 것일 뿐 아니라 당신이 주의를 기울일수록 그것들을 더 잘 이해하게 될 것이고 이길 수 있게 될 것이다. 시간이 되면 당신은 언제 어디서 그림자 뒤에 유혹이 도사리고 있는지조차 예상하게 될 것이다. 유혹의 계략과 방법에 대해 무지해서는 안된다!

주님은 결코 누구에게도 어떤 유혹도 보내시는 분이 아니시다.
주님은 항상 각양 좋은 은사와 온전한 선물을 보내시는 분이다.
주님은 유혹이 어떻게 작용하는지 공공연하게 나타내 보여 주셨다.

이제 정말로 유혹을 이길 방법에 관해 배울 때가 되었다. 그 유혹들이 가장 취약한 상태에 있는 바로 그곳에서!

모든 유혹의 일곱 단계

더 깊이 파고 들수록 더 많은 보물을 캐낼 수 있는, 진리가 풍부한 금광석을 발견하게 될 때가 때때로 있다. 야고보서 1장 14-15절은 단지 18개의 단어로 되어 있지만, 그것들이 모든 유혹의 내적인 활동에 대해 완전히 말해주고 있다: "오직 각 사람이 유혹을 받는 것은 자기 욕심에 끌려 미혹됨이니 욕심이 잉태한즉 죄를 낳고 죄가 장성한즉 사망을 낳느니라."

번 호	성 경	단 계
단계 1	···끌려	봄
단계 2	자기 욕심	욕망
단계 3	미혹됨이니	매혹됨
단계 4	욕심이 잉태한즉	잉태
단계 5	죄를 낳고	출산
단계 6	죄가 장성한즉	성장
단계 7	사망을 낳느니라	사망

14절은 "각 사람이 유혹을 받는 것은···"으로 주제를 도입하고 아래에 요약한 것처럼 일곱 가지 다른 단계로 들어간다:

단계 1: 봄 – '끌려'

무언가가 일어날 '때' 당신은 유혹을 받는다. 만약 무슨 일이 일어나지 않았다면 당신은 유혹에 빠지지 않았을 것이다. '각 사람이 유혹을 받는 것은 ···에 끌릴 때다.' '끌린다' 는 말은 낚시와 사냥에서 빌어온 말인데, 생각지도 않던 물고기가 둑이나 도랑 아래 놓인 자신의 은신처로부터 천천히 나오게 되는 때거나 혹은 동물이 덫이 있는 곳으로 속아서 나오게 되는 데서 기인했다. 무언가를 이용하여 지금 초점을 맞추고 있는 것으로부터 사람들의 주의를 딴 데로 돌리게 하는 것이다.

'끌려 나감'에 대해 생각해 보라. 안전한 상태 혹은 보호받는 상태에서 자신의 일에 신경을 쓰는 것과 유혹의 가장 초기 단계라고 할 수 있는 모험 상태로 빠져드는 것을 정확히 구분하기란 여간 어려운 일이 아니다. 지금 하고 있는 것으로부터 '끌려 나오지 않는 이상 유혹에 '끌려 들어갈' 수 없다.

어떻게 이런 일이 발생하는지 보라: 소리, 누군가 당신 곁을 지나감, 전화벨 소리, 어디서부터 왔는지 모르는 '주의를 산만하게 하는 생각', 편지, 회사로 가는 길에 당신을 앞질러 가는 사람, 즉시 이전의 죄를 생각나게 하는 그 독특한 향기, 숲 속에 놓여 있는 지갑, 점원이 잘못하여 20달러나 많이 거슬러 줌, 누군가 흥미로운 험담을 함, 다음에 있을 출장에서 무슨 일이 일어날 수 있는지에 대해 결혼한 동료가 흘리는 유혹적인 얘기들.

첫번째 단계를 '봄'이라고 한 이유는 그것이 유혹의 땅으로 들어서는 현관 역할을 하기 때문이다. '끌리지' 않고서는 유혹이 당신에게 손가락 하나 댈 수 없다. 숙련된 유혹 전사는 그들이 끌리고 있다는 것을 즉시 알아차리는 방법을 배운다. 그리고 즉시 물러선다! 당신이 그 현관에 들어서지 않으면 유혹을 받을 수가 없다!

단계 1의 비밀은 이것이다: 당신이 끌리고 있다는 것을 느끼게 되면 즉시 뒤로 물러가라!

단계 2: 욕망 – '자기 욕심에'

잠시 '유혹 검사'를 해보자. 당신 자신과 당신이 마주치게 되는 유혹의 주요 근원에 대해 생각해 보자. 예를 들면, 누군가가 이렇게 말하는 것을 얼마나 자주 듣는가? "저 병이 나를 유혹했어" 혹은 "저 계산대에 있는 돈은 정말 유혹거리야" 아니면 "내 상관은 내가 알고 있는 사람 중 가장 불공평한 사람이야. 그래서 회사의 것을 훔쳐서라도 앙갚음해야 돼" 혹은 "내 배우자가 좀더 로맨틱했다면, 다른 곳에서 만족을 찾으려는 유혹을 받지는 않았을 거야" 아니면 "직장에서 초과 근무 시간을 단축시켰기 때문에, 그 많은 청구서들을 다 처리하려면 소득세를 줄여 보고하는 수밖에 없었어" 혹은 "토요일 밤에 그녀가 내게 너무나 강하게 다가와 그 유혹을 뿌리칠 힘이 없었어."

분노, 도둑질, 부도덕, 증오, 이기심, 질투, 술취함, 포르노 혹은 거짓말 등 당신을 범죄케 하는 가장 큰 유혹을 거절해 보라:

1. 나를 유혹하는 주요 '사람' :
2. 나를 유혹하는 주요 '상황' :
3. 나를 유혹하는 주요 '물건' :
4. 나를 유혹하는 주요 '장소' :
5. 나를 유혹하는 주요 '생각' :

당신을 유혹하는 이 모든 것들이 사라진다고 상상해 보라! 삶이 얼마나 신나겠는가? 이러한 유혹의 근원들이 사라지기만 한다면 거룩은 쉬운 일이 될 것이다. 그런가?

아니다. 충격적인 이 말을 잘 이해해 보라: "각 사람이 유혹을 받는 것은 자기 욕심에 끌려 미혹됨이니." 당신이 당하게 되는 모든 유혹의 근원은 무엇인가? 당신이다. 나라고??? 그렇다 당신이다. 유혹이 당신을 유혹할 수 있는 유일한 이유는 당신 자신의 욕심 때문이다. 당신에게 '욕심'이 없었다면 그 물건이나 사람이나 혹은 상황이 당신을 혼란스럽게 하지도 않았을 것이다. 당신이 그 현관으로 들어가게 되는 유일한 이유는 당신이 자신의 '이름'이 불리는 것을 들었기 때문이다! 당신의 감추어진 욕심이 매번 당신을 끌고 간다.

나는 지금 원하지 않는 5킬로그램을 줄이기 위해 한달간 식이요법을 하는 중에 있다. 오후 3시 32분이었고 시장기가 내 위벽을 두드리기 시작했다. 아내가 초콜렛 과자 한 봉지와 뜨거운 커피를 가지고 아래층으로 내려온다고 가정해 보자. 얼마나 유혹적이겠는가?

이제 그 예를 가지고 좀더 얘기해 보자. 나는 금방 푸짐하게 식사를 했고 신선한 블루베리 파이를 두 조각이나 먹었다. 그리고 서재에 앉아 있는데 달린이 그 과자를 두 개 가지고 왔다. 그때 내가 유혹을 받겠는가? 무엇이 유혹에 대한 나의 취약성에 차이를 가져오는가?

유혹은 외부에 있는 것 때문이 아니라 오직 당신의 내면에 있는 것 때문에 당신을 유혹하게 된다.

하나님의 말씀으로부터 나온 얼마나 강력한 계시인가! 그러므로 최근에 내가 상담한 젊은이가 "그렇지만 그녀는 제게 너무나 유혹적입니다!"라고 말했을 때 어떤 것이 정말로 진실인가? 혹은 십대 아이가 "어쩔 수가 없었습니다. 계산대 위에 있었던 그 돈은 너무나 유혹적이었습니다"라고 말했다. 그 여자가 유혹의 근원이 아니라 그의 정욕적인 마음이 근원이었다. 저 방치된 돈이 유혹의 근원이 아니라 그의 탐욕적인 마음이 범인이다.

성경에서 '자기 욕심에 끌려'라고 말할 때, '욕심'이라는 말은 단지

거룩 vs 유혹

당신을 매혹되게 하는 어떤 것, 당신이 너무나 열망하게 되는 어떤 것을 의미한다. 당신이 음식을 먹기 원한다면 그것은 좋은 것이다. 그러나 자기 절제의 선을 넘어서서 음식을 갈망한다면 탐식의 죄를 범하는 것이다. 모든 욕심은 하나님이 주신 것이다. 하나님께서 창조의 주권적인 행위로 사람들 속에 욕심을 두셨다. 그러한 욕심을 가지고, 인간은 범죄하지 않고 그 욕심을 만족시키기 위해 적절한 도구를 사용하는 자유를 가지고 있다.

각 유혹은 항상 하나님이 주신 욕심을 먹이로 하여 그것을 두 가지 방향 중 한 가지로 죄를 범하도록 밀어부친다. 첫째는, 하나님이 주신 욕심을 지나치게 많이 얻으려고 밀어부침으로. 둘째는, 하나님께서 주신 욕심을 '한계를 넘어선' 분야에서까지 만족을 찾으려고 밀어부침으로.

당신이 당하는 모든 유혹의 책임은 당신 마음에 있다. 유혹을 받을 때, 다시는 다른 사람이나 다른 물건에게 책임을 돌리지 말고 거울을 들고 당신이 보고 있는 사람을 손가락으로 가리키라. 그러면 이제 당신이 유혹을 당한다고 느낄 때마다, 바로 그 순간에 어떤 욕심이 당신의 마음 속에 숨어 있는지 알게 된다.

> 거룩은 유혹으로부터의 자유가 아니고, 유혹을 이길 수 있는 능력이다.
> - 캠벨 몰간
> (Campbell Morgan)

단계 2의 비밀은 이것이다: 모든 유혹은 오직 나의 개인적인 욕심 때문에 나를 유혹할 수 있다.

단계 3: 매혹됨 (혹은 미끼) – '미혹되어'

이 세번째 단계는 '매혹됨(혹은 미끼)' 이라고 불리는데, 왜냐하면 그것이 '미혹된다' 는 말과 똑같기 때문이다. 낚시를 해 보았다면, 올바른 미끼를 가지고 그것을 어떻게 움직여야 하는지 혹은 물에서 어떻게 '행동' 을 해야 하는지에 대한 전략적 중요성을 알 것이다. 이번 단계는 당신 속에 있던 조그마한 욕심이 불타는 열정으로 자라갈 때의 단계다. 이 때가 당신이 유혹에 유인되고 그것을 기뻐하게 되며 교활하게도 점점 더 가까이 유혹의 중심부로 빠져드는 때다.

미혹한다는 것은 희망이나 욕심을 불러 일으킴으로써 교묘하게 혹은 솜씨 있게 매혹시키는 것을 의미한다. 어떤 특정한 것이 당신 내면의 욕심 때문에 당신을 유혹한다 할지라도, 그것이 또한 당신의 욕심을 더 뜨겁게 부채질함으로써 유혹하기도 한다.

잠언에 있는 구절이 미혹하는 것의 양쪽 면, 내면적인 것과 외부적인 것 모두를 재미있게 표현하고 있다: 네 마음에 그 아름다운 색을 탐하지 말며(내적 미혹) 그 눈꺼풀에 흘리지 말라(외부적 미혹)(잠 6:25).

모든 미혹하는 것의 목적은 무엇인가? 당신의 욕심을 크게 해서 당신의 생각과 선택에 영향을 미치는 것이다. 이 때가 당신이 어떤 것을 진실로 '원하게' 되는 단계다. 당신의 욕심이 더 강해질수록, 생활 중에 있는 다른 것들에는 점점 덜 신경을 쓰게 되고 당신이 원하는 것에만 너무 초점을 맞추게 된다. 강렬한 욕심이 눈을 멀게 한다, 그렇지 않은가? 미혹하는 것이 어떻게 욕심을 증가시키는지에 대해 가장 분명하게 표현한 구절이 잠언 7장 10-22절에 나와 있다:

그 때에 기생의 옷을 입은 간교한 계집이 그를 맞으니 이 계집은 떠들며 완패하며 그 발이 집에 머물지 아니하여 어떤 때에는 거리, 어떤 때에는 광장 모퉁이, 길 모퉁이에 서서 사람을 기다리는 자라 그 계집이 그를 붙잡고 입을 맞추며 부끄러움을 모르는 얼굴로 말하되… 오라 우리가 아침까지 흡족하게 서로 사랑하며 사랑함으로 희락하자 남편은 떠나 먼 길을 갔는데… 여러가지 고운 말로 혹하게 하며 입술의 호리는 말로 꾀므로 소년이 곧 그를 따랐으니 소가 푸주로 가는 것 같고….

단계 3에서 하는 일은 당신 욕심의 꺼져가는 불길에 마른 나무를 던지는 역할을 한다. 나무는 당신 내면의 마음이나 아니면 다른 사람들의 외부적 행동에 의해 그 불 속으로 던져진다. 외부에서 오는 모든 미혹하게 하는 것들은 한 가지 것에 초점을 맞춘다. 당신이 바라는 것을 얻기 위해서 어떤 값을 치러야 하는지에 대해 신경쓰지 않을 때까지 당신의 욕심을 자라게 만드는 것이다. 당신이 전혀 죄를 범하지 않은 부분에서는, 범죄하게 될 만큼 당신의 욕심을 충분히 크게 하기 위해서는 계속적으로 오랜 시간 동안 미혹해야 한다.

그러나 어떤 특정한 영역에서 당신이 거듭해서 죄를 지었다면, 똑같은 유혹이 그 간사한 고개를 쳐들 때, 욕심은 너무나 빨리 점화되어 당신이 한번도 '미혹' 단계를 거치지 않은 것처럼 보이기도 할 것이다. 그러나 실제로는 당신의 욕심에 불을 지필 필요가 없다. 당신의 욕심 자체가 스스로 고개를 쳐들고 이미 범죄하려고 하고 있다.

미혹은 멈추어질 수 있다. 유혹이 외부적인 것이라면 도망하라. 유혹이 내면적인 것이라면 당장 자신과의 대화를 멈추라. 타오르는 불꽃에 빨리 물을 끼얹을수록 욕망을 길들이고 통제하기가 더 쉬울 것이다. 당신의 욕망이 통제될 때 유혹은 사라지게 된다.

단계 3의 비밀은 이것이다: 내적으로 미혹하는 모든 것을 막고 외적으로 미혹하는 것에서부터 도망함으로써 부적절한 욕심을 죽이라.

단계 4: 잉태 – '욕심이 잉태한즉'

우리의 '욕심' 과 그리고 '죄'를 통해 그 욕심을 채우는 것 사이에는 굉장히 큰 차이가 있다. 모든 유혹은 단 하나의 목표를 가지고 있다. 그것은 죄다. 처음에는 유혹이 당신을 끌고 가고, 당신의 욕심이 그것에 반응하게 되며, 그리고 나서는 당신의 욕심이 미혹되도록 자라고, 그리고 네 번째로는 욕심이 드디어 죄를 짓고자 하는 결정을 '하게' 된다. 이 구절의 흐름을 주의 깊게 살펴보라: "오직 각 사람이 유혹을 받는 것은 자기 욕심에 끌려 미혹됨이니 욕심이 잉태한즉 죄를 낳고…"

언제 미혹이 끝나고 '잉태' 가 시작되는가? 당신이 범죄를 통해 자기 욕심을 채우고자 결단하는 그 순간에 미혹은 제자리에 앉고, 그의 일은 이제 완수된 것이다. 미혹은 욕심부터 결단까지를 연결하는 강력한 고리다.

미혹은 오직 욕심이 일어날 때만 시작할 수 있다. 잠들어 있는 것이

욕심 　　　→ 미혹 →　　　 결단

나 무엇에 몰두하고 있는 것을 어떻게 미혹할 수 있는가? 미혹의 거센 물결은 욕심이 당신의 결정하는 힘을 말 그대로 압도해 버리는 것처럼 느낄 때까지 그 욕심을 몰고 가는 것이다. 그래서 당신이 범죄하려는 결정을 할 때는 거의 당신이 무언가에서부터 놓여나는 느낌을 받거나 혹은 감정적 해소와 같은 것을 경험하게 되는 것이다. 압력은 뒤로 물러가고 이제 죄를 범할 시간이 된 것이다.

미혹이 더 멀리 나아갈수록 그것은 세 가지 국면으로 전이하게 된다. 미혹의 단계가 길수록 당신이 경험하게 되는 미혹의 국면이 어떤 것인지 알기가 더 쉬워진다.

미혹 국면 1: 감정적 초점 - '느낌'
미혹 국면 2: 지적 초점 - '생각'
미혹 국면 3: 의지적 초점 - '선택'

당신의 느낌, 생각 그리고 선택이라는 세 가지 국면이 서로 겹치고 서로 영향을 미친다. 우리들은 '욕심' 으로부터 '변호' 까지 그리고 우리가 죄를 범하도록 '결정' 하게 되는 단계까지 옮겨가게 된다.

미혹의 세 가지 국면

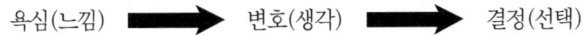

'욕심' 국면에 있는 동안, 당신은 그 유혹에 감정적으로 더 매력을 갖게 되는 경험을 하고 그것을 원하는 정도가 점점 더 강렬해진다고 '느끼게' 될 것이다. 그 욕심은 결국 범죄하도록 정당화하고 합리화하면서 당신의 생각을 더 자극하게 된다.

'변호' 국면에 있는 동안, 당신은 이런 죄를 범하는 것이 어째서 타당한지에 대해 자신을 합리화하기 시작한다. 두 가지 변호 전술이 항상 사용되는데 부정적인 것과 긍정적인 것이 있다. 죄를 범하기 위해, 당신은 그것을 하지 않아야 하는 이유를 줄여 가야 하고(부정적) 그리고 그것을 하기 위한 이유를 증가시켜 가야 한다(긍정적). 감정만으로는 절대 사람이 범죄할 수 없고 정신과 의지가 항상 거기에 가담하여 허락과 확신을 준다.

그것을 하지 않으려는 이유로부터 해야 하는 이유로 생각을 바꿈으로써 천천히 결정 단계로 나아가게 된다. 때때로 당신은 하지 말아야 할 이유들을 내던져 버리거나 혹은 그것들을 당신 마음 깊숙이 쳐박아 버린다. 또 어떤 때는 어떤 일을 하지 말아야 할 이유로부터 해야 할 이유로 전이해 나아가는데, 과거에 어떤 사람이 당신에게 해를 끼친 나쁜 기억을 새삼스럽게 생각해 내거나 아니면 당신의 상상 속에서 나쁜 동기들을 지어냄으로써 그렇게 한다.

범죄하는 모든 이유 중에서 가장 강력한 것은 당신이 죄를 범하지 않으려는 부정적 이유를 가지고, 그것을 죄를 범하는 이유로 돌릴 때다. 감정이 우리를 압박할 때 우리들은 모두 얼마나 창조적이 되는지 정말 놀랍다. 예를 들면, 결혼한 사람들 중 간음하려는 유혹을 받는 많은 사람들이 '그들이 결혼했다' 거나 '서약을 했다' 는 부정적인 이유들로 시작하지만 나중에는 그들의 배우자가 자신에게 했던 모든 나쁜 일들에 대한 기억으로 그 이유들을 없애버리고 "인과응보야. 그(또는 그녀)가 이런 일을 당하는 것은 너무나 당연해."와 같은 긍정적 이유로 끝난다.

결정 국면에 있는 동안, 당신은 결정을 하게 된다. 이것은 당신이 범죄를 결정하고 언제 그리고 어떻게 그것을 실제로 행할지 계획하기 시작하는 잉태의 마지막 단계다.

비교적 이 세 가지 단계는 당신 자신의 삶 속에서 쉽게 느낄 수 있는 것이므로 잘 기억하라. 첫째는, 당신이 감정적으로 죄에 매혹되기 시작한다. 둘째는, 왜 그 죄를 범해야 하는지에 대한 좋은 이유들을 생각하기 시작한다. 셋째는, 어떻게 그것을 할지 계획하기 시작한다. 처음 몇 번은 이것을 분별하기가 어렵겠지만, 이 문제에 있어서 자신만의 '맥'을 짚을 수 있는 방법을 배우라. 자신이 어디에 있는지 주의를 기울이면 당신이 발견하는 것에 대해 놀라게 될 것이다.

단계 4: 유혹에 빠지기 쉬운 자리 – '욕심이 잉태한즉'

자주 상담하게 되면서 고민하는 신자가 어디에서 죄에 빠졌는지 분별하는 데 이 세 가지 국면이 도움이 되는 것을 발견했다. "당신이 죄를 범하기로 결정했다면, 어떤 방법으로 하려고 했습니까?"와 같은 질문을 한두 가지 해 보면, 그들이 하는 말에 놀라게 될 것이다. 그들이 그 방법을 아직 모르고 있다면 그것은 좋은 징조인데 왜냐하면 그들은 '선택'의 단계에 있는 것은 아니기 때문이다.

이 그래프가 유혹의 일곱 가지 단계를 요약하는데 도움이 된다.

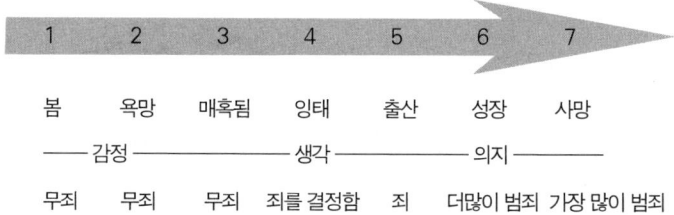

이 그래프를 보면, 유혹을 이기는 승리는 그 유혹을 빨리 끝낼수록 더 쉽다는 것이 명백하다. 자신의 느낌, 생각 그리고 선택에 더 깊이 주의를 기울일수록, 이 일곱 가지 단계 중 당신이 어디에 있는지 정확하게 분별하게 될 것이다. 이 중 네번째 단계가 모든 유혹에 있어서 약한 부분이고 당신이 주의 깊게 노력해야 하는 지점이다. 세 가지 국면을 기억하라:

초기 국면: 범죄하기 원한다고 강력하게 느끼고 있다.
중기 국면: 왜 그렇게 해야 하는지에 대한 이유를 생각하고 있다.
후기 국면: 어떻게 감쪽같이 그것을 해낼 수 있을지에 대해 주도 면밀하게 계획하고 있다.

이제 이 세 가지 모두 - 느낌, 생각 그리고 계획 - 가 당신 안에서 일어나고 있다. 그것들은 잠재된 느낌, 생각, 혹은 계획이 아니라 의식적이고도 당신의 삶에서 분명하게 목격할 수 있는 것이다. 당신이 전에 그것들을 알아차리지 못했다 하더라도 그것들은 당신이 겪고 있는 모든 유혹을 지휘하는 역할을 한다.

그래서 스스로에게 무엇을 물어 보아야 하는가? 첫째는, 내가 하고 싶은 것에 대해 무엇을 느끼는가? 1부터 10까지로 측정해 볼 때, 나는 얼마나 그 죄를 짓고 싶어 하는가? 얼마나 오랫 동안 이런 느낌을 가지고 있었는가?

둘째는, 이 죄에 대해 무엇을 생각하는가? 이 죄가 그렇게 나쁜 것이 아니라는 이유를 찾고자 하는가? 다른 사람의 잘못으로 돌리며 자신을 합리화하려고 하는가?

셋째는, 이 죄에 대해 무엇을 계획하고 있는가? 이 죄를 언제 그리고 어디에서 범하리라고 생각해 본 적이 있는가? 상상 속에서 그것을 그려본 적이 있는가?

이렇게 간단한 질문을 해 봄으로써, 이 세 가지 위험한 상태 중 당신이 어디에 있는지 정확히 알게 될 것이다. 어떤 계획도 생각하고 있지 않다가 몇 가지 이유들을 갖기 시작한다면, 당신은 중기 국면에 들어선 것이다.

이제 어디에 있는지 알았다면 무엇을 해야 하는가? 아직 죄를 범하지 않았기 때문에 너무 늦지는 않았다. 다음 내용을 소리내어 읽고 확인함으로써 진리를 분명히 하고 진리에 복종하라:

1. 나는 '모든 행실에 거룩한 자로' 살기로 전념한다.
2. 나는 주님께 복종하고 내 인생을 위한 주님의 뜻을 선택하기로

한다.
3. 나는 내 삶 속에서 일하시는 성령님과 그분의 사역에 굴복한다.
4. 나는 육체의 정욕을 피하고 나 자신을 부인한다.
5. 이것은 모든 사람이 당하는 공통적인 유혹일 뿐이라는 것을 깨닫는다.
6. 주님께서는 내가 감당할 수 있도록 이 유혹을 제한하신다는 것을 믿는다.
7. 주님께서 나를 위해 지금 당장 피할 길을 주신다는 것을 믿는다.
8. 주님이 이 유혹의 근원이 아니라는 것을 안다.
9. 주님께서는 각양 좋은 은사와 온전한 선물을 주시는 분이시라는 것을 안다.
10. 주님께서 나를 사랑하시고 내게 최선의 것을 주심을 안다.
11. 이 죄가 주님을 기쁘시게 못할 뿐 아니라 내게 상처를 줄 것이라는 것을 안다.
12. 나는 이 유혹에 끌린다.
13. 이 유혹을 향해 나를 끄는 내 욕심을 느낀다.
14. 나는 모든 생각을 '그리스도를 위해 사로 잡고' 이 죄에 대한 모든 생각들을 멈춘다.
15. 나는 이 유혹에 대해 완전히 알고 있고 속지 않을 것임을 확언한다.
16. 이 유혹이 나의 멸망을 목표로 하고 있다는 것을 안다.
17. 이에 나는 이 유혹으로부터 등을 돌리기로 선택한다.
18. 나는 그리스도에게 완전히 복종하고 마귀를 물리친다.

19. 나는 나 자신을 의의 무기로 드린다.
20. 주님의 흘리신 피와 영원한 구원을 인해 주님께 감사드린다.

이러한 진리들을 기도하고 말함으로써 - 그 "진리가 너희를 자유케 하리라" - 당신은 거짓말을 공격하는 것이 된다! 당신이 참 빛을 비출 때 유혹이 얼마나 신속히 어두움 속으로 도망가는지 놀라게 될 것이다!

'빨리 뱉기' 원리는 내 아들 데이빗과 함께 콜로라도로 낚시 여행을 갔을 때 얻은, 우습지만 도움이 되는 통찰력이다. 안내원이 우리들을 '인기 있는' 송어 냇가로 인도했고, 그곳에서 우리가 원하는 만큼의 송어를 잡을 수 있을 것이라고 그는 확약했다. "제가 만든 미끼를 던지기만 하면 그 때마다 한 마리씩 확실히 잡게 될 것입니다." 그리고 이곳은 '잡아서 놓아 주는' 구역이기 때문에 미늘이 없는 낚시 바늘만을 사용해야 한다고 말했다.

그는 딱 좋은 곳이라고 하면서 냇가 가장자리에 자리를 잡도록 해 주었고, 한 특정한 곳에 미끼를 던지고는 그것이 조류에 따라 떠다니게 하라고 일러주었다. 나는 그 지점에 던졌고 미끼가 떠다니는 것을 보고 있었다. 아무 일도 일어나지 않았다. 내가 다시 던져 보려고 준비하고 있을 때 안내원은 "한 마리 놓쳤습니다"라고 말하는 것이었다. 나는 놀라서 다시 던졌다. 미끼가 떠 다니는 것을 보고 있을 때 안내원은 갑자기 "또 한 마리 놓쳤습니다" 하는 것이었다. 잠시 후에 그는 또, "또 한 마리 놓쳤습니다"라고 했다. 그가 정신병자인지 아니면 팁을 받지 않으려고 그러는지 도무지 알 수 없었다!

낭패감에 젖어 낚싯대를 안내원에게 건네 주면서 이 자리에 와서 그가 말한 것이 무슨 뜻인지 보여 달라고 제안했다. 그리고 나서 나는 뒤로 물러났다. 그는 내가 던진 곳과 똑같은 곳에 낚싯대를 던졌다. 즉시로 큰 송어가 미끼에 걸렸다! 안내원이 낚싯대를 돌려주면서 아직도 그 냇가에는 미끼를 물려는 고기가 많이 있기 때문에 내가 "한 마리도 놓칠 수 없을 것"이라고 말하자 내 아들은 배꼽을 잡고 웃었다. 나는 앞으로 나가면서 그가 '이 자리를 덥혀 놓았으니' 이제는 내가 잡을 차례라고 생각하면서 정확하게 그 자리에다 낚싯대를 던졌다. 귓가에 스치는 바람을 감지하면서 기대감으로 긴장되었다. 낚시 안내원은 아니지만 나도 내 생애 동안 고기를 많이 잡았노라고 자부했는데, 얼마 지나면서부터 점점 조바심이 나기 시작했다.

약 30초가 지났을까, 그는 또 내게 그 불가사의한 말을 던졌다. "선생님께서는 방금 또 한마리 놓치셨습니다." 믿을 수가 없었다! 낚싯대에서 조금의 움직임도 느끼지 못했었다. 낚싯대를 던지다시피 안내원에게 주었고, 그가 다시 낚싯대를 던지자 곧바로 팔뚝만한 송어가 나를 놀리듯 잡혔다. 나는 더 이상 참을 수가 없었고 그 비밀이 무엇인지 알려 달라고 부탁했다. 그러자 처음으로 그는 미소를 지었다.

"여기 있는 고기들은 정말 똑똑합니다. 이놈들은 잡아서 다시 놓아주는 구역에 살기 때문에 열두 번도 더 잡혔던 것입니다. 아마 스무 번은 될 겁니다. 그래서 미끼가 지나가는 것을 보고 입술 앞 부분으로 그것을 감지해 보고는 만약 딱딱한 것이라도 있으면 당장 뱉어내 버립니다. 몇초나 걸릴까요? 선생님께서 한 마리도 잡지 못하신 이유는 그 물고기들이 미끼를 물지 않았기 때문이 아니라, 미끼를 물 속으로 다시 뱉어내기 전, 바로 그 몇 초도 안 되는 순간에 낚시 바늘을 건드리는 것을 감지하지 못하셨기 때문입니다!"

그날 종일 그것을 생각하면서, 그 송어들처럼 우리들도 그 바늘을 감지할 수 있는 놀라운 감각을 키울 필요가 있다는 생각을 했다. 유혹은 우리들을 잡으려 하고, 그렇기 때문에 그것을 빨리 뱉어 내는 것을 배워 우리들의 삶 속에 그것이 '자리하지' 못하도록 할 필요가 있다. 그 송어들은 히브리서에서 언급된 것과 같다: "… 저희는 지각을 사용하므로 연단을 받아 선악을 분변하는 자들이니라"(히 5:14).

거룩의 길을 많이 연습하여 우리의 욕심이 죄를 범하려 꿈틀거릴 때 당장 그것을 분별할 수 있게 되기 바란다. 어떻게 유혹을 이길 수 있는가? '빨리 뱉기'를 연습하라!

단계 4의 비밀은 이것이다: 미리 죄를 범하지 않기로 결단하고, 죄를 범하려는 좋은 이유를 한 가지라도 생각조차 하지 말라. 그러면 결코 죄를 지으려는 선택을 하지 않게 될 것이다.

단계 5: 출산 – '죄를 낳고'

사람의 의지로 죄를 범하고자 결단하는 그 순간이 죄의 '정자'가 사람의 '난자'로 들어가서 범죄의 생명이 잉태되는 순간이다. 대부분의 경우에, 사람은 죄를 짓기로 결정함으로써 죄를 잉태한 후에 그 죄를 출산한다. 어떤 경우에는 죄의 '잉태'와 '출산' 사이에 어느 정도 시간이 걸리고, 신자는 죄를 짓기에 앞서 그의 마음을 바꿀 수 있는 마지막 한 번의 기회를 갖게 된다. 이러한 '기회의 창'이 있는 동안, 성령은 신자가 죄를 짓지 않도록 하기 위해 신자를 설득하면서 자주 강력하게 역사하신다. 죄에 대한 자각이 가슴을 치고, 주님께서는 신자에게 구조될 수 있는 마지막 기회를 제공함으로써 한번 더 자비를 베푸신다.

단계 5의 비밀은 이것이다: 죄를 범하는 도중에 있다면 성령님의 깨닫게 해 주시는 역사에 복종하고 너무 늦기 전에 그 죄를 없애라.

단계 6: 성장 – '죄가 장성한즉'

모든 죄는 성장한다. 분노에 굴복하면, 분노는 성장한다. 정욕에 굴복하면, 정욕이 성장한다. 돈을 사랑하는데 굴복하면, 돈을 사랑하는 욕심이 성장한다. 죄는 한 번으로 절대 만족하지 않는다. 죄는 중독된다.

죄는 잉태해서 출생하고 온전히 성장하는 살아 있는 유기체와 같다. 죄가 자라고 발전함에 따라 출생과 온전히 성장하는 것 사이에 여러 가지 중간 단계가 있다. 한 가지 죄가 자라고 다음 죄 그리고 또 다음 죄로 퍼진다. 죄는 결코 그 자리에 만족하지 않고 더 깊고 더 큰 죄로 타락해 간다. 죄는 지배하려 한다.

단계 6의 비밀은 이것이다: 당신이 범하는 모든 죄가 당신의 무덤을 파고 있다. '딱 이번 한번만 더' 라는 거짓말에 절대 속지 말라. 모든 죄는 다음 번에 더 강해지기 때문이다.

단계 7: 사망 – '사망을 낳느니라'

신자가 계속하여 죄를 범하려고 할 때, 죄의 힘과 존재는 일정하게 성장해 간다. 이 특별한 유혹에서 거듭 반복적으로 지면, 신자는 천천히 아주 파괴적으로 기울어 가는 것을 경험하게 된다. 이 죄를 실행하는 초기 단계에서는 쉽게 죄를 그만두기로 선택할 수 있지만 후기 단계로 가면 거의 그것을 물리칠 수 없게 된다. 결단하고 신실한 기도를 드림에도 불구하고 말이다.

오늘날 몇몇 그리스도인들이 진정한 신자는 죄의 능력에 먹이가 될 수 없다고 가르치지만, 성경은 그렇게 될 수 있다고 가르치며, 모든 사람의 경험으로 볼 때도 그러한 일이 일어나는 것이 증명되고 있다. 성경은 신자가 죄의 지배 아래로 오게 될 때의 심각한 위험에 대해 계속적으로 경고한다. 이 주제에 관해 쓰자면 책 한 권을 써야 하겠지만 당신이 스스로 공부하기를 바라는 의도에서 몇 구절만 소개하기로 한다:

> 그러므로 너희는 죄로 너희 죽을 몸에 왕노릇하지 못하게 하여 몸의 사욕을 순종치 말고… 죄가 너희를 주관치 못하리니… 너희 자신을 종으로 드려 누구에게 순종하든지 그 순종함을 받는 자의 종이 되는 줄을 너희가 알지 못하느냐 혹은 죄의 종으로 사망에 이르고 혹은 순종의 종으로 의에 이르느니라… 전에 너희가 너희 지체를 부정과 불법에 드려 불법에 이른 것 같이 이제는 너희 지체를 의에게 종으로 드려 거룩함에 이르라(롬 6:12, 14상, 16, 19하).

로마서 6장을 읽어 보면 바울이 "죄가 너희를 주관치 못하게" 하라고 명령하는 것으로 보아 확실히 죄가 신자의 삶을 주관할 수 있다. 그래서 바울이 이러한 명령을 한 것이다. 죄는 유혹에 계속적으로 굴복하는 신자를 '주관할' 수 있다. 거기다가 "불법에 드려 불법에 이른 것 같이"라는 말은, 어떤 양의 죄는 항상 더 많은 양의 죄로 자라간다는 것을 증명하는 구절이다. 마지막으로 "죄의 종으로 사망에 이르고 혹은 순종의 종으로 의에 이른다"는 문구에 주목하면, 어떤 죄의 지배 아래 살아가는 신자의 삶에는 암처럼 '사망'이 퍼지게 된다는 것을 알 수 있다.

이 '사망'은 어떻게 생겼는가? 그것은 어떤 사람의 삶에 이른 아침 안개처럼 스며 들어오는 어두움이다. 기쁨, 평화 그리고 확신이 서서히 사라지고, 오직 낙심, 걱정 그리고 의심만이 자리한다. 죄가 가혹한 주인이 되어 그 아래서 오랫동안 지배당한 신자들은 마침내 모든 것을 의심하기 시작하고 끝내 자신의 구원조차도 의심하는 데까지 이른다는 것을 발견했다.

"내가 구원받았다면 어떻게 그런 비밀스런 죄를 지으며 살 수 있는가?" 삶을 그 죄에 계속적으로 드림으로써 당신은 그 죄악된 삶을 살게 될 뿐 아니라 불가피하게 그렇게 살게 될 것이다. 계속되는 죄는 항상 어두움을 창조한다:

> 빛 가운데 있다 하며 그 형제를 미워하는 자는 지금까지 어두운 가운데 있는 자요 그의 형제를 사랑하는 자는 빛 가운데 거하여 자기 속에 거리낌이 없으나 그의 형제를 미워하는 자는 어두운 가운데 있고 또 어두운 가운데 행하며 갈 곳을 알지 못하나니 이는 어두움

이 그의 눈을 멀게 하였음이니라(요일 2:9-11).

신자가 더 깊이 죄에 빠지면 그는 더 깊은 어두움 속으로 들어가게 된다. 신자가 다시 계속적으로 죄를 범하게 되면 그의 눈은 천천히 멀게 된다. 그는 예전에 쉽게 볼 수 있었던 것도 이제는 잘 볼 수가 없다. 삶의 어떤 부분에 있는 명백한 진리에 대해 '장님'이거나 '무감각하게' 된 신자를 만나면, 그들이 생활 속에서 얼마 동안 심각한 죄를 범하고 있다는 것을 즉시 알 수 있다. 그 사람은 어쩌면 무서운 속박 가운데 있을지도 모른다.

그 속박이 자라가면 다시 자유롭게 되기 위해 무엇을 해야 하는지에 대한 생각조차 잃어버리게 된다. 죄의 백내장 때문에 볼 수가 없다. 죄라는 이 맹렬한 주인은 신자가 이 부분에서 자기 절제를 잃을 때까지 계속해서 밀어부친다:

> 마땅히 주의 종은 다투지 아니하고 모든 사람을 대하여 온유하며 가르치기를 잘하며 참으며 거역하는 자를 온유함으로 징계할찌니 혹 하나님이 저희에게 회개함을 주사 진리를 알게 하실까 하며 저희로 깨어 마귀의 올무에서 벗어나 하나님께 사로잡힌 바 되어 그 뜻을 좇게 하실까 함이라(딤후 2:24-26).

얼마나 충격적인 계시인가! 어떤 사람들은 이 구절이 신자에게 적용되는 것이 아니라고 가르치지만, 내용상으로 볼 때 그것은 신자들에게 주는 내용이다. 위에 있는 구절이 구주이신 예수님에 대한 불신이 아니라, 명백히 죄악된 행위에 대해 설명하고 있는 것이므로 이것은 '구원'에 관한 구절이 아니다. 신자가 실제로 그의 삶의 어느 한 부분에서 "(마귀에 의해) 사로잡힌 바 되어 마귀의 뜻을 좇을" 수 있을까? 물론 그럴 수 있다. 전 세계를 돌아다니며, 죄의 무서운 속박으로부터 헤어나기 위해 필사적으로 내게 도움을 요청하는 신자들을 얼마나 많이 만났는지 이루 다 헤아릴 수 없다. 그들의 영원한 구원이 문제가 되는 것이 아니다. 그들은 자신들의 '감각'을 잃어버리고 '마귀의 올무'에 빠져 이제는 "마귀에게 사로잡힌 바 되어 그 뜻을 좇게" 되었다.

그들은 그 죄 때문에 구원을 잃어버린 것은 아니었다. 그들은 오직 그것으로부터 자유로울 필요가 있고 다시 한번 거룩하게 살아가게 될 것이다. 그래서 바울은 죄의 지배 아래 있는 로마인들에게 자신을 주님께 드리고 의의 지배 아래로 들어오라고 말하고 있는 것이다. 그는 그들에게 구원을 받으라고 말하지 않았다. 혹은 다시 구원받으라고도 하지 않았다. 바울은 디모데에게 속박 상태에 있는 사람들이 예수 그리스도를 구주로 믿도록 인도하라고도 하지 않았다. 대신에 그들을 "온유함으로 징계하라"고 말했고 그래서 "혹 하나님이 저희에게 회개함을 주사 진리를 알게 하셔서," "깨어," "마귀의 올무에서 벗어나고," 그리고 이 무서운 속박을 깨라고 말했다.

단계 7의 비밀은 이것이다: 당신이 죄에 얼마나 속해 있는가에 상관없이, 그리스도의 사역은 당신이 완전히 자유로워지기에 충분하다.

당신은 유혹을 이길 수 있다

주님을 위한 사역 중에, 실제로 신자의 삶에서 죄의 지배로부터 자유하게 되는 그런 기적을 보는 것보다 더 훌륭한 것은 없을 것이다. 놀랍다! 지난 석 주간, 나는 이 문제를 두고 두 명의 남자에게 사역했다. 첫번째 사람은 네 시간 반이 걸려서 함께 무릎을 꿇고 울게 되었다. 마침내 깨어지면서 그는 주님 앞에서 통렬하게 울었고 그를 죄고 있던 적의 속박에서 벗어났다. 두번째 사람은 한 시간도 채 걸리지 않았다. 당신이 그 다음 날 아침에 그와 그의 아내를 보았더라면! 완전히 변화되었던 것이다!

이 남자들은 모두 견실한 신자였는가? 물론 그렇다. 그들은 적어도 어떤 한 가지 특별한 부분에서 적에게 노예가 되어 있었는가? 그렇다. 그리고 그들은 그것을 빨리 인정했다. 그들은 마음의 장님이었던가? 분명히 그랬다. 그들은 삶의 이 영역에서 어두움 속을 걷고 있었던가? 틀림없다. 이 부분에서 적의 뜻에 사로잡혀 있었던가? 두 남자들이 모두 스스로를 '무력한' 그리고 '속박'이라는 말로 묘사했다.

첫번째 사람은 15년째 목사였다. 두번째 사람은 45년째 목사였다. 첫번째 사람은 18개월간 속박되어 있었다. 두번째 사람은 50년간 속박되어 있었다. 그런 일이 당신에게는 일어나지 않을 것이라고 절대 장담해서는 안된다. 의지적으로 범죄하고자 하는 선택의 결과는 당신의 인생과 주위에 있는 많은 사람들의 인생도 파괴할 수 있는 무섭고도 잔혹한 결과를 낳을 것이다.

그러나 놀라운 희소식은 예수님의 귀중한 피가 우리들을 완전히 자유하게 해 준다는 것이다. 실제로 요한일서 3장 8하반절에서는 그것을 강력하게 말하고 있다: "하나님의 아들이 나타나신 것은 마귀의 일을 멸하려 하심이니라." 죄의 모든 속박으로부터의 자유는 예수 그리스도의 죽음과 부활에 의해 주어졌고 모든 신자의 온전한 권리고 특권이다. 내 친구여, 지금 죄에 속박되어 있다면, 당신에게 권하고 싶다. 돌아서기에 너무 늦었다는 것은 사실이 아니다. 돌아서서, 회개하고, 깨어, 적의 마수로부터 풀려나라.

당신의 삶은 온전히 깨끗하게 될 수 있다. 당신의 양심도 깨끗하게 될 수 있다. 어떤 죄, 어떤 속박 그리고 어떤 마귀도 우리의 강력한 구원자, 주 예수님을 제압할 수는 없다! 5장으로 돌아가서 심층 정결 10단계를 온전히 통과하라. 여전히 고민하고 있다면 목사님이나 경건한 사람을 찾아가라. 당신의 죄를 밝히고 도움을 구하라.

주님께서는 그분의 깨끗케 하심을 추구하면서 자신을 낮추는 자들에게 항상 은혜를 주신다!

섹스, 가장 강력한 유혹

8

> 관능은 오늘날 남자들 사이에서 쉽게 경건의 가장 큰 장애물이 되고 교회를 황폐하게 만든다. 경건과 관능은 상호 배타적이고 관능에 붙들린 사람들은 그 땀에 젖은 손아귀에 있는 동안은 결코 경건에 이를 수 없다.
> - 켄트 휴(R. Kent Hughes)

최근에 40명의 남자들로 구성된 한 그룹과의 만남에서, 오늘날 남자들이 당하게 되는 가장 큰 유혹 세 가지가 무엇이라고 생각하는지 물어 보았다. 첫번째 줄에 앉아 있던 남자가 즉시 외쳤다: "첫째도 섹스, 둘째도 섹스, 셋째도 섹스!" 방은 웃음소리로 가득 찼다.

최근 조사에서 그리스도인 남자들에게 그들이 가장 많이 고민하는 죄들을 열거해 보라고 했다. 결과를 보니, 여러 종류의 성적 부도덕이 열거된 모든 죄들 가운데 62 퍼센트를 차지했다. (다음으로 자주 열거되는 죄는 단지 12 퍼센트밖에 되지 않았다.) 남자들에게는 성적 부도덕 문제가 그 다음으로 큰 죄보다 5배나 더 큰 것이다.

이것이 남자들만의 문제라고 생각하지 말라. 여자들도 남자들처럼 성적으로 많은 유혹을 받는다는 증거가 있다. 단적으로, 수백 만의 여자들이 시청하고 있는 인기 '드라마'를 보라. 최근 출장을 다니는 세일즈맨과 이 문제에 대해 토론했을 때, 그는 크게 웃으며 거침없이 말했다. "회사 안에서 일어나는 외도나, 출장 중 하룻밤 즐기는 것이나 모두, 남자처럼 여자도 항상 관련이 된다는 것을 알게 되었습니다!" 이틀 전에 달린과 내가 부부 수련회를 인도하고 있을 때다. 어떤 회사의 간부인 남자가 젊은 여자 직원으로부터 받은 유혹에 대해 나누었는데, 그녀는 회사에서 더 승진하기 위해 자신의 상사와 정규적으로 성적인 관계를 갖는다는 것이다.

오늘날 인터넷에서 가장 인기있는 사이트는 사업이나 통신이 아니라 포르노라는 것이 조사에서 밝혀졌다. 이것이 신자에게는 아직 거리가 있는 문제라고 생각한다면, 캠퍼스에서 이런 문제가 얼마나 만연하고 있으며 파괴적인지에 관해 잠시 그리스도인 대학생과 얘기해 보라.

그래서 '긍정적 거룩'의 주제로 옮겨가기 전에, 우리 사회에서 가장 큰 유혹이 되는 문제 하나에 초점을 맞추는 것이 유익할 것이라고 생각했다. 성적 부도덕은 명백히 우리 문화 속에 있는 모든 죄들 중 가장 널리 만연되어 있고 파괴적인 것이면서, 그러나 그것에 대해 거의 설교하지 않고 있거나 혹은 그리스도인들 사이에서 솔직하게 논의되지 않는 것이기도 하다. 도전을 받지 않은 채, 그것은 점차적으로 지배 아래 있는 사람들의 삶을 주관하고 파괴한다. 곧 남자들과 여자들은 다시 '자유로워지거나' 혹은 '깨끗하게' 되리라는 모든 희망을 잃어버린다. 그리고 어두움 속으로 들어가 패배와 자포자기의 고독한 죄수가 된다.

하나님께서는 당신의 성욕을 이해하시는가?

전략적인 질문을 하나 하겠다. 주님께서 정말로 당신의 성욕을 이해하실 것이라고 생각하는가? 하나님께서 당신을 창조하실 때, 당신의 성욕을 함께 만드셨지만 그 과정에서 무언가 잘못되었다고 믿고 있는가? 아마 하나님께서 다른 쪽을 보시며 부도덕에게 '윙크'를 하실지도 모른다. 하나님께서 "모든 행실에 거룩한 자가 되라"고 하셨을 때, 어쩌면 성적 부도덕의 문제는 간과하시기로 작정하셨는지도 모를 일이다. 혹은 주님께서 실제로 강한 성욕과 함께 남자와 여자를 창조하셨지만, 그들이 그것을 가지고 어쩔줄 몰라 하는 것을 보며 즐기신다고 생각할지도 모르겠다. 그렇다면 하나님은 아주 우리를 골탕먹이는 분임에 틀림없다. 당신에게 강한 욕망을 주고는 "안돼!"라고 놀리듯 말씀하시는….

그런 생각들은 전혀 사실 무근이다. 주님께서는 성을 창조하셨고 여러 가지 좋은 이유들을 가지고 인류에게 그 성욕을 훌륭한 선물로 주셨다. 하나님께서는 이 선물에 동반되는 욕망과 필요를 온전히 알고

> 남자들을 흥분하게 하고 자극하여 악한 것을 하도록 하는 외부의 유혹들이 많이 있다. 그러나 이 모든 것들의 뿌리와 근거는 마음 속에 있다. 유혹은 이미 그 속에 없는 어떤 것을 그 사람 안에 넣지는 않는다.
> - 존 오웬(John Owen)

이해하시며, 그리고 그것이 온전히 만족되고 즐길 수 있는 것이 되도록 훌륭한 해답까지 주셨다. 주님께서 "모든 행실에 거룩한 자가 되라"고 하셨을 때, 성적 부도덕의 영역까지 포함하고 있다는 것을 잊지 말라. 당신은 생활과 행동의 모든 부분에서 – 성생활과 관련된 모든 것을 포함하여 – 거룩해야 한다.

이것은 미묘한 주제이므로, 이 주제를 탐구해 나갈 때 세 가지를 마음에 새겨야 한다. 첫째, 우리는 성경적이 되어야 한다. 성경은 이 문제에 대해 우리를 어둠 가운데 내버려 두지 않으시고, 성과 성적 부도덕에 대한 하나님의 생각과 마음을 보여 주고 있다. 성적 부도덕에 관한 신약의 주요 구절은 이 문제에 대한 하나님의 답으로 당당하게 제시될 것이다. 나는 이런 토론을 하는데 있어서 하나님의 말씀 외에 현대의 어떤 심리학적인 혹은 사회학적인 말도 첨가하지 않을 것이다.

둘째, 솔직해질 필요가 있다. 이 책의 여러 장들 중 이런 것들이 쓰기에 가장 어렵고 그리고 아마 읽기에도 그럴 것이다. 성은 매우 사적인 문제이다. 이렇게 민감한 주제를 어떻게 다루어야 하는지 고민할 때, 주님께서는 성경에서 그분이 말씀하신 것과 어떻게 그것을 말씀하셨는지가, 정확하게 그분께서 우리가 알기를 원하시는 것임을 상기시켜 주셨다. 이것을 토론해 나가면서 하나님의 영감으로 바울을 통해 어느 지역 교회에게 쓰여졌던 한 가지 중심 구절을 다루게 될 것이다. 이 편지는 전체 교인들에게 크게 읽혀졌다. 바울은 남녀노소로 혼합된 청중에게 이렇게 솔직한 말들을 썼고, 그 청중들은 공개된 공공 장소에서 그것을 들었다. 그러므로 나는 우리들의 성 문제에 관해 성경이 한 것처럼 솔직하게 할 것이다.

셋째, 초점을 맞출 필요가 있다. 이 책은 성적 부도덕에 대해 다루는 것이지, 우리들의 문화 속에 존재하는 부도덕이라는 질병을 공격하고 있는 것이 아니다. 내가 문화적인 주제를 다룬다고 당신이 느낀다면, 내 초점은 다음과 같음을 기억해 주기 바란다: 성적 부도덕에 대해 성경이 가르치는 것은 무엇인가? 결혼 안에서의 사랑에 대해 완전히 다루자면 지면이 부족함으로, 이번 장은 신약의 한 구절이 성적 부도덕에 대한 하나님의 생각에 관해 무엇을 가르치고 있는지만 초점을 맞추고자 한다.

성적 행실에 관한 하나님의 기준

그리스도인들을 포함해서 많은 사람들이, 성적 영역에서 무엇이 '거룩한' 행동인지 무엇이 그렇지 않은지 분명하게 알지 못하고 있다. 수년 전에 호텔에서 열린 훈련 모임에서 「배우는 이의 일곱가지 법칙」을 가르치고 있을 때, 사람들이 성에 대한 하나님의 기준에 깊이 혼동하고 있음을 너무나 놀라운 방법으로 직접 경험했다. 둘째 날 오후, 참석한 많은 사람들이 호텔 수영장 근처에서 삼삼오오로 무리지어, 어떻게 사람들을 가르쳐서 그들로 하여금 실제로 배우게 할지에 대해 토론하고 있었다. 나도 한 무리에 끼어들어 함께 토론을 하게 되면서 그들에게 이름이 무엇이고 어디에서 왔는지 그리고 왜 이 모임에 참석했는지 물어 보았다.

서로 돌아가며 얘기하다가 마침내 어떤 젊은 여자 차례가 되었다. 그녀는 자신이 얼마나 이 모임을 좋아하는지 얘기하면서, 자신의 남자 친구와 다른 주에서 비행기를 타고 왔다고 말했다. 그녀의 남자 친구는 방에서 야구 경기를 보고 있기 때문에 여기에 나오지 못했다고 덧붙였다. 그 남자 친구도 이 과정에 참석하고 있는지를 물었더니, 그녀는 "아니오. 그 사람은 그리스도인이 아니에요. 그냥 저와 함께 있기 위해 온 것입니다."라고 대답했다.

상상할 수 있겠는가? WTB 세미나에 남자 친구를 데려와 함께 방을 쓴다고 말한 것은 너무나 민감한 문제였다. 그들이 함께 밤을 보내었는지 그녀에게 물었다. 그녀는 부끄러움도 없이 함께 산 지가 거의 이년이나 된다고 말했다. 그 순간 그렇게 열띠게 토론했던 그룹원들이 모두 숨조차 쉬지 않는 것처럼 느껴졌다.

"당신은 이미 그리스도인입니까 아니면 그리스도에게로 가는 중입니까?"라고 물었다.

"어머, 저는 벌써 오 년째 그리스도인이고 정말로 성장해 가고 있습니다." 자신이 다니는 교회 이름을 얘기하면서 주일날 성경 공부 시간이 얼마나 좋은지에 대해 그녀는 열정적으로 얘기했다.

나는 은혜를 구하는 기도를 재빨리 하고 물었다. "둘이 함께 사는 것을 하나님께서 어떻게 느끼실 거라고 생각하십니까?"

"괜찮다고 보는데요." 그녀는 밝은 미소와 함께 대답했다. "저는 그 사람이 그리스도인이 될 거라고 생각해요. 그리고 그가 그렇게 되면 우리들은 결혼할 겁니다."

"하나님께서 결혼하기 전에는 함께 살거나 성관계를 가져서도 안 된다고 말씀하신다면 어떻게 하시겠습니까?"

그녀의 몸짓으로 보아 그녀가 한번도 그런 생각을 해본 적이 없다는 것이 분명했다. "음, 그렇다면 제 남자 친구에게 떠나라고 말해야겠지요. 어렵겠지만, 저는 하나님을 사랑하고 그분이 요구하시는 것을 하고 싶습니다. 그런데 왜죠?"

주위를 둘러 보았지만, 당신이 예상할 수 있듯이, 더운 오후에 수영장에 성경을 가지고 올 사람은 없었다. "방에 가서 성경을 가지고 오시겠습니까? 당신과 남자 친구를 위한 하나님의 뜻에 관해 매우 중요한 것을 보여 드리겠습니다. 굉장히 흥미가 있을 겁니다."

그녀가 떠났다. 수영장 주변에 있던 우리 중 누구도 아무 할 말이 없는 듯했다. 좀더 분별이 있는 사람들은 기도하고 있었고, 이것은 분명 하나님이 주신 예상치 않은 기회였다. 그녀에게 주요 성경 구절을 보여 주면서 다른 사람들이 들을 수 있도록 큰 소리로 읽어 보라고 했다. 즉시 그녀는 하나님의 뜻이 무엇인지 보았다. 아무도 그녀에게 얘기해 줄 필요가 없었다. 그녀가 직접 자기 눈으로 성경에 있는 진리를 읽었기 때문이다.

그후, 처음으로, 그녀는 불편해졌다. 우리들 때문이 아니라 성령님의 내적인, 죄를 자각하게 하시는 역사 때문이었다. 그녀는 천천히 성경에서 눈을 떼더니 말했다. "그러면 제가 지금 하고 있는 것은 '음란'이군요. 그리고 하나님 보시기에 큰 죄구요. 그렇죠?"

나는 고개를 끄덕이면서 성령님께서 그녀를 인도해 주시기를 기다렸다.

그녀의 눈에 눈물이 고이기 시작했다. "그러면 제 남자 친구가 떠나야 하는군요. 우리가 결혼하기 전까지는 함께 살 수가 없구요. 그렇죠?" 나는 확신하듯 고개를 끄덕였다. 그녀를 그렇게 부드럽게 하나님의 뜻으로 인도하신 주님은 얼마나 친절하신 분인가!

그녀가 그 다음에 한 말을 결코 잊을 수 없다: "저는 일반 가정에서 자랐어요. 그리스도인은 한 사람도 알지 못했구요. 친구들 모두가 남자들과 함께 자기 때문에, 그것에 대해 그리 깊이 생각하지 않았습니다. 그러다가 저는 5년째 그리스도인으로 살았고 거의 매주 교회에 갔습니다. 그런데 어떻게 한 사람도, 결혼하기 전에 함께 자는 것이 죄라는 것을 말해 주지 않았을까요?"

그 순간 그룹에 있던 모든 사람들이 하늘을 쳐다보았다. 아무도 말을 하지 못했다. 왜냐하면 거절당하고 조롱당하는 것이 두려워 성경의 명백한 가르침을 감추어 둔, 우리 모든 신자의 큰 죄를 주님께서 깨닫게 해 주셨기 때문이다. 그녀가 그러한 가슴 아픈 질문을 했을 때, 내 속 깊은 곳에 있는 어떤 것이 깨어지는 듯했다. 그 때 이후로, 나는 어떤 것도 당연히 받아들이지 않기로 했다. 주님께서 그분의 말씀을 아는 모든 자에게 이와 같은 자각을 주시기를 기도한다.

성적 부도덕을 정의하기

성적인 죄란 특별히 무엇인가? 아래에 열거된 것이 성적인 범죄에 대한 다섯 가지 성경적 해설이다.

1. 성적 부도덕은 혼전 성관계를 말한다. 성적인 행위에 대한 성경의 틀림없는 하나의 기준은 혼전에 어떤 사람과 성관계를 갖는 것이 분명히 죄라는 것이다. 일반적으로, 결혼하지 않은 사람들간의 섹스는 음란죄로 불리고, 결혼한 사람들간의 죄는 간음죄라고 불리는데, 동성간

의 섹스는 동성연애의 죄다.

지금은 당신의 배우자가 된 사람과 혼전에 성관계를 가진 것도, 당신의 배우자가 되지 않은 사람과 혼전에 성관계를 가진 것과 똑같은 죄다. 약혼한 커플은 법적으로 결혼이 성립되고 결혼식을 올리기 전까지는 결혼하지 않은 것이다. 결혼식 전에 약혼한 커플이 성관계를 갖는 것도 음란이다. 약혼한 커플이 공식적으로 결혼하기 전에, 성관계를 갖기 위해 서로 '비밀스런 맹세'를 했어도 그것은 주님의 눈에 아직 결혼하지 않은 것이고 그래서 여전히 음란죄를 범하는 것이다.

결혼하지 않은 두 사람이 함께 잤기 때문에 하나님의 눈에 결혼한 것이라고 생각하는 사람들을 나는 때때로 만나게 된다. 혼전 섹스를 성경에서 결혼이라고 부르는 경우는 절대 없고, 그것은 언제나 음란 아니면 간음의 죄로 불린다. 하나님의 뜻은 분명하다: 결혼할 때까지는 어떤 사람과도 성관계를 가져서는 안된다.

2. 성적 부도덕은 배우자 아닌 다른 사람과의 혼외 성관계를 말한다. 결혼 후, 배우자 아닌 다른 사람과의 성관계도 항상 성적 부도덕이라 불린다.

3. 성적 부도덕은 배우자 아닌 다른 사람과 어떤 성적 행위를 하는 것도 포함한다. 성적 부도덕은 배우자 아닌 다른 사람과 성적 쾌

> 관계가 성적 사랑을 나누는 것이 되기 오래 전에 성적인 것이 될 수 있다. 그저 내가 그 여자에게 손을 대지 않기 때문에, 혹은 특별히 성욕을 자극하는 만남을 상상하지 않기 때문에라는 것이 내가 그녀와 성적으로 관계되지 않을 것이라는 의미는 아니다. 성적 사랑을 나누는 것은 보통 처음부터 되는 것이 아니고 성적 매혹이 축적되면서 이루어진다.
> - 랜디 알콘(Randy Alcon)

락과 만족을 위해 하는 모든 것을 포함한다. 이것은 혼자, 아이, 가족(근친상간) 혹은 고용된 성적 파트너(창녀)와 하는 성적 행위를 포함한다. 이 모든 것들이 주님의 눈에는 부도덕하다.

4. 성적 부도덕은 성적인 흥분을 일으킬 목적으로 혼자서 어떤 것을 하는 것이다. 이러한 일반적인 원리들이 신자가 자신이 성적으로 부도덕해지는지 알 수 있도록 도와 준다. 성경은 성욕의 만족을 결혼 파트너에게서 찾도록 인도한다. 의도적으로 배우자가 아닌 어떤 사람이나 어떤 것으로부터 성욕을 일으키거나 만족을 찾는 경우는 하나님의 뜻이 아니다. 이것은 성적 흥분을 목적으로 하는 폰섹스, 인터넷 음란 사이트 그리고 안마시술소 같은 것을 포함한다. 결혼한 후에 배우자 아닌 이성과 가깝고 친밀한 관계를 맺는 것도 감정적 그리고 성적 불신으로 이끌 수 있기 때문에 피해야 한다.

5. 성적 부도덕은 음욕적인 생각도 포함한다. 예수님께서는 마태복음 5장 28절에서 '음욕'을 성적 부도덕(간음)으로 분명하게 정의하셨다: "나는 너희에게 이르노니 여자를 보고 음욕을 품는 자마다 마음에 이미 간음하였느니라." 포르노라는 것은 외설적인 잡지, 도발적인 소설들, 스트립쇼, 누드나 성적으로 부도덕한 영화나 비디오 그리고 성적 부도덕을 조장하는 토크쇼 등을 포함한다. 이 모든 것들이 성적 부도덕을 자극하기 위해 만들어졌다.

이제 성적 행실에 대한 하나님의 기준을 알았다. 지난 몇 달 동안 당신의 성욕은 하나님이 보시기에 어떻게 평가될 수 있겠는가? 성적으로 순결하였는가 아니면 불결하였는가? 직접적이든 간접적이든 배우자 외의 다른 것이나 다른 사람으로 성적 흥분이나 쾌락을 추구했는가? 당신이 결혼하지 않았다면 정신적으로 그리고 육체적으로 독신의 삶을 잘 살고 있는가?

당신이 일반 사람들과 같다면, 주님의 기준과 당신의 행동에 대해 도전 이상의 것을 받았을 것이다. 이 시점에서 주로 세 가지 주요 질문을 하게 된다:

- 나의 성욕에 대한 하나님의 대답은 무엇인가?
- 자기 절제를 가지고 이 문제를 어떻게 처리할까?
- 성적 유혹이 올 때, 어떻게 그것을 이길 수 있겠는가?

이번 장에서, 당신은 이 세 가지 중요한 질문에 대한 성경의 강력하고도 놀라운 계시를 읽게 될 것이다.

성적 유혹에 관한 주님의 근본적인 해답

고린도전서 7장 2-5절에서 성적 유혹에 관한 주님의 놀라운 대답을 보게 된다. 일곱 가지 원리를 공부하기 전에 천천히 이 구절을 읽어 내려가라:

음행의 연고로 남자마다 자기 아내를 두고 여자마다 자기 남편을 두라 남편은 그 아내에게 대한 의무를 다하고 아내도 그 남편에게 그렇게 할찌라 아내가 자기 몸을 주장하지 못하고 오직 그 남편이 하며 남편도 이와 같이 자기 몸을 주장하지 못하고 오직 그 아내가 하나니 서로 분방하지 말라 다만 기도할 틈을 얻기 위하여 합의상 얼마 동안은 하되 다시 합하라 이는 너희의 절제 못함을 인하여 사단으로 너희를 유혹하지 못하게 하려 함이라.

1. '음행의 연고로' 각 사람은 결혼해야 한다고 주님께서 말씀하신다.

바울은 "음행의 연고로 남자마다 자기 아내를 두고 여자마다 자기 남편을 두라"고 쓰고 있다. 잠시 생각해 보라: 누군가가 당신에게 와서 성적 부도덕에 대한 하나님의 대답이 무엇이냐고 물어 본다면, 어떻게 대답하겠는가? 기도하라고? 성경을 읽으라고? 자기 절제를 이용하라고? 이 모든 것들이 좋은 생각이기는 하지만, 그 중 어떤 것도 하나님의 특별한 대답은 아니다. 부도덕에 대한 주님의 대답은 결혼하라는 것이다! 이 구절은 하나님께서 기뻐하시는 방법으로 우리들의 성욕을 위해 주신, 하나님의 계획에 관한 가장 직접적인 계시다. 그러므로 결혼은 '거룩한' 것으로 간주되어야 하고 그분께로 구별되는 것이어야 한다.

결혼이 모든 종류의 성적 부도덕을 해결하는 해답이 될 수 있는가? 포르노는 어떤가? 어떻게 결혼이 인터넷에 있는 유혹을 해결해 줄 수 있겠는가? 시장에서 혹은 길거리에서 당신이 당하게 되는 유혹은? 대답은 분명하다. 결혼은 다른 모든 종류의 '부도덕들'에 대한 해답이다. 성적 부도덕은 항상 한 가지, 당신의 성욕과 연관이 있기 때문이다. 성적 부도덕들은 성욕을 만족시키고자 하는 수많은 방법들이다. 성욕이 만족되면 수많은 부도덕들도 경감하게 된다.

결혼은 성적 유혹에 대한 하나님의 근본적인 해결책이다. "남자마다 자기 아내를 두고 여자마다 자기 남편을 두라"는 말은 명령형이다. 하나님께서 주신 흔하지 않은 '독신의 은사'를 받은 사람을 제외하고는 순종해야 하는 긍정적인 명령이다.

하나님께서는 음행의 연고로 사람들이 결혼해야 한다고 명령하신다. 이 명령은 어떤 일반적인 원리가 아니고 '남자마다' 그리고 '여자마다'라는 말에서 표현된 것처럼 아주 개인적인 것이다. 부도덕은 남자와 여자 모두에게 문제가 되므로 그 해답은 둘 다에게 같은 것이다: 결혼하라!

신약 시대에 결혼은 사춘기 정도의 나이에서 이루어졌다. 결혼을 통해 그 나이 때에 피어나는 성욕을 만족시킬 수가 있었고 억제되지 않았다. 그러나 오늘날은 교육적, 직업적 그리고 재정적 압박 때문에 결혼이 점점 더 나중으로 미루어지고 있다. 사춘기 이후로 결혼을 미룰수록 사람이 자연스럽게 받게 되는 성적 유혹은 더 커진다.

그리스도인들을 포함하여 젊은 사람들 대부분이 결혼 전에 성적으로 부도덕하고 음란한 죄를 범한다. 이러한 부도덕의 가장 큰 요인은 결혼이 연기되기 때문일 것이다. 보통 그리스도인들도 교육에 대한 문화적인 압박과 독립적이고 탐욕적인 생활 양식에서 오는 개인적 쾌락 때문에 결혼보다는 음란을 선택하는 것처럼 보인다.

사람들이 하나님이 주신 성욕을 조절할 수 없다면 결혼해야만 하는가? 하나님의 말씀은 분명하게 "만일 절제할 수 없거든 혼인하라. 정욕이 불같이 타는 것보다 혼인하는 것이 나으니라"(고전 7:9)고 말하고 있다. 현재 부자연스럽게 결혼을 미룸으로써 많은 사람들이 성적 유혹에 굴복하고 여러 가지 방법으로 성적으로 부도덕하게 된다. 결혼 밖에서 이렇게 성욕을 풀기 때문에 하나님의 극적이고 우주적인 계획표에 크게 차질이 온다. 결혼 밖에서 성적 만족을 찾음으로써 수백만의 독신들이 배우자를 찾고자 하는 하나님이 주신 소망을 버리고, 정상적인 결혼 계획을 지나쳐 버린다.

그리스도인 독신자 모임에서 많은 강의를 해 왔기 때문에, 독신자들 중 대다수가 성욕이 활발하고 그래서 슬프게도 성적인 죄를 범하게 된다는 것을 알게 되었다. 하나님이 주신 욕구를 하나님이 저주한 방법으로 '풀어나감' 으로써, 그들 개인의 결혼 시기는 크게 영향을 받게 되었다.

이것에 예외가 있는가? 물론이다. 그러나 그리스도인이든 비그리스도인이든, 예외는 극히 드문 상황에서 있다고 모든 조사에서 분명하게 밝혀졌다. 대부분의 그리스도인 젊은이들이 몇 살에 음란의 죄를 범한다고 생각하는가? 열네 살부터 열아홉 살까지다. 오늘날 대부분의 그리스도인 젊은이들이 몇 살에 결혼한다고 생각하는가? 스물네 살에서 서른 살.

아리조나주 피닉스에서 있었던 WTB 세미나에서 한 친구와 나누었던 대화를 잊을 수가 없다. 성적 부도덕에 관한 열띤 토론이 있었던 아침 시간을 끝내고 내 방으로 돌아가고 있을 때, 옛 친구 하나가 내 곁으로 왔다. "브루스, 나는 이 젊은 남자들에게 더 이상 무엇을 말해야 할지 모르겠네"하고 그가 말했다.

"무슨 뜻입니까?" 나는 큰 소리로 의아해하며 놀랐다. 왜냐하면 그는 거의 반 세기 동안 남자들에게 제자훈련을 해 왔기 때문이다.

그는 좀 부끄러운 듯이, "저… 이 남자들 중 몇은 진짜 성 문제를 가지고 있네. 유혹과 부도덕한 것들 말일세. 그들에게 무슨 말을 해야 할지 모르겠네"라고 말했다. 그리고는 잠시 후에 덧붙이기를 "브루스, 나는 이러한 문제들을 이해하지 못하겠네. 아내는 항상 내 성적 필요를 채워 주었고, 그래서 그 부분에 있어서 아무 불만도 없다네."라고 말하는 것이었다.

그의 정직하고도 솔직한 시선을 아직도 기억할 수 있다. 나는 복도 한 가운데 멈춰서서 그의 눈을 똑바로 들여다 보았다. "그게 바로 성경의 해답입니다! 선생님은 그리스도께 헌신했기 때문만이 아니라 성적 부도덕의 유혹에 대한 하나님의 온전한 계획 – 결혼 안에서의 섹스 – 을 실행했기 때문에 성적으로 부도덕하지 않을 수 있었습니다." 그리고는 이 구절을 펴서 그에게 보여주면서 "그들에게 이것을 보여 주시고 가르치세요. 어떤 말도 빼지 말고 한치도 물러서지 마십시오. 그리고… 선생님의 50년간의 결혼 생활 속에서 그토록 훌륭하게 이루어진 성생활을 꼭 나누십시오!"

결혼은 성적 부도덕에 대한 하나님의 근본적인 해결책이다.

2. 주님께서는 결혼한 배우자에게 '성적인 의무를 다하라'고 명령하신다.

바울은 계속해서 "남편은 그 아내에게 대한 의무를 다하고 아내도 그 남편에게 그렇게 할찌라"(고전 7:3)고 말한다. 주님께서는 이러한 특별한 문제를 예상하셨다. 단지 결혼했기 때문에 모든 성적 유혹이 즉시 해결되는 것은 아니다. 결혼은 사람의 성욕을 해결할 수 있는 하나님께서 승인한 유일한 방법이지만, 많은 남자들과 여자들이 그렇게 하

> 아담으로부터 하와가 탄생하는 이야기에서 보여 주는 것처럼, 하나님께서는 '한 몸'이 되는 경험이, 서로에게 서로를 주며 그래서 서로에게 속하고 서로의 필요를 채워 줌으로써 완전해지고 온전하게 되었다는 느낌을 배우자가 갖도록 하셨다. 그들 부부 사이에서 아이들이 태어나지만 그것은 부수적인 것이다: 근본적인 것은, 무조건적으로 그리고 오로지 서로에게 완전히 속해서 서로를 계속해서 '알아감'으로 그들의 관계 자체를 풍성하게 하는 것이다.
> - J. I. 패커(J. I. Packer)

지 않고 있다. 실제로, 결혼한 많은 남자들과 여자들이 가장 성적으로 부도덕하다. 그렇다면 결혼 자체가 해답이 아닌가? 결혼 안에서의 섹스가 해답이다! 그러나 남편이 자기 아내의 성적 욕구에 반응하지 않으려고 한다면 무슨 일이 일어날까? 그녀의 성욕은 점점 좌절되고 성적 부도덕의 유혹을 받게 되지 않겠는가?

성경은 결혼이 의무일 뿐 아니라 기쁨이기도 하다고 가르친다. '의무'는 사람의 지위에서 생기는 도덕적 혹은 법적 책임감이다. 배우자의 성욕을 채워 주는 것이 결혼한 이가 해야 할 의무이다. 성경에서 말하는 의무는 배우자에게 초점이 맞추어져 있다는 것에 주목하라: 남편은 '그 아내에게 대한' 의무를 다하고 아내도 '그 남편에게 대한' 의무를 다해야 한다. 이 말의 참 뜻은 남편이 섹스를 원할 때 그 아내에게 대한 의무를 다한다는 것이 아니고, 그의 아내가 섹스를 원할 때 아내에게 대한 의무를 다한다는 것이고 그리고 그 반대도 마찬가지다.

의무는 섹스를 시작하는 사람에게 속한 것이 아니고 거기에 반응하는 사람에게 속한다. 예를 들면, 남편이 아내에게 섹스를 하자고 제의했다고 하자. 이 구절이 가르치는 바는, 섹스를 하는 것이 그 아내의 의

무라는 것이다. 왜냐하면 이 경우에 있어서는 남편이 자신의 성욕이 만족되기를 원하고 있고, 그의 필요를 채워 주는 것은 그녀의 의무이기 때문이다. 그러므로 배우자가 섹스를 요구할 때마다, 당신은 이 결혼생활에 있어서의 의무를 꼭 되새겨야 한다.

하나님께서 사용하실 수 있는 모든 단어들 중에 특히 결혼 안에서 '의무' 라는 말을 선택하신 것을 보면 놀라운 일이다. 이 말은 명백하게 책임감과 의무감을 가리킨다. 결혼할 때 당신은 배우자의 성적 필요를 채워주어야 하는, 하나님이 주신 의무감 아래 있게 된다.

똑같은 구절에 '다하고' 라는 말을 사용한다: "남편은 그 아내에게 대한 의무를 다하고 아내는 그 남편에게 대한 의무를 다한다." '다한다' 는 말은 완전하게 하다, 완성시키다, 완전에 도달하다, 완전히 개발하다라는 의미다. '약속을 다한다' 는 것은 약속된 것을 온전히 이룬다는 의미다. '의무를 다한다' 는 것은 그 의무를 완전히 이행한다는 의미다. 그 '의무' 가 배우자로 하여금 성적 부도덕을 범하지 않도록 하는 것과 연관이 된다면, 부부의 행동이 각 배우자가 온전히 만족한다고 말할 수 있는 방법으로 성적 필요를 만족시켜야 한다는 것이다. '완전히 만족시킨다' 는 말은 '의무를 다한다' 는 성경 표현의 의미를 잘 포착하고 있다.

부부 중에 누가 성욕을 온전히 만족시킬지를 결정하는 사람이 되어야 하는가? 섹스를 먼저 시작하는 사람이다. 다른 말로 하면, 남편이 '그의 의무를 다하는지' 를 알 수 있는 방법은 아내에게 '성적으로 완전히 만족하고 있소?' 라고 물어봄으로써다.

삼십 년 넘게 수백 쌍의 부부를 상담한 결과, 이러한 성경적 원리를 이해하고 실천하는 부부가 거의 드물다는 사실을 깨달았다. 섹스의 '의무'는 결코 자신이 아닌 배우자를 위한 것이다. 채워져야 할 의무감은 배우자의 필요에 대해서다. 성경은 결론적으로 결혼한 배우자의 '의무' 중에 성적 필요를 채워야 하는 책임감을 둔다. 일반적인 용어로 얘기하면, 결혼한 사람은 배우자의 성적 필요를 채우기 위해서는 무엇이든 다 해야 하는 것(불법이나 부도덕한 것이 아니라면)을 자신의 의무로 보아야 한다.

개인의 거룩 모임을 한 후, 주차장에 있던 한 남자를 결코 잊을 수가 없다. 그는 수도 없이 간음을 저질렀고 그의 아내가 그것을 알게 된 후 이혼당하고 말았다. 그는 상처입은 사람이었고 눈물을 글썽이며 말하기를 "… 아내가 결혼 안에서의 섹스가 무엇인지 성경이 가르치는 것을 믿었더라면, 제 삶은 오늘날 이렇게 망가지지는 않았을 것입니다. 오, 간음을 범한 것이 제 아내 잘못이 아니고 제 잘못이라는 것을 압니다. 그러나 그녀가 저와 한 달에 한 번이라도 성관계를 가졌다면 이렇게까지는 되지 않았을 겁니다. 그녀는 결혼 생활 동안 수백 번도 더 저를 거절했고, 저는 결국 다시 거절당하는 고통으로 괴롭힘을 받지 않겠다고 생각하게 되었습니다. 저는 다른 곳을 보기 시작했습니다. 놀라운 것은, 제가 다른 어떤 곳으로도 가고 싶지 않았다는 것입니다. 저는 제 아내를 사랑했습니다. 그러나 그녀는 제가 다른 여자와 섹스를 한 것은 자신을 사랑하지 않는 것을 입증한다고 결론을 내렸습니다. 그래서 그녀는 이혼을 원했고 그렇게 했습니다. 그녀가 성경을 알고 믿었더라면 우리들의 삶이 얼마나 달라졌을까 생각해 봅니다."

이혼을 하는 데는 항상 참작할 만한 상황이 있지만, 그러나 그 아내가 남편의 부도덕한 행위에 한 몫을 담당했다는 것을 그녀가 알기나 하는지. 그녀는 남편이 유일하게 성적 필요를 채울 수 있는 길을 차단해 버렸다. 그것이 이 구절에서 말하고자 하는 요점이다. 음란을 막기 위해 그녀는 자신의 의무를 다해야 했었다. 주님의 명백한 명령에 불순종함으로써 그들 모두는 중대한 범죄를 저지른 것이다.

3. 주님께서는 당신의 몸을 배우자가 주장하도록 하셨다

> 아내가 자기 몸을 주장하지 못하고 오직 그 남편이 하며 남편도 이와 같이 자기 몸을 주장하지 못하고 오직 그 아내가 하나니(고전 7:4).

이 구절에서 하나님이 하신 말씀이 무엇인지 이해한다면 충격을 받게 될지도 모른다. 그것에 관해 온전히 이해하게 되었을 때, 나는 성적 부도덕에 대한 주님의 강한 증오와 성적 순결을 위해 하나님께서 주신 광대한 해답을 이해하기 시작했다. 이 구절은 남편과 아내가 배우자의 성적 필요와 욕구에 대해 그들의 의무를 얼마만큼 실행해야 하는지를 말해 주고 있다.

하나님께서는 결혼하는 그 시점에 주권적으로 당신에게서 무언가를 가져다가 그것을 당신의 배우자에게 천국의 결혼 선물로 주신다. 주님께서는 그것을 가져가도 되는지 당신에게 묻지 않으시고, 또 당신이 그것을 원하는지도 묻지 않으신다. 주님께서는 주권적으로 당신이 자신의 몸을 주장했던 그 권한을 당신에게서 가져 가시고, 당신이 사는

동안에는 그것을 당신에게서 빼앗는다. 그분은 당신 몸에 대한 권한을 당신의 배우자에게 주신다. 당신의 성적 부도덕과 성적 만족을 위한 그분의 해결책이 얼마나 진지한 것인지에 대해 혼동이 있을 수 없다.

당신의 배우자가 그의 혹은 그녀의 성적 필요를 표현하고 거룩해질 수 있는 유일한 장소는 어디인가? 당신과 함께, 오직 당신과 함께다. 다른 어떤 사람과도 아니다. 혼자서도 아니다. 성적 욕망과 관련하여 온전히 거룩해질 수 있는 유일한 장소를 성경은 결혼 안에서의 성관계라고 분명하게 못박는다.

하나님께서 주신 성에 대한 유일한 해결책을 당신이 결코 물리치지 않도록, 하나님께서는 당신에게서 당신의 몸을 취해다가 그것을 당신의 배우자에게 선물로 주셨다. 말 그대로, 당신의 배우자가 당신의 몸을 소유한다. 그리고 하나님께서 당신의 몸을 당신의 배우자에게 주셨기 때문에 배우자는 당신에게 그것을 요구함으로써 정중하게 대한다. 당신의 배우자가 당신의 몸을 '빌리는' 것이 아니고, 당신의 몸을 달라고 '구걸' 할 필요도 없으며, 당신의 몸에 대해 '상냥하게' 대할 필요조차 없다. 노골적이고도 단순한 말로, 하나님께서는 내 몸을 내 아내에게 주셨고 그리고 나는 그것에 대해 할 말이 없다. 이 구절에서 '주장한다' 는 말은 말 그대로 '…에 대해 권한이 있다' 혹은 '…에 대해 독점권이 있다' 는 의미다. 존경 받는 누군가가 이 구절에 대해 쓴 것처럼 "결혼한 사람들은 이제 더 이상 자기들의 몸을 주장하지 않고 그들의 배우자가 주장하도록 순복해야 한다."

결혼에 있어서 성공과 승리는 항상 정규적으로 그리고 계속적으로 성경의 분명한 가르침을 따를 때 온다. 이것이 사람의 것이나 마귀의 것이 아니라 오직 주님의 생각이라는 사실이 매우 위로와 격려가 된다. 이것은 당신 배우자의 즐거움만을 위한 것이 아니라 동일하게 당신의 즐거움을 위한 주님의 아이디어다. 주님은 당신에게 성욕을 주실 뿐 아니라 성적 배신 행위에서 오는 재난과 파괴로부터 보호해 주시기도 한다. 모든 종류의 성적 부도덕 죄를 범하지 않도록 의도하신 주님의 보호책은 당신의 성적 만족을 위해 배우자의 몸을 당신에게 선물로 주시는 것이다.

성경에서 나온 이러한 명백한 가르침은 독립적이고 자기 중심적인 현대 문화에 직접 대항하고 있다. 하나님이 당신의 몸을 배우자의 성적 만족을 위해 그에게 주셨다는 생각에 대해 몇 가지 반응이 나타나는데, 그것들을 주의 깊게 고려해야 한다.

첫번째, 어떤 사람들은 성이 원래 더럽고 죄악된 것이거나 아니면 오로지 자녀를 갖기 위한 것이라고 생각한다. 성경은 성이 하나님이 주신 선물이고 자녀들을 갖는 것과 상관없이 부부가 성생활을 즐기도록 되어 있으며, 배우자 앞에서 벌거벗는다는 것이 하나도 부끄러울 것이 없다고 일관되게 가르친다. 만약 결혼 안에서의 섹스가 어떤 방법으로든 나쁘거나 혹은 거룩하지 않다면 주님께서는 "성적인 의무를 다하라" 그리고 "너의 몸을 너의 배우자에게 주어라"와 같은 권고를 하지 않으셨을 것이다. 결혼은 주님께서 세상의 다른 모든 관계로부터 따로 구별해 두신 관계이므로 '거룩' 하다.

두번째 오해는 섹스가 상이나 혹은 벌로 사용된다는 것이다. 주님께서는 이미 당신의 몸을 당신 배우자가 주장하도록 하셨기 때문에, 섹스는 상으로 내려주거나 혹은 벌로 보류할 수 있는 것이 아니다. 섹스는 오직 배우자가 친절하고 좋은 선물을 주거나 제 시간에 집에 들어오거나 집을 청소하거나 신용 카드를 너무 많이 사용하지 않거나 혹은 어떤 다른 이유들로 당신의 섹스를 '받을 만한' 때만 주는 것이 아니다. 배우자가 불친절하고 가혹하고 잘 잊어먹고 어지럽히고 낭비한다고 해서 보류되어야 하는 그런 것이 아니다. 하나님께서는 섹스를 '상과 벌'의 경기장에서 가지고 나오셔서, 그것을 즐기든 그렇지 않든 당신의 배우자가 주장하도록 주셨다.

섹스에 관한 세번째 오해는 그것이 사람의 기분이나 기호에 따라서 결혼 생활 중 선택할 수 있다고 생각하는 것이다. 결혼한 사람들 대부분이 성관계를 배우자의 권한 아래 두지 않고 자신의 권한으로 생각하는 경향이 있다. 많은 사람들이 거절당할까봐 두려워 섹스를 먼저 요구하지 못한다. 그러나 이 성경 구절은 거절할 수 있는 선택권을 앗아간다. '두통' 혹은 '너무 피곤해서' 아니면 '어제 밤에 했잖아요'라는 유명한 구실들은 내 몸은 내 것이고 내가 원하는 대로 할 수 있다는 잘못된 마음에서 오는 것이다. 결혼한 그리스도인이 이러한 권한 위임을 온전히 감싸안는다면, 그들의 결혼 생활에는 놀라운 변화가 일어날 것이다.

이 구절은 심오한 내용을 담고 있다. 그리스도인들의 결혼은 주님의 바람을 반영해야 하고 이기적이지 않은 사랑을 특징으로 드러내야 한다. 부도덕이 그렇게 판을 치는 것도 당연하다. 성적 부도덕에 대한 주님의 근본적인 해결책이 그렇게 널리 내팽개쳐져 있으니! 결혼한 남자와 여자들이 성생활에서 만족과 기쁨을 누리는 것이 하나님의 뜻이다. 결혼한 남자와 여자들이 성생활에서 좌절과 실망을 경험하게 되는 것은 하나님의 뜻이 아니다.

4. 주님께서는 당신에게 '분방하지 말라'고 명령하신다.

> 서로 분방하지 말라 다만 기도할 틈을 얻기 위하여 합의상 얼마 동안은 하되 다시 합하라 이는 너희의 절제 못함을 인하여 사단으로 너희를 유혹하지 못하게 하려 함이라(고전 7:5).

회사에서 집에 도착한 시간이 저녁 6시, 그리고 이런 일이 일어났다고 상상해 보라. 뒷문으로 들어오면서 "아이구 배고파! 저녁 식사 시간까지 기다릴 수가 없어." 당신 배우자가 올려다 보면서 말하기를 "무

> 성적 금지와 관련된 하나님의 말씀은 인간의 재미를 망치기 위해서가 아니고 건강과 성적 활력을 보존하기 위해서 주어진 것이다.
> - 윌리암 백커스(William Backus)

슨 말을 하는 거예요? 아침 만들어서 드렸더니 먹었고, 그리고 밖에 나가서 점심 식사 했죠. 지금 또 저녁을 만들라는 거예요? 도대체 당신은 돼지예요, 뭐예요?"

당신이라면 그 순간 어떻게 느끼겠는가? 당신이 막 대답을 할려고 돌아설 때, 당신의 배우자가 계속해서 쏘아부친다. "그리고 당신은 항상 자신만 생각해요. 배고픔. 당신의 계획! 당신은 너무나 이기적이에요!"

그렇지만 분명히 이런 예는 절대 일어날 법한 일이 아니다. 왜냐하면 모든 사람이 아침, 점심 그리고 저녁을 먹어야 한다는 것을 알기 때

문이다. 누구도 식사 때마다 하나님께서 주신 식욕에 대해 이기적이라고 말하지 않는다. 그렇지 않은가? 그런데 어떤 사람이 전날 밤 섹스를 하고 오늘 밤 또 하기 원하면 그것이 '이기적인' 것이 되어야 하는가? 그리고 우리는 왜 남편보다 성욕이 강한 아내를 멸시해야 하는가?

> 음식에 대한 필요는 하나님이 주신 것이고 좋은 것인가?
> 섹스에 대한 필요는 하나님이 주신 것이고 그러므로 좋은 것인가?
> 두 질문에 대한 답은 모두 '그렇다'가 되어야 한다.

그러면 왜 식욕에 대해서는 그렇지 않은데 성욕에 대해서는 그렇게 많은 곤란과 혼동 그리고 감정적 좌절감이 있게 되는가? 내가 말할 수 있는 한, 그것은 세 가지 이유가 있다.

첫째, 식욕은 다른 어떤 사람이 관여하지 않고도 채워질 수 있다. 삼 분 전에 나는 이층으로 올라가 커피와 토스트를 만들었다. 누구도 필요하지 않았다. 그러나 성욕은 그것이 하나님의 말씀대로 이행되기 위해서는 항상 다른 사람의 적극적인 참여가 필요하다.

둘째, 식욕은 모든 사람에게 똑같이 적용된다. 모든 사람이 적어도 하루에 세 번은 배가 고프다. 우리의 문화에서는 모든 사람이 아침, 점심 그리고 저녁을 먹는다는 것을 알고 그렇게 예상한다. 그리고 특별한 일이 없다면 모든 사람이 거의 같은 시간에 배가 고프다. 주님께서는 남자, 여자 그리고 아이 모두 비교적 같은 시간에 배가 고프도록 창조하셨다. 다른 한편으로 성욕은 대부분 여자보다 남자에게 더 높다. 이러한 차이는 창조주 하나님의 주권적인 선택임을 나타낸다. 주님께서는 모든 결혼이 우리들 속에 맞추어진 시계에 따라 어떤 특정한 불균형을 경험하도록 하셨다.

하나님께서 주신 성욕 때문에 자신을 이기적이라고 생각하는 사람이 몇이나 될까?

여러 가지 다른 빈도로 섹스를 원하게 되는 것은 남자나 여자에게 달려 있는 것이 아니고 오직 하나님께 달려 있다. 남자들이 여자들보다 더 자주 섹스를 원한다고 해서 더 '이기적이거나' 혹은 여자가 덜 원한다고 해서 '이기적이지 않거나' 하는 것이 아니다.

하루에 세 번 먹고자 하는 바람에 대해 적용되는 '이기심'이나 성욕에 대해 적용되는 '이기심'은 같은 것이어야 한다.

이 시리즈에 대해 가르칠 때마다, 청중들 중 몇몇 여성들이 자신들을 변호하기 시작한다: "제 남편이 원하는 만큼 섹스를 하자면 매일 밤 하루도 거르지 않고 해야 합니다!" 다시 한번 그 구절을 읽고 주님의 관점에서 살펴 보라. 음식에 대한 욕구로 잠시 되돌아가 보자. 아내가 저녁에 회사에서 집으로 돌아왔고, 그날은 남편이 저녁을 준비하는 날이라고 가정해 보자. 그런데 남편은 아무 것도 준비하지 않았을 뿐 아니라 모든 음식을 감춰 놓았다. 그날 밤 그녀는 무엇을 하겠는가? 그렇다. 찬장 안을 뒤지며 먹을 것을 찾을 것이다. 그런데 남편이 그녀에게 "다른 곳에서 음식을 먹으면 그것이 당신이 내게 불충실할 뿐 아니라 나를 사랑하지 않는다는 증거요"라고 말했다고 가정해 보자.

곧 무슨 일이 일어날지 아는가? 아내는 자기 집에서 음식 찾는 것을 그만 두고 밖으로 나가 다른 사람의 부엌에서 음식을 찾는다. 어쩌면 침대 밑이나 서랍장 깊은 곳에다 음식을 감춰 둘지도 모른다.

많은 사람들이 이 성경 구절에 어려움을 느낀다는 것을 안다. 아내의 섹스 요구를 계속해서 거절하며 자신의 몸을 아내가 주장하지 못하도록 한 남자들에게 이 구절은 과감한 의미를 내포하고 있다: "서로 분방하지 말라… 이는 너희 절제 못함을 인하여 사단으로 너희를 유혹하지 못하게 하려 함이라"(고전 7:5).

결혼 안에서의 성욕에 대해 두 가지 아주 다른 관점이 있다. 하나는 성욕을 조절하는 기독교적 방법은 자기 절제를 많이 연습하고, 자주 분방하고 그리고 배우자가 하려고 하는 만큼만 섹스를 하라는 것이다. 다른 하나는 자족하기를 많이 연습하고, 거의 분방하지 말며 (보통 아프거나 출장 때 외에는), 원하는 만큼 섹스를 하라는 것이다.

이 두 가지 관점이 얼마나 큰 차이가 있는지 알겠는가? 세미나나 모임 등에서 투표를 해 보면 결혼한 그리스도인들 중 80퍼센트 넘는 사람들이 '자주 분방한다'고 한다. 그런데 성경에서는 결혼 생활 중에 '분방하는' 것에 대해 어떻게 얘기하는가? "서로 분방하지 말라"(고전 7:5)고 한다.

"자기 절제를 함으로써 분방하라"고 말하는 대신 성경은 "서로 분방하지 말라!"고 한다. 성적 부도덕에 대한 성경의 해답은 분방함으로써 만족하는 법을 배우는 것이 아니고, 배우자와 함께 섹스를 즐김으로써 만족하는 것을 배우라고 한다. 주님께서는 당신이 결혼 생활 안에서 성적으로 좌절되거나 혹은 금욕적으로 살기를 원하지 않으신다.

"분방하지 말라"고 번역된 말의 원래 의미는 "서로 뺏지 말라" 혹은 "서로 속여 빼앗지 말라"는 의미다. 결혼 생활 속에서 속여 빼앗는 것이 실제로 일어날 수 있는 일이라는 데 주석가들은 동의하는데 왜냐하면 한 배우자가 실제로 자신의 것이 아닌, 배우자의 것을 속여 빼앗기 때문이다. 배우자가 섹스를 원할 때, 자기의 몸을 주지 않는다면 이것은 성경에서 말하는 속여 빼앗는 것이 된다. 왜냐하면 주님께서 어떤 사람의 몸을 그의 혹은 그녀의 배우자에게 주었기 때문이고, 자신의 것이 아닌 것을 가지고 주지 않으면, 그것은 속여 빼앗는 것이기 때문이다.

약 500명의 그리스도인 리더들에게 이것을 가르친 후에 일어난 어떤 일을 잊을 수가 없다. 그 모임 뒤에 많은 사람들이 눈물로 회개했다. 모든 사람이 떠난 뒤, 65세 된 기품 있는 여자가 내게로 왔다. 그녀의 눈은 충혈되었고 고통을 감추지 못하고 있었다. 그녀는 "결혼 생활 동안 제가 얼마나 남편을 속여 빼앗았는지요. 남편과 섹스하는 것을 피하기 위해 저는 가능한 모든 이유를 대면서 '안돼요'라고 했습니다. 마침내 그는 더 이상 요구하지 않았고 저는 그가 다른 곳으로 가 버릴까봐 염려했습니다. 저는 하나님과 제 남편에게 크게 죄를 범했습니다. 이제 너무 늦었을까요?"

그날 밖에는 비가 퍼붓고 있었고 하나님 말씀의 비는 그녀의 삶을 깨끗하게 씻어 내렸다. 오, 우리가 함께 가졌던 시간은 얼마나 귀중했던지. 떠날 때가 되었을 때, 그녀는 다른 여자가 되어 있었다. "제 남편이 심장 마비가 걸릴지도 모르겠지만 오늘밤에 시작하겠어요. 그의 성적 필요를 채워 주기 위해 제 의무 이상의 것을 하겠어요!"

5. 오직 네 가지 조건 하에서는 서로 '분방할' 수 있다고 주님께서 말씀하신다.

서로 분방하지 말라 다만 기도할 틈을 얻기 위하여 합의상 얼마 동안은 하되 다시 합하라 이는 너희의 절제 못함을 인하여 사단으로 너희를 유혹하지 못하게 하려 함이라(고전 7:5).

어떤 경우에 예외가 되는가? 배우자가 원할 때마다 섹스를 해야 한다고 성경은 말하고 있는가? 다행히도 성경은 이 중요한 문제에 대해 침묵하지 않으며 부부 중 한 사람이 섹스를 거절할 수 있는 네 가지 조건을 말해 주고 있다.

첫째로, 부부 두 사람이 모두 '동의할' 때 서로 '분방할' 수 있다. 당신은 섹스를 거절할 권한이 없다. 이 예외가 적용되려면 섹스를 하지 않기로 두 사람이 합의해야 한다.

이것이 실제 생활에서는 어떻게 작용하는지 말해 보겠다. 지난 밤 당신의 배우자가 다가와서 섹스를 하기 원했다고 가정해 보자. 너무 힘들고 피곤한 하루였기에, 당신은 "오늘 밤은 정말 피곤해요. 당신이 괜찮으시다면 내일 밤으로 미루고 싶어요. 그렇지만, 여보, 당신이 원하신다면 오늘밤도 괜찮아요. 어떻게 생각하세요?" 성경적으로 말하면, 최후의 결정권은 누구에게 있는가? '피곤한 배우자'인가 아니면 '먼저 요구한 배우자'인가? '먼저 요구한 배우자'가 항상 최종적인 결정을 하게 되어 있는데, 왜냐하면 당신의 몸은 배우자가 주장해야 하고 당신은 배우자에게 의무를 다해야 하는, 주님이 주신 의무 아래 있기 때문이다. 당신의 피곤함을 안 후에도 배우자가 섹스를 원한다면, 당신의 몸을 '주장'할 사람은 배우자다.

그러나 몸이 배우자에게 속해 있다고 해서, 협상할 자유도 없다는 것은 아니다! 거절하기보다는 기꺼이 할 생각이 있지만 피곤해서 그렇다는 것을 먼저 시작한 배우자가 알게 되면 이해해야 한다. 합의한 경우 외에는 서로 분방하지 않도록 성경에서는 확실하게 말하고 있다.

둘째, 두 사람이 얼마 동안 섹스를 미루기로 합의했을 때는 서로 '분방할' 수 있다. 부부가 섹스를 하지 않기로 서로 합의할 때는 언제든지, 그들이 섹스를 언제 하게 될지도 합의해야 한다. "오늘 밤은 안돼요"라고 합의하는 것은 성경적 패턴을 따르는 것이 아니다. 성경에서는 아주 구체적인 '시간'을 의미하는 헬라어를 사용하고 있고 그 뜻은 '구체적인 기간'을 의미한다.

셋째, 기도에 전념할 때 서로 '분방할' 수 있다. 그래서 성경에서는 "서로 분방하지 말라 다만 기도할 틈을 얻기 위하여 합의상 얼마 동안은 하되"라고 말하고 있다. 현대 사회에서 성관계를 하지 않는 이유치고는 다소 드문 그리고 분명한 이유를 이 구절에서 제시하고 있다. 섹스를 하지 않을 수 있는 유일한 성경적 이유는 결혼 안에서 영적인 것에 중점을 두기 위한 기도에 전념하기 위해서다.

넷째, 부부가 언제 다시 합할지 그 시간을 정할 때만 분방할 수 있다. 성관계를 갖는 것이 정상적인 것이며 결코 예외가 될 수 없다는 사실을 성경이 곧바로 이야기하는 이유를 알겠는가? 이것은 마치 저자가

> 우리들은 술과 섹스 그리고 야망 주위에서 놀며, 우리에게 제공된 무한한 기쁨에 냉담한 창조물이다. 바다에서 휴일을 즐기는 것이 무엇인지 상상조차 못하며 불결한 곳에서 진흙 파이를 계속해서 만들기 원하는 무지한 아이처럼, 우리들은 너무 쉽게 즐거워한다.
> - C. S. 루이스(C.S.Lewis)

'결혼 생활의 규범'으로 신속히 되돌아가기 위해 이런 핑계를 댈 수 없음과 같다.

6. 서로 분방하면 사탄에게 자신을 열어 주는 것이 된다고 주님께서는 경고하신다.

서로 분방하지 말라 다만 기도할 틈을 얻기 위하여 합의상 얼마 동안은 하되 다시 합하라 이는 너희의 절제 못함을 인하여 사단으로 너희를 유혹하지 못하게 하려 함이라(고전 7:5).

부부가 합의하고 얼마 동안 분방한 후에 다시 합해야 하는데, 그렇지 않으면 성적인 영역에 있어서 불필요하게 자신을 사단의 공격에 내어주게 될 것이다. 하나님께서 인간 속에 두신 성욕 때문에 성적 유혹은 너무나 강력할 수 있다. 섹스를 얼마간 하지 않은 후에는 서로 다시 합쳐야 한다. 그렇게 하지 않으면 사탄은 부도덕하게 만드는 성적 유혹으로 당신을 유혹할 것이다. 섹스가 더 오래 연기되고 부부가 합치지 않는 시간이 길어질수록 사탄의 유혹에 빠질 가능성은 더 커지게 될 것이다.

7. 분방하면 절제가 '부족하게' 된다고 주님께서는 경고하신다.

여러 날 동안 부부가 섹스를 하지 못한다면 어떤 일이 생길까? 사탄은 한 가지 이유 때문에 우리를 유혹한다고 성경은 말하고 있다: "너희의 절제 못함을 인하여." 섹스를 하지 않으면 성적인 자기 절제가 약해지게 된다.

보통 사람의 마음 속 어디엔가는, 부부가 섹스를 '하지 않음으로써' 오는 결과가 당장의 짧은 좌절감 말고는 별다른 피해가 없다는 아주 심각하고도 위험한 오해가 자리잡고 있다. 이 구절은 현실을 말해주고 있다: 결혼 안에서 섹스를 계속적으로 미루면 사람에게 불필요하면서도 실제적인 압박을 가하는 것이 된다.

이 구절을 제대로 읽어 보면 결혼한 사람들은 성적 필요가 채워질 때보다 거절될 때, 사탄으로부터 성적인 유혹을 더 많이 받게 될 것임을 알게 된다. 이 구절을 통해서 내릴 수 있는 결론은 배우자의 성적 필요를 빼앗거나 혹은 속여 빼앗는 사람은 성적으로 부도덕하게 되는 사탄의 유혹을 위한 으뜸가는 통로를 열게 되는 것인지도 모른다.

선물로 받은 섹스를 즐기는 것

WTB 사역을 하다보면 집을 떠나 있는 경우가 종종 많이 있다. 70개국 이상에서 50가지 이상의 다른 언어를 각각 사용하는 3,000명이 넘는 강사들을 통해 거의 25년 넘게 얻어진 직접적인 경험들이 얼마나 풍부한지 상상하기 힘들 것이다. 국가별 교육 모임에는 추가 훈련과 사역을 위해 WTB 강사들과 교육 담당관들이 함께 모인다. 교육 총책임자와 지도자들은 다른 모든 스태프진들과 함께 성적인 유혹의 심각성에 대해 나눈다. 가능한 신중한 태도로, 강사들이 여행 중 유혹 받는 양을 줄이기 위해서는 집을 떠나기 전 자신들의 성적 필요를 충족시키는 것에 관해 배우자와 솔직히 의논하는 것이 매우 중요하다고 교사들에게 강력하게 권하곤 한다.

이렇게 솔직한 제안에 대해 큰 감사를 표하는 사람들이 얼마나 많은지 모른다. 특히 그들의 아내들이 있는 곳에서. 우리들 중 가장 용감한 사람이라도 때때로 이런 것을 표현하기가 어렵고 다소 불편한 것이 사실이다. 어떤 사람들은 길을 떠나기 전 섹스를 하고자 하는 자신들의 필요에 대해 잘못된 죄책감을 여전히 가지고 있다.

일 주일 간 진행되었던 어느 교사 훈련 모임 중간에, 아내와 호텔 로비에서 이야기를 하고 있었다. 우리들의 '베테랑' 교사의 아내 중 한 사람이 우리에게 다가와 좀 개인적인 이야기를 나눌 수 있는지 물었다. '섹스 이야기'에 대해 자신이 얼마나 감사하고 있는지를 말하고는, 그녀는 자신의 남편(전임 목회자)과 25년 넘게 행복한 결혼 생활을 하고 있었지만 여행 전에 남자와 여자의 성적 필요에 대한 개념은 그녀에게 새로운 것이었으며 놀랍기조차 한 것이었다고 얘기했다. 그녀는 여자이기 때문에 성적 필요에 있어서 남자와는 아주 다르다고 하면서, 다른 사람이 얘기해 주지 않았더라면 결코 알지 못했을 것이라고 말했다.

그녀는 자기가 60세가 다 될 때까지 누구도 그렇게 중요한 문제를 얘기해 주지 않은 것이 무척 아쉽다고 말했다. 그녀는 미소를 지은 채 아내 달린을 똑바로 쳐다보며 말했다. "달린, 이제 진리를 알았어요. 사랑하는 남편이 오직 나만이 줄 수 있는 특별한 선물 없이 여행을 떠나게 하지는 않을 거예요. 그가 그럴 마음이 없다고 하더라도 말이에요! 그가 떠날 당시의 기분을 걱정하는 것이 아니라, 다음날 밤 내가 그의 곁에 없을 때를 염려해서죠. 나는 그가 그 선물을 받고자 유혹 받는 유일한 사람이길 바라기 때문이에요!"

거룩한 습관을 계발하라

콩 심은 데 팥이 날까?

9

> 훨씬 더 나은 어떤 것에 '예'라고 대답
> 할 수 있는 자만이 유혹에 '안돼'라고
> 말할 수 있다.
> – 어윈 루처(Erwin W. Lutzer)

이시점까지 다룬 모든 내용은 이 장을 위한 준비였다. 이제 당신은 '거룩'이 구별을 의미하고, 세속적인 것으로'부터' 신성한 것 '으로' 구별되는 것을 포함하며, 주님과 그분의 말씀의 기준으로 정의되어야 한다는 것을 이해했을 것이다. '위치적 거룩'은 당신의 죄를 위한 주님의 대속적 죽음을 받아들이는 그 순간 주님이 당신을 어떻게 보시는가 하는 것과 관련되는 것이고, '드림의 거룩'은 주님의 자비와 긍휼 때문에 당신이 그분께 그리고 그분의 사역에 자신의 삶 전체를 드리고자 헌신하는 것을 의미하고, '진보적 거룩'은 주님께서 부정하다고 생각하시는 모든 것으로부터 항상 자신을 깨끗하게 하는 것임을 이제 이해하게 되었다.

그러나 '거룩'을 생각할 때 정상적으로 우리 마음 속에 떠오르는 것에 대해 거의 토론하지 않았다: 그리스도와 같은 행실과 성품. 성경에서는 진보적 거룩의 구체적 순서를 설명하고 있다. 에베소서 4장 2-24절로부터 그 순서를 발견할 수 있다:

너희는 유혹의 욕심을 따라 썩어져 가는 구습을 좇는 옛 사람을 벗어 버리고 오직 심령으로 새롭게 되어 하나님을 따라 의와 진리의 거룩함으로 지으심을 받은 새 사람을 입으라.

안타깝게도, 많은 신자들이 이 성경적 패턴을 놓친 결과 개인의 거룩을 신실하게 추구하다가 계속적으로 패배를 경험하며 절망하기조차 한다. 성경은 우리가 따라야 할 패턴을 제시하고 있다: 첫째는 부정한 것이 깨끗하게 되어야 하고, 그리고 나서 거룩을 추구해야 한다. 주님께서는 의를 추구하는 모든 행동을 분명히 기뻐하시지만 거룩을 향해 성장해 가는 과정이 부정함 때문에 방해받을 수 있다고 가르치신다.

다른 말로 하면, 새로운 카펫을 깔려고 하기 전에 먼저 더러운 옛 카펫을 찢어버리라는 것이다. '입기' 전에 '벗어 버려야' 한다. '불의에서 떠나고' 그 후에 '의를 추구하라.' 이 말이 의의 긍정적 특색들을 먼저 추구해서는 안된다는 것을 의미하는가? 분명히 그렇지 않다. 그러나 진실된 성경적 관점은 이러하다: 알고 있는 모든 부정함을 먼저 깨끗하게 함으로써 거룩을 추구하라; 알고 있는 모든 부정이 깨끗하게 되었을 때, 그 뒤에 긍정적 거룩을 추구하는 것에 더 직접적으로 초점을 맞추어라.

주요한 죄의 문제를 해결하지 않은 채 거룩의 긍정적인 특색을 추구하고자 하면, 주님께서는 긍정적 행동도 죄악된 것으로 간주하실지 모른다. 왜냐하면 경건한 삶이나 봉사하는 행위 때문에 주님께서 현존하는 죄를 '잊어' 버리시거나 혹은 적어도 '눈감아' 주시리라고 생각함으로써 우리들이 자신들의 죄를 합리화하게 될지도 모르기 때문이다.

구약의 선지자들을 통해 거듭 거듭 말씀하시는 것은, 이스라엘 백성들이 큰 죄를 범하고 있으면서 습관적으로 제사를 드리는 것에 대해 주님께서 기뻐하시지 않는다는 것이다. 죄는 순종을 무효화시킨다. 다른 말로 하면, 부정적 거룩 때문에 주님께서는 긍정적 거룩조차 무가치한 것으로 거절하실 수 있다는 것이다. 어떤 부분에서 주님께 반항하면서 다른 부분에서 주님을 찾는 것은 전체 과정을 무효화하는 것이 될 수도 있다.

마태복음 5장 23-25절에 있는 그리스도의 말씀을 통해 거룩의 다른 반쪽에 먼저 주의를 기울여야 한다는 것을 알 수 있다:

> 그러므로 예물을 제단에 드리다가 거기서 네 형제에게 원망 들을 만한 일이 있는 줄 생각나거든 예물을 제단 앞에 두고 먼저 가서 형제와 화목하고 그 후에 와서 예물을 드리라.

일반적 원리를 따르면, 부정한 모든 영역으로부터 먼저 자신을 깨끗하게 하고 그 후에 긍정적 거룩 영역에 강하게 초점을 맞추라는 것이다. 이 부분에서 혼동하지 말라. 두 가지 부분 모두 거룩에 있어서 필요하다! 그리스도인들이 긍정적 거룩을 부정적 거룩보다 '더 나은' 것이라고 생각하기도 하지만, 성경은 그렇게 가르치지 않는다. 다른 말로 하면, 먼저 자신을 죄로부터 깨끗하게 하고 그 후에 순종을 더함으로써 거룩을 추구하라는 것이다. 그 순서는 성경적인 것이고 나의 경험에서 볼 때, 대부분의 신자들이 놓치고 있는 중심 진리다. 부흥은 회개와 깨끗하게 함으로 시작되고 그리고 나서 그리스도와 더 가까운 사이가 되며 그 분께 더 크게 순종하게 된다.

진보적 거룩의 두번째 부분

진보적 거룩의 첫번째 반쪽은 삶에서 모든 부정적인 요소들을 제거하는 것에 중점을 둔 반면, 두번째 반쪽은 모든 긍정적인 요소들을 첨가하는 것에 중점을 둔다. 두 가지 부분 모두 일어난 사건이라기보다 일어나고 있는 과정이고, 일생을 통해 이루어지며 결코 단번에 이루어지지 않는다. 알고 있는 모든 죄로부터 자신을 깨끗하게 한 뒤에 모든 영역에서 깨끗한 양심을 가지고 주님 앞에 정직하게 서라. "결코 완전히 깨끗하게 될 수 없다"는 말의 희생자가 되지 말라. '깨끗하게 함'과 '떠남'을 통해 어느 특정한 순간에 그 과정이 완성될 때까지 계속해서 나아가라고 성경은 명령한다. 그리고 하나님의 눈에나 당신의 눈에나 한번 완전히 그 과정을 마쳤다고 해서 나중에 과정을 다시 거칠 필요가 없다고 하는 잘못된 생각의 희생자도 되지 말라.

거룩의 두 가지 부분에 대해 좀더 살펴 보자:

부 정	거 룩
'부정적 거룩'	'긍정적 거룩'
먼저 완성하라	다음으로 추구하라
불의의 죄악된 행위들	의의 경건한 행위들
'자신을 깨끗하게 하라'	'의를 좇으라'
모든 부정함을 물리치라	모든 거룩한 것을 더하라
'옛 사람'을 벗어버리라	'새 사람'을 입으라
'육체의 일'	'성령의 열매'
'육'의 삶	'성령'의 삶
불순종	순종

도표를 보면, 두 가지가 모두 거룩에 직접적으로 연관되어 있지만 서로 별개의 것임을 알 수 있다. 다른 말로 하면, 단지 자신의 죄를 삶에서 없애버림으로써 성경적으로 거룩하게 되는 것은 아니다. 너무나 많은 신자들이 "내가 이러한 죄를 짓지 않을 수만 있다면 거룩하게 될 텐데!" 라고 생각한다. 거룩은 단지 어떤 것이 없어지는 것만으로 이루어지지 않고 동시에 다른 무언가가 존재해야 한다고 성경은 가르친다.

이 주제를 좀더 깊이 다루어 보자: 우리가 성경에 순종하고 모든 부정한 것으로부터 자신을 깨끗하게 하는 그 순간 왜 자동적으로 거룩하게 되지 않는가? 왜냐하면 그 모든 것 '아래'에, 우리의 마음이 여전히 악한 채 남아 있기 때문이다. 현대의 많은 자유신학자들과는 달리 성경은 사람의 마음이 '선한' 것이 아니라 '악하고 속이는' 것이라고 명백하게 말한다. 그러므로 자신을 불의에서 깨끗하게 함으로써 성경에 순종했다 해도 우리가 모든 거룩함으로 충만해 있는 것은 아니다. 단지 그 순간 부정하지 않을 뿐이다. 이제 그리스도로 옷입을 필요가 있다.

부정함의 부재(不在)가 거룩의 존재를 의미하지 않는다. 그래서 거룩에 대해 토론할 때 성경은 거의 항상 그리스도인들로 하여금 진보적 거룩이라는 등식의 양면에 모두 주의를 기울이도록 권하고 있는 것이다: 자신을 깨끗하게 하고 의를 추구하라. 옛 사람을 벗어버리고 새 사람을 입으라.

그러면 단지 '옛 사람을 벗어' 버림으로써 '새 사람을 입을' 수 있는가? 절대 그렇지 않다! 부정적인 것과 긍정적인 것 모두를 성취해야 하고 그렇지 않으면 주님께서는 우리들을 모든 행실에 거룩한 자라고 말씀하지 않을 것이다. 거룩한 행실은 죄의 부재와 의의 존재로 특징지워진다. 진보적 거룩의 두번째 반쪽은 그러므로 적극적인 것이고 그리스도를 닮아가기 위해 계속해서 노력하는 것이다.

거룩을 추구할 때 알아야 할 진리

오늘날 기독교 공동체에 존재하는 엄청난 규모의 불경건 때문에, 그리스도인들의 삶에도 마찬가지로 긍정적인 거룩함이 덜 존재할 것이라고 추측할 수 있다. 일반적으로, 부정적 거룩(먼저 존재하고, 알고 있는 죄의 양)은 긍정적 거룩(먼저 존재하고, 실행된 의의 양)보다 항상 더 크다.

두 가지 중 긍정적 거룩이 더 진보된 것이다. 진보적 거룩에 있어 계속적으로 승리하기 위해서, 부정적 거룩(자신을 모든 불의에서 깨끗하게 함)은 긍정적 거룩의 필요 조건이다. 잠시 생각해 보면 이 원리가 당신의 영적인 삶에 몇가지 조언을 해 줄수 있다.

　1. 신자가 주님과 함께 더 깊이 동행하고자 한다면, 첫번째 단계는 먼저 깨끗하게 되어야 한다. 너무나 많은 그리스도인들이 경건의 삶을 사는 데 있어서 거듭 실패하는 이유는 훈련이 부족해서가 아니다. 바람이 부족해서도 아니다. 시도하는 횟수가 적어서도 아니다. 대신에 먼저 존재하고 있었던, 알고 있는 죄를 개인적으로 깨끗하게 하지 못하는 데서 온다. 이러한 죄들은 거룩의 순례길에 있어서 거대한 그리고 거의 뛰어 넘을 수 없는 장애물로 작용한다.

　2. 어떤 사람의 삶에 존재하는 습관적이고도 계속적인 긍정적 거룩의 정도(이것에 관해서는 나중에 더 깊이 설명할 것이다)라는 것은 그 사람의 삶에 현재하는 죄의 정도를 반영해 주는 것이라고 할 수 있다. 긍정적 거룩이 적을수록, 부정적 거룩이 더 많아진다. 다른 말로 하면, 신자가 개인적으로 많이 기도하지 않고, 성경을 많이 읽지 않으며, 하나님의 일에 돈을 쓰지 않고, 자신의 달란트로 주님을 섬기지 않으며, 주님을 공적으로나 사적으로 찬양하고 예배하지 않고, 영원한 것들에 자신의 달란트를 투자하지 않으며, 필요한 자들에게 사역하지 않고, 잃어버린 영혼들에게 복음을 전하지 않는다면, 그 사람의 삶 표면 아래에는 상당한 죄가

> 인간 운명의 끝은 행복도 건강도 아니고 거룩이다. 하나님은 인간을 위한 영원한 축복 기계가 아니시다. 그분은 인간이 불쌍해서 구원하러 오신 것이 아니다. 오히려 인간이 거룩하도록 창조하셨기 때문에 그들을 구원하러 오신 것이다.
> ― 오스왈드 챔버스
> (Oswald Chambers)

있다는 것을 알 수 있다.

　3. 이 원리는 그리스도인 개인의 삶 뿐 아니라, 가족, 지역 교회 혹은 그리스도인 단체에서도 적용된다. 거룩에 관해 맥을 짚을 수 있는 가장 쉬운 방법 중 하나는 기도와 같은 간단한 것을 점검해 보면 알 수 있다. 삼 개월 동안 개인적 기도에 투자하는 시간과 정력을 점검해 봄으로써, 행실과 성품에 있어서 거룩한 정도를 알 수 있게 된다. 많이 기도하지 않는 사람들은 많이 거룩하지 않다. 많이 기도하지 않는 교회는 마찬가지로 그다지 거룩하지 않다.

　새로운 도시로 이사가서 근처 교회에 나갔던 때를 잊을 수 없다. 약 400명의 어른들이 매 주일 아침 예배에 참석하는 교회였다. 수요일 밤 기도회를 방문했다. 구석진 조그마한 방에서 간신히 기도회를 발견했다. 나의 어머니 연세 정도 되시는 경건한 할머니들 네 분이 모여 기도회를 하고 있었다. 그 지역 교회의 삶은 어떤 것인지 아는가? 별로 거룩하지도 않고 생기도 없었다.

- 기도를 많이 하는 어떤 사람과 함께 할 기회가 주어지면, 그들의 삶 가운데 개인적으로 깨끗하게 되는 경험을 하는 때가 언제인지 물어보라. 그들은 아마 미소를 짓고 기도할 때라고 말할 것이다. 오늘날 거듭난 신자의 삶에 존재하는 긍정적 거룩의 수준이 어느 정도일까? 과거 30년 동안 전 세계에서 사역하면서 내가 발견한 것은 다음과 같다:

- 식사 기도나 교회와 관련된 행사에서 기도하는 것을 제외한다면, 보통 거듭난 신자는 하루에 기도하는 시간이 2분 이하다.

- 교회 행사 때 성경 읽는 것을 제외하고, 보통 거듭난 신자는 하루에 성경 읽는 시간이 3분 이하다.

• 통계에 따르면, 보통 거듭난 그리스도인은 자신의 전체 수입의 3퍼센트 이하를 기독교와 관련된 일에 헌금한다.

이 말에 충격을 받았는가? 그리스도인이 된지 일정 기간이 지났다면, 당신 역시 여기에 수긍할 것이다. 이 통계가 당신을 너무 잘 그리고 있기 때문에 어쩌면 당신도 이 통계에 대해 불편함을 느낄지도 모르겠다. 이 부분 전체가 당신을 위해 쓰여졌다. 주님께서는 당신이 얕은 영적 삶을 깨고 거룩해지기를 원하실 뿐 아니라, 어쩌면 마음 속 깊은 곳에서 당신도 바라고 있을 것이다!

열매로 그들을 알리라

두 주 전에, 우리 나라에서 가장 존경받는 신학교 중 한 곳에 다니는 졸업반 학생과 오후를 보냈다. 지난 삼 년 간의 공부가 얼마나 유익했는지 물어 보았다. 재빨리 그는 많은 것을 배울 수 있어서 감사하다고 했지만, 곧 슬픈 표정으로 다음과 같이 말했다.

"신학교에 들어가게 된 것이 기쁘고 또 많은 것들을 배웠다는 것을 압니다. 그런데 한 가지 실망스러운 것이 있습니다. 하나님과 동행하는 방법에 대해서는 결코 가르침을 받은 적도, 배운 적도 없습니다. 신학, 성경, 선교, 기독교 교육, 전도학, 변증론 그리고 다른 중요한 과정들은 모두 이수했지만, 영적인 삶에 대한 과정은 한 학기도 배운 적이 없습니다. 어떻게 기도해야 하는지, 어떻게 하나님을 만나야 하는지 그리고 어떻게 하나님과 동행해야 하는지에 대해서는 배운 적이 없습니다. 많은 것들을 배우기는 했지만, 삼 년 전 신학교에 들어올 때보다 더 '사역을 잘 할 수 있을지에 대해서는 염려가 됩니다. 이 공부를 시작했을 때보다 더 거룩한 사람이 된 것은 아닙니다. 실제로 제 마음은 더 강퍅해졌고 이전보다 기도도 적게 합니다.

무언가가 잘못되었습니다. 신학교에서 하나님과 동행하는 법을 가르쳐 주고 거룩한 사람이 되는 길로 인도해 주리라 생각했습니다. 그런데 그렇지 않았습니다. 실제로, 결코 심각하게 그렇게 해보려 하지도 않았습니다.

조금 전에 가만히 앉아서 어쩌다 이렇게까지 됐는지 생각해 보았습니다. 이 나라에서 가장 훌륭한 신학교 중 하나 – 영적인 삶에 중점을 두고 있다고 알려진 – 에 다니고 있기는 하지만 삼 년 간의 고된 공부 기간 중 하나님과 동행하는 법이나 거룩한 사람이 되는 법에 투자한 시간은 그 중 2퍼센트 미만입니다."

그리고 내게로 고개를 돌리더니 예상했던 질문을 던졌다: "윌킨슨 박사님, 이 신학교가 예수님의 진가를 반영하고 있다고 생각하십니까? 이 신학교가 예수님이 제자들에게 하셨던 훈련을 본받고 있다고 생각하십니까? 하나님과 동행하는 법, 기도하는 법 그리고 거룩하게 되는 법보다 헬라어와 신학을 배우는 것이 더 중요하다고 생각하십니까? 신약 성경 중 2 퍼센트만이 하나님과 동행하는 것, 성령 가운데 사는 법 그리고 거룩한 삶을 사는 법에 대해 가르치고 있다고 생각하십니까?"

그 젊은 신학도에게 무슨 말을 해 줄 것인가? 근원이 어떠냐에 따라 물도 달라진다. 신학 대학원과 신학 대학에 따라 목사와 선교사가 달라지고, 목사와 선교사에 따라 교회와 기독교 단체가 달라지고, 교회와 기독교 단체에 따라 신자도 달라진다.

이러한 전략적 문제를 알려면 마지막 이 한 가지 관찰이 도움이 될 것 같다. 어느 도시에 이사 가서 다닐 교회를 찾기 위해 그 교회의 평판을 들어보려 한다고 가정해 보자. 그 교회 직원이나 혹은 교인들에게 물어보기보다, 교회 인근에 사는 여덟 가정을 임의로 찾아간다. 북쪽으로 둘, 남쪽으로 둘, 동쪽으로 둘 그리고 서쪽으로 둘. "저 코너에 있는 교회에 대해서 좀 얘기해 주시겠습니까?"라고 물어볼 때, 사람들이 무슨 말을 할 것인가?

내 경험에 비추어 본다면, 시도해 볼 생각조차 하지 말라. 이미 내가 한번 겪었기 때문이다. 얼마나 많은 얘기를 들었는지 모른다. 교회가 갈라진 얘기, 이전 성가대 대장과 교회 직원과의 애정 도피 행각. 그리고 목사가 마음대로 성도들을 내쫓아 버린 얘기. 마지막 집의 현관을 천천히 걸어 나올 때, 마태복음 5장 16절에 있는 예수님의 말씀이 떠올랐다: "이 같이 너희 빛을 사람 앞에 비취게 하여 저희로 너희 착한 행실을 보고 하늘에 계신 너희 아버지께 영광을 돌리게 하라."

거룩은 밖에서 그 표시가 난다는 것을 안다. 거룩은 모든 방향으로 착한 행실을 드러나게 한다. 왜냐하면 긍정적 거룩은 행동에 영향을 미치고 행동을 통제하기 때문이다. 그것 때문에 예수님이 마태복음 7장 15-20절에서 다음과 같은 말씀을 하신 것이다:

> 거짓 선지자들을 삼가라 양의 옷을 입고 너희에게 나아오나 속에는 노략질하는 이리라 그의 열매로 그들을 알지니… 좋은 나무가 나쁜 열매를 맺을 수 없고 못된 나무가 아름다운 열매를 맺을 수 없느니라… 이러므로 그의 열매로 그들을 알리라.

주님의 논리를 이해할 수 있겠는가? 사람 속에 있는 것은 자연히 그 사람 밖으로 나온다. 선한 것이 그 속에 있으면 분명히 아름다운 열매를 맺게 된다. '아름다운 열매'는 '선한 행위들'과 같은 것이고 그러한 개념들이 신약에서 자주 혼용되고 있다. 어떤 사람이 거룩할 때, 그의 행동은 선한 행실로 흘러 넘친다. 어떤 교회가 거룩할 때, 그 교회는 선한 일로 가득하고 주변 사람들이 그것을 안다. 마태복음에서 신자의 선한 행실을 보고 있는 사람들이 비그리스도인들이라는 사실을 간과하지 말라. 그러므로 어떤 교회가 성경적으로 행하고 있는지는 그 교회 교인을 통해서가 아니라 이웃에게 물어봄으로써 알 수 있다.

교회의 열매

불행하게도 많은 교회가 분파, 부도덕, 지도자들간의 권력 다툼 그리고 재정적인 문제 등으로 이름을 떨치고 있다. 지역 사회가 그 교회에 대해 한 가지 선한 행동조차도 말할 수 없다면, 그 교회에는 거룩이 충만하지 않다고 확신할 수 있다. 성경적 거룩은 항상 선한 행위의 형태로 지역 사회에 흘러 넘친다. 지역 사회가 교회의 선한 행위를 하나도 알고 있지 않다면, 그 교회는 진실로 거룩이 부족한 상태다. 예수님께서 지적하셨듯이 나무는 항상 열매를 맺기 때문이다. 좋은 나무는 아름다운 열매를 맺고 나쁜 나무는 악한 열매를 맺는다. 지역 사회가 오직 나쁜 열매에 대해서만 알고 있다면, 그 교회는 주님의 눈에 거룩할 수가 없다.

그러면 '거룩한' 교회는 정말로 어떤 모습일까? 오늘 아침, 나이 이십 세에 200명이 모이는 개척교회를 맡았던 어떤 목사님의 삶에 대해 읽었다. 그가 58세로 생을 마치기까지 이 사역은 말 그대로 지역 사회 전체에 영향을 미쳤다. 이 교회가 지역 사회에 펼쳤던 '선한 행위'들을 보자:

1. 지역 사회에 적극적으로 사역하는 23군데의 선교 기지.
2. 지역 사회, 특히 도심가 빈민들을 위해 적극적으로 활동하고 있는 26개의 주일 학교.
3. 매 주일 저녁, 빈민가와 가난한 사람들을 위해 일하는 100명이 넘는 교인들.
4. 전 지역에 대규모의 계속적인 부흥을 일으킴.
5. 5000명이 넘는 인원을 수용할 수 있는 교회를 짓고 그 비용을 완전히 지불.
6. 매해 100명이 넘는 목사들과 함께 목사들을 훈련하는 목사들을 위한 큰 대학을 설립.
7. 그 지역에 매주 200반이 넘는 저녁 성경 공부 인도.
8. 많은 양의 전도용 소책자를 개발함.
9. 가가호호 방문을 통해 방대한 양의 기독교 서적을 분배했던 기독교 서적 판매 단체를 시작해 그 지역 사회에 가정 성경 공부반을 만들게 됨. 일년에 926,290의 집을 개인적으로 방문함!
10. 전 지역에 200개의 새로운 지역 교회를 개척함.
11. 나이 든 과부와 궁핍한 여자들을 위한 17채의 집을 짓고 집

과 음식을 위한 모든 비용을 계속적으로 지원함.
12. 400명 수용 규모의 고아원을 설립하고, 정부의 재정 도움 없이 모든 비용을 지원함.
13. 문서 사역을 시작해 수십만 권의 기독교 서적을 기증하고, 전 세계 선교사들과 가난한 목사들에게 무료로 보내줌.
14. 여성 자선 단체를 조직하여 그 도시의 고아들을 위한 옷을 만듦.
15. 단 12년 만에 39,000명이 넘는 새신자들에게 사역하여 세례를 줌.

이것들은 그 한 교회가 시작하고, 자금을 투자하고, 적극적으로 섬기고 있는 66가지의 사역들 중 15개만 열거한 것이다! 그 지역 사회가 그 교회와 겸손한 종, 찰스 H. 스펄전에 대해 어떻게 생각할지 상상할 수 있겠는가? 그 주의 종이 주일날 하나님의 말씀을 전할 때 수천 명의 사람들이 그리스도를 믿게 되는 것을 볼 수 있었을 것이다. 하나님의 사람들이 하나님의 사람답게 살아가기 시작했기 때문에, 그들은 하나님의 계획처럼 아름다운 열매를 맺게 되었던 것이다.

오늘날 대다수의 신자와 지역 교회에서는 긍정적 거룩의 모든 지표들을 거의 상실하고 있다. 주님 앞에서 회개하고, 우리들의 마음과 행위를 깨끗하게 하여, 마음과 뜻과 힘을 다하여 그분의 거룩을 추구하자. 우리가 그렇게 할 때, 하늘에서 축하 잔치를 벌일 뿐 아니라 우리들의 선한 행실을 보고 이웃이 하나님께 영광을 돌리게 될 것이다:

사랑하는 자들아 나그네와 행인 같은 너희를 권하노니 영혼을 거스려 싸우는 육체의 정욕을 제어하라 너희가 이방인 중에서 행실을 선하게 가져 너희를 악행한다고 비방하는 자들로 하여금 너희 선한 일을 보고 권고하시는 날에 하나님께 영광을 돌리게 하려 함이라(벧전 2:11-12).

어느 만큼 거룩을 추구하고 있는지 평가하라

때때로 얼마나 진보하고 있는지 자신을 점검해 보는 것이 큰 유익이 된다. 이제 당신은, 영적인 출생으로 시작하여 육체의 죽음으로 끝날 때까지, 거룩의 이 세번째 단계가 점진적이라는 성경의 가르침을 이해하게 되었다. 거룩하게 성장해 가기 위해서는 영적 거듭남과 육체의 죽음이라는 두 시점 사이에서 기회가 주어진다.

성숙의 다음 일곱 가지 단계를 읽고 지금 이 시점에서 당신이 긍정적 거룩의 어느 지점에 와 있는지 한 가지를 선택해서, 당신의 거룩 맥박수를 점검하라:

1. 성공적인 경건의 삶을 살아가기 위한 시도와 실패를 반복하게 됨: 거룩을 추구하는 첫 단계는 항상 경건의 삶과 관련이 있는 것 같다. 규칙적인 경건의 시간을 갖는 일을 성공적으로 시작하고 연습하는 데 상당한 어려움을 겪고 있다면, 여전히 거룩이라는 삶의 출발선에 서 있는 것이다. 앞장으로 되돌아가서 고통스럽지만 자유하게 하는 '심층 정결 10단계' 과정을 다시 밟아 보라.

규칙적으로 경건의 시간을 가지지 못하는 이유가 훈련을 받지 못해서라거나 부족해서라는 것과 같은 거짓말을 믿지 말라. 당신의 삶에 존재하는 죄가 당신을 끌어 내려 겨우 몇 일만 그것을 감당하고는 포기해 버리도록 한다. 말씀 안에서 규칙적인 시간을 갖지 않으면, 당신은 거룩할 수도 거룩하게 성장할 수도 없다.

2. 적어도 하나의 규칙적인 사역으로 주님을 적극적으로 섬김: 긍정적 거룩의 이 두번째 단계는 어떤 그리스도인에게처럼 당신의 경우에도 이전 단계에서 조금 진보한 것일 수도 있다. 주님께서는 항상 그의 자녀들이 자신을 섬기도록 격려하시고, 이것이 종종 주님을 향한 더 쉬운 첫 걸음이 되기도 한다. 그저 교회에 출석만 하고 있고 주님의 일 주변에만 머물러 있다면, 이제 그 일의 중심으로 더 가까이 갈 시간이 된 것이다. 기억하라. 주님의 은혜로 구원받았지만, 그분의 일을 위해 구원받았다는 사실을: "우리는 그의 만드신 바라 그리스도 예수 안에서 선한 일을 위하여 지으심을 받은 자니 이 일은 하나님이 전에 예비하사 우리로 그 가운데서 행하게 하려 하심이니라"(엡 2:10).

3. 더욱 거룩한 삶을 살기 위해 큰 포부를 가짐: 거룩을 향해 나아가는 길에서 신자는 교차로를 만나게 된다. 준비 과정 중에, 주님께서는 보통 신자가 거룩을 향해 나아가든지 아니면 거룩으로부터 멀어지든지 둘 중 하나를 선택하게 되는 조그마한 일들을 수없이 만나게 하신다. 신자가 계속해서 순종의 길을 걸어가기로 선택한다면, 주님께서는 그들이 적극적으로 그리고 의도적으로 거룩을 추구할 것인지 그렇지 않을 것인지에 대한 '큰 결정'들을 하도록 인도하신다.

이 책의 도입부에서, 몇 가지 말로 자신을 설명하라고 요청받았던 사람처럼 '거룩'이 그 목록에 들어가는지 잠시 생각해 보자. 그 개념을 사람들이 싫어했던 것을 기억하는가? '거룩'이라는 개념은 그들이 되고자 열망하는 어떤 것이 아니었기 때문에, 그들은 영적인 삶에 있어서 항상 움직이나 결코 어느 시점에 이르지 못하고 막다른 골목에 갇힌 채 있었다.

4. 규칙적이고 의미 있는 경건의 시간을 통해 그리스도와 함께 거함: 그리스도인의 순례길에 있어서 이 시점까지 오면, 신자는 깊은 정결과 개인적 겸손의 시간들을 많이 경험하게 될 것이다. 마음은 더 열정적이 되고 더욱 주님을 갈망하게 될 것이다. 주님을 향한 열망 때문에, 결국 주님을 더 많이 경험하기 위해 깊은 정결에 요구되는 값을 기꺼이 치르고자 할 것이다. 그러한 정결의 결과로써, 주님께서는 신자가 주님과 더 의미 깊고 만족스러운 관계를 즐기도록 허락하신다.

이 시점에서 주요 전이가 일어난다: 경건은 상당한 결심과 훈련이 따르는 '의무'의 범주에서 벗어나, 노력을 훨씬 능가하는 보상을 의미하는 '기쁨'의 단계로 들어가게 된다. 노력은 성취된 것과 비교하면 조그마한 것처럼 보인다. 이 시점에서 경건은 신자의 삶 가운데 크게 성장하게 된다.

5. 그리스도를 닮아가는 특별한 영역에서 주님께 더욱 충실히 순종하게 됨: 친밀한 경건의 시간을 통해 자기의 자녀들을 깊이 먹이신 후, 주님은 더 깊은 순종을 더 분명하게 요구하시기 시작한다. 이 시점에서 신자는 주님을 너무 깊이 사모하기 때문에 주님께서 요구하시는 그 이상의 것을 기꺼이 하고자 한다. 또한 주님과의 관계가 더 깊어짐에 따라, 신자는 주님의 마음에 더 합당하게 되고자 하고, 성령님을 방해하거나 근심케하지 않기 위해 더욱 조심스럽게 살아간다.

이제 신자는 영적인 생활에서 또 다른 장벽을 뚫고 성장한다. 순종은 더 이상 의무의 짐이 아니다. 오히려 가장 친한 친구요 가장 긍휼이 많으신 주님께서 신자에게 주님과 같이 되기를 원하시기 때문에 순종은 기쁨이 된다. 얼마나 큰 차이인가! 이 때는 신자가 신약의 명령들을 새로운 시야로 보기 시작하는 때다. 한때 그저 대충 읽었던 명령들이 이제는 그의 사랑하는 아버지로부터 오는 개인적이고도 직접적인 것들이 되었다. 신자는 삶의 모든 영역을 더 이상 합리화시키지 않는다. 실제로 그는 "긍휼과 자비와 겸손과 온유와 오래참음을 옷입고 누가 뉘게 혐의가 있거든 서로 용납하여 피차 용서하되 주께서 너희를 용서하신 것과 같이 너희도 그러하고"(골 3:12하-13)와 같은 것들을 실행하고자 깊이 결단한다.

6. 시간, 재능 그리고 보화를 주님의 일을 위해 투자하기를 힘씀: 신자가 개인의 거룩을 추구해 나가는 과정 중 이 시점이 되면, 그의 삶의 그렇게 많은 실들이 이제는 잘 짜여져 마치 주님께서 그를 움직이시는 것처럼 느끼게 된다(사실이 그렇다!). 신자의 마음이 깨지고, 정결하게 되고, 재조정되며, 이 세상의 관점에서가 아니라 하늘의 관점에서 자신의 삶을 바라보기 시작한다. 영원의 관점으로 일상적인 일들을 결정한다면 얼마나 극적으로 달라지겠는가? 전에는 높은 우선 순위로 두었던 것을 이제는 그것이 영원의 가치가 부족한 것을 깨달아 곁으로 치우게 된다.

수 년에 걸쳐, 주님께서는 계속적으로 신자가 더욱 깊은 거룩의 단계로 들어가도록 초청하고 계신다. 신자가 자기 생명의 소유주가 아니고 청지기라는 것을 깨닫게 되는 시기이기도 하다. 주님께 복종함에 따라, 그의 시간, 재능 그리고 보화를 주님의 일에 사용하기 시작한다. 신자의 시간은 귀중한 상품이 되어 전에와 전혀 달리 '시간을 아낀다.' 신자는 이제 '생활의 청지기'로 자신의 재능을 사용하게 되며, 누가복음 19장의 달란트 비유처럼, 1,000퍼센트를 남기도록 주님께서 자신을 부르셨다는 것을 알게 된다. 마침내 신자는 주님의 돈을 내어 놓고 (개인의 즐거움이나 미래를 위해 자신이 보유하기보다), 주님과 그분의 사역을 위해 재산을 점점 더 많이 기부하게 된다.

7. 그리스도를 알고 섬기기 위해 모든 것을 버림: 긍정적 거룩의 '최종' 단계는 삶의 모든 영역에서 그리스도의 형상과 완전히 같아지는 것이다. 이 최종 단계에서 열망하는 모든 것은 그리스도와 하나가 되는 것이고 그리스도께서 아버지를 섬기신 것처럼 완전히 충실되게 그리고 열정적으로 그분을 섬기고자 하는 것이다. 빌립보서 3:8-14에서 바울은 이 일곱번째 단계의 태도와 행동에 대해 기록하고 있다. 포기의 깊이와 친밀함 그리고 봉사의 정도를 주목하라:

> … 또한 모든 것을 해로 여김은 내 주 그리스도 예수를 아는 지식이 가장 고상함을 인함이라 내가 그를 위하여 모든 것을 잃어버리고 배설물로 여김은 그리스도를 얻고… 내가 그리스도와 그 부활의 권능과 그 고난에 참예함을 알려하여… 오직 내가 그리스도 예수께 잡힌바 된 그것을 잡으려고 좇아가노라… 앞에 있는 것을 잡으려고 푯대를 향하여 그리스도 예수 안에서 하나님이 위에서 부르신 부름의 상을 위하여 좇아가노라.

이 시점에서 당신은 바울의 태도가 정말로 실제적인지 의아해 할지도 모른다. 우리들은 주님의 발자취를 좇아가고자 하고 궁극적으로 같은 태도, 행동 그리고 포부를 가지고 있어야만 하는가? 성경은 다음 몇 구절에서 바로 그 문제에 대답해 주고 있다:

그러므로 누구든지 온전히 이룬 자들은 이렇게 생각할찌니 만일 무슨 일에 너희가 달리 생각하면 하나님이 이것도 너희에게 나타내시리라 형제들아 너희는 나를 함께 본받으라 또 우리로 본을 삼은 것 같이 그대로 행하는 자들을 보이라 내가 여러 번 너희에게 말하였거니와 이제도 눈물을 흘리며 말하노니 여러 사람들이⋯ 땅의 일을 생각하는 자라 오직 우리의 시민권은 하늘에 있는지라 거기로서 구원하는 자 곧 주 예수 그리스도를 기다리노니⋯(빌 3:15, 17-20).

단계 #1	성공적인 경건의 삶을 살기 위한 시도와 실패를 반복함
단계 #2	적어도 한가지 정기적인 사역을 통해 주님을 적극으로 섬김
단계 #3	거룩한 삶을 살고자 깊이 열망함
단계 #4	정기적인 경건의 시간을 통해 그리스도 안에 거함
단계 #5	주님께 순종하고 주님을 닮아가는 일에 정진함
단계 #6	시간, 재능, 물질로서 주님의 일을 더 활성화 시킴
단계 #7	주님을 알고 섬기기 위해 모든 것을 버림

이제 잠시 거룩을 향해 나아가는 일생 동안의 과정 중 당신이 어디에 와 있는지 알아 보자.

나중에 거룩을 추수하려면 지금 거룩을 심으라

거룩은 자연적인 것이 아니고 초자연적인 것이다. 거룩은 한두 가지 '위기'를 겪은 결과도 아니다. 그것은 수 년 간의 경건한 삶을 통해 발전되는 것이다. 거룩의 기준은 명백하고 베드로가 우리에게 상기시킨 것처럼 '모든 행실'을 포함한다. 예수님의 사역에 관한 놀라운 예언의 말씀이 누가복음 1장 74-75절의 스가랴의 말 속에 담겨 있다:

우리로 원수의 손에서 건지심을 입고 종신토록 주의 앞에서 성결과 의로 두려움이 없이 섬기게 하리라 하셨도다.

이 두 절을 생각해 보면, 우리 삶의 거룩의 목표를 가장 간결하고도 놀랍게 요약하고 있다는 것을 알게 된다: "종신토록 주의 앞에서 성결로 섬기리라!"

주님과 동행할수록, '종신토록 (all the days of our life)'이라는 말 속에 담겨 있는 영적인 삶의 비밀 중 하나를 더 확신하게 된다. '매주 (all the weeks of our life)'가 아니고 '매달(all the months of our life)'이 아니고 '매년(all the years of our life)'이 아니다. 거룩은 매일의 '삶 속에서' (through daily life) 가장 크게 성장한다. 날마다 연습하는 일에 중점을 두면 유혹이 올 때 개인의 거룩을 잘 지켜 나갈 수 있게 될 것이다. 이처럼 확실한 결과는 더이상 없다.

'확실한 결과' 라는 말이 조금 과장된 면이 있는 것처럼 들리지만, 결코 그렇지 않다. 그것은 심은 대로 거두는 불변의 법칙 만큼이나 확실하다. 심은 것은 결국에는 거두게 된다. 거룩의 정원에 씨를 심으면 거룩의 열매를 거두게 될 것이다. 어느 때만 그런 것이 아니고, 대부분 그런 것이 아니고 항상 그렇다. 얼마나 위로가 되는 말씀인가! 그것은 당신이 거룩의 씨를 심으면 그것이 자라고, 꽃피고 그리고 거룩의 열매를 맺는 것을 보게 된다는 것을 의미한다. 주님께서는 항상 이러한 씨들이 싹이 나도록 하시기 때문에 '맹목적인 소망' 이란 있을 수가 없다. 이 부분을 시작함에 따라 기억해야 할 것 네 가지가 있다:

1. 심은 후 거둘 때까지는 상당한 인내가 필요하다.

심고 거두는 일 자체는 인내가 필요하지 않지만, 심은 후부터 거두게 되는 그 사이에는 기본적으로 인내가 필요하다. 어린 아이였을 때 우리 집 뒷뜰에 처음으로 야채 씨를 심은 적이 있다. 매일 아침 아래층으로 뛰어 내려가 뒷문을 박차고, 조그마한 정원으로 가 보곤 했다. 초등학교 4학년의 마음에는 그 정원이 너무나 크게 느껴졌다. 나는 매일 토마토, 가지 그리고 무가 얼마나 자랐는지 점검해 보곤 했다. 삼 일이 지났을 때, 그 씨가 그대로 그 자리에 있는지 궁금해서 땅을 파 보고 싶었다! 여러 날이 지났지만 아무 일도 일어나지 않았고, 나는 점점 더 실망하게 되었다. 나의 지혜로운 아버지께서는 인내심을 가져야 한다고 그리고 때가 되면 올라올 것이라고 여러 번 확신시켜 주셨다.

아마 바울도 신자들이 인내하지 못하고 노력하는 자에게 상급을 주신다는 믿음을 잃어 버릴 것 같은 성향을 너무나 잘 알고 있었기 때문에 갈라디아서 6장 7, 9절에 그것에 대해 쓰고 있는 것 같다 (내 설명을 첨가해 적어 보았다):

스스로 속이지 말라 하나님은 만홀히 여김을 받지 아니하시나니
사람이 무엇으로 심든지 그대로 거두리라
우리가 선을 행하되(거룩의 씨를 심음) 낙심하지 말찌니
피곤하지 아니하면(빨리 어떤 일이 일어나지 않기 때문에 낙심해서 씨뿌리는 것, 물주는 것 그리고 중간에 잡초를 제거하는 일 등을 멈추게 됨)
때가 이르매(정확히 계획대로)
거두리라(거둘 수도 있다는 것도 아니고 거두기를 희망한다는 것도 아니고 거두게 된다는 것이다).

이러한 경건의 습관들을 계속적으로 지켜 나간다면 실로 영광스럽고도 풍성한 '거룩의 추수'를 하게 될 것이라는 사실에 잠시도 의심하지 말라. 추수를 더 크게 열망할수록, 더 많이 뿌리고 계속해서 씨를 뿌려야 한다. 하나님께서는 심는 것에 비례하여 결과를 주실 뿐 아니라 훨씬 더 많은 양을 거두게 하신다. 왜 그런지 아는가? 왜냐하면 항상 심은 것보다 수 배나 많이 거두게 되기 때문이다. 수박의 작은 씨 하나를 심으라. 그리고 이웃을 초청하여 함께 그 실과를 먹으라.

2. 추수는 당신이 뿌리는 씨앗의 질에 달려 있다.

　토마토 씨앗을 심었으면, 아무리 열심히 일하고 희망하고 노력해도 오이를 얻을 수는 없다. 거룩을 추구한다면, 거룩의 씨앗을 심으라. 종자가 좋지 않은 것이나 병이 든 토마토 씨를 심으면 결과가 좋을 수가 없다. 쓸모없는 씨를 심고 물 준다면 그 일에 대한 보상은 만족스럽지 못하고 오히려 낙담되고 실망하게 된다.

　너무나 많은 그리스도인들이 거룩을 발전시키는 데 있어 감정적인 경향으로 치우치는 것 같다. 이러한 태도는 아주 거대한 성공을 가져다 주는 것처럼 보이나, 결국 미끄러져 치명적인 패배로 끝나고 만다. 세계 어느 곳에 가 보든지, 여러 가지 이유로 거룩의 순례길에서 떠난, 환멸을 품은 수많은 신자들을 발견하게 된다. 그들 중 많은 숫자가 그들의 삶에 열매를 맺고자 '나쁜 씨'에 의지하고 있는 듯 했다.

　수 세기 동안 교회에서 사용되었던 '거룩한 씨에 관한 그 옛날 좋았던 기준'들을 추구하는 대신, 어떤 사람들은 거룩하게 성장하기 위해 나방이 빛을 향해 날아가듯이 새롭고 진기한 방법으로 이끌려가는 듯했다. 수십 년 동안 이러한 흐름들을 쭉 지켜본 결과, 나는 곧고 좁은 길로부터 방향을 바꾸지 말라고 강력히 권하고 싶다. 거룩을 실행하는 방법이 성경에 분명하게 나와 있지 않거나 본이 없거나, 혹은 수 세기에 걸친 교회 역사를 통해 실행된 것이 아니라면(예를 들면 영적인 일기 같은 것), 추구하지 말라.

　개인적인 얘기를 하자면, 위의 문장까지 쓴 후에 어제 밤 잠자리에 들었다. 오늘 아침에 나는, 1600년대 중기에 쓰여진 유명한 존 번연의 「천성을 향해 달리는 자(The Heavenly Footman)」를 읽는 중이었다.

똑같이 위험스러운 추세에 대해 그는 이렇게 경고하고 있었다:

신자가 된 지 얼마 되지 않아, 나는 많은 사람들이 이리저리 움직이는 것 – 어떤 이들은 이리로 어떤 이들은 저리로 – 을 관찰해 보았다. 그러나 대부분의 사람들이 옳은 길로 가지 않고 있다는 사실에 두려움을 느낀다. 결과적으로 그들은 독수리가 날아가는 것처럼 재빨리 달리지만, 아무런 유익이 없다.
어떤 이는 사람들로 하여금 전율하게 만드는 그런 것을 추구하고, 다른 이는 고함치는 것을 따르고, 또 어떤 이는 세례를 따르고, 또 다른 이는 독립을 외치고… 그러나 이 모든 사람들이… 잘못된 길을 달려가고 있을 가능성이 있다.

친구들 중 몇 명이 수년 동안 이런 길을 가는 것을 보면서 어느새 주님께 이들을 위해 기도하는 자신을 발견하게 되었고 이들의 실수의 뿌리를 찾아 보았다. 더러 예외가 있기는 하겠지만, 몇 가지 결론을 얻게 되었다. 진정한 거룩을 찾는 중에 곁으로 빠지거나 탈선하게 되는 대다수의 신자는 보통 이 세 가지 공통적인 특징들 중 한 가지를 가지고 있다:

첫째로, '빨리 고쳐지지' 않는 문제를 '빨리 고쳐' 보려는 성향을 가지고 있다. 다른 말로 하면, 그들은 보통 거룩의 '어려운 것들'을 기꺼이 실행하고자 하지 않고, 항상 더 간단하고 더 쉽고 더 빠른 비밀을 찾고자 한다.

둘째로, 흔하지 않은 방향으로 가도록 부추키는 감정적 경험과 '표적들' 에 근거하여 결정을 내리는 취약성을 가지고 있다. 다른 말로 하면, 수많은 개인의 경험을 통해 주님께서 초자연적으로 그들을 이런 보기 드문 방법으로 부르셨다는 사실을 믿게 된 것이다. 이 올무에 걸린 사람들은 거의 보편적으로 "그렇지만 하나님께서 제게 말씀하시기를 …이라는 말로 그들의 입장을 변호한다.

셋째로, 친구들, 가족 그리고 동료들을 능가하여 '하나님의 깊은 것들' 을 발견하고자 하는, 깊이 감추어진 이기적 야망을 가지고 있다. 이러한 망상에 사로잡혀, 그들은 하나님이 그들에게 맡기셨다는 영적인 삶에 관한 '잃어버렸던 진리' 혹은 전에 '알려지지 않았던 진리' 를 발견했다고 믿는다. 다른 사람들이 그들의 생각, 행동, 혹은 방향을 인정하지 않는 이유는 단지 그들이 이 '진리의 더 깊은 단계' 까지 가지 못했기 때문이라고 말한다.

친구여, 이 세 가지 것들 중 하나에 빠져 있다면, 당신은 위험한 물 속에 있으며 더 큰 폭풍이 점차 당신 인생의 수면으로 들이치게 될 것이다. 여기에서 도망하라! 이 배에서 내리라. 당신이 읽고 있는 것이 무엇이든지 그것을 그만 두라. 당신이 참석하고 있는 곳이 어디든지 그만 두라. 이것을 조장하는 '테잎들' 을 듣지 말라. 거룩의 축복을 발견하게 될 좁고 곧은 길로 다시 돌아가라. 당신은 분명히 어느 정도는 덜 자극적인 물 속에 있어야 하는 변화를 겪게 되겠지만, 당신의 영적인 삶은 안전한 항구에 이르게 될 것이다.

3. 씨를 뿌리고 거두는 시기 사이에 잡초를 제거해야 한다.

거룩을 추구하다 보면 필연적으로 잡초가 자란다는 것을 잊지 말라! 당신이 거룩을 추구하는 데 있어 초보자라면, 수많은 종류의 잡초가 자라리라고 예상하라! 왜냐하면 지금까지 당신의 '정원'을 아무 손질 없이 내버려 두었기 때문이다. 갖가지 엉겅퀴, 잡초 그리고 원하지 않는 것들이 들어와 당신의 정원을 지배하고 있다.

첫 해에는, 아마 영원히 잡초를 제거해야 할 것만 같은 생각이 들 것이다. "이렇게 수고하고도 겨우 토마토 몇 개밖에 거두지 못했다!"고 느끼게 될지도 모른다. 그러나 다음 해에는 잡초가 줄어들고 열매가 더 많아진다. 그리고 그 다음 해에는 잡초가 더 줄어들고 더욱 더 많은 열매를 얻게 된다. 당신이 흘린 땀으로 그 땅이 개간됨에 따라, 원하지 않던 잡초의 씨와 뿌리들은 제거되어 불에 타게 되고, 그 땅은 천천히 당신의 뜻과 당신의 심은 씨앗에 온전히 순종하게 된다. 당신이 심은 연약한 식물은 더이상 무성한 잡초들에 고전하는 대신 풍족한 자양분과 태양빛을 받으며 무럭무럭 자라게 된다.

당신의 삶이 갖가지 엉겅퀴와 잡초들 그리고 가시덤불들로 덮여 있다고 하더라도 절망하지 말라. 견디어 내라! 죄의 새로운 잡초가 계속해서 나타나면 계속해서 죄를 고백하고 죄를 깨끗이 하라. 제 시간이 되면, 당신의 정원을 계속적으로 정결케 한 결과 그러한 것들은 점점 사라지게 될 것이다. 성숙한 거룩의 사람들이 십년 동안 주의 깊고도 부지런하게 영적 정원을 가꾸었다면 늘상 똑같은 양의 잡초를 거두겠는가? 거의 그렇지 않을 것이다. 그들이 추수한 것을 보아야 한다.

4. 거룩은 다수의 '거룩 습관들'을 심고 거두는 것을 요구한다.

우리 가족이 처음으로 시골에 살게 되었을 때, 밭에 수박과 감자

두 가지만 심었다. 그 해에 우리가 거둔 수확은 정말 대단했으며 터득한 교훈 또한 굉장했다! 농작물을 수확한 3주 뒤에, 이제 감자나 수박을 보기만 해도 비명을 지를 것만 같았다. 우리들은 감자와 수박을 싸서 친구들에게 나누어 주었고 내년에는 좀더 지혜롭게 할 수 있을 것이라고 얘기했다. 단지 한두 가지만 심는 것은 지루한 일이었다.

거룩을 추구하는 방법 #1	
거룩을 추구하는 방법 #2	
거룩을 추구하는 방법 #3	
거룩을 추구하는 방법 #4	
거룩을 추구하는 방법 #5	

신실한 신자가 거룩을 추구하는 데 있어서 예상치 못한 걸림돌이 무엇인지 아는가? 권태다. 처음에 신자는 지루함을 느끼는 것 때문에 죄책감을 가진다. 어떻게 거룩을 지루해할 수 있는가? 삶에서 오직 한두가지 종류의 거룩 습관만을 추구할 때 그렇다. 여러 가지 종류의 거룩을 실천하는 자가 되라.

현재 주님과 더불어 거룩을 추구하는데 사용하고 있는 모든 방법을 열거해 보라.

무엇을 발견했는가? 어제 저녁 잠자리에 들기 전 달린과 약 한 시간 동안 개인적으로 그리고 둘이 함께 할 수 있는 거룩의 여러 가지 방법들에 대해서 얘기했다. 지금 당장 우리의 삶에 의미 깊은 여러 가지 거룩 도구들을 열거해 보았을 때 얼마나 많은 것들이 나왔는지!

너무나 자주 신자들은 거룩을 추구하는 데 있어서 오직 한두 가지 방법에 의존하고 있다. 적어도 몇 가지를 찾아 윤작(輪作)을 하라고 권하고 싶다. 당신의 '토양'이 한 가지 방법으로부터 쉬게 하고 다른 것으로 옮겨가도록 하라. 기억하라. 거룩을 실천하는 방법은 주님이 보시기에 당신이 거룩해지는 것을 돕는 도구에 불과하다. 당신이 적용하는 거룩 도구는 어떤 것이든지(성경적이거나 혹은 교회사적으로 증명된 것도) 수용할 수 있다!

당신의 마음이 온전히 거룩해지고, 당신의 많은 습관들이 또한 거룩해지기 바란다! 기본적인 거룩 습관들을 익히는 훈련에 동참하라.

거룩 ABC

10

> 거룩한 삶의 잔잔하고도 고요한 아름다움은 하나님의 영의 능력 다음으로 세상에서 가장 큰 영향을 미친다.
> - 블레이즈 파스칼(Blaise Pascal)

세기가 바뀔 무렵, 사무엘 스마일스(Samuel Smiles)는 이번 과의 주제에 대해 이렇게 표현했다:

생각을 심으면 행동을 거두고,
행동을 심으면 습관을 거두고,
습관을 심으면 성품을 거두고,
성품을 심으면 운명을 거둔다.

이렇게 인생이 연관되는 것은 틀림없는 사실이고 깨뜨릴 수 없다. 생각은 행동으로 그리고 습관으로 옮겨가고, 그러한 습관들은 우리들의 성품을 만든다. 인생에서 이런 단계의 순서는 바뀌지 않는다. 결코 건너 뛰지도 않는다. 운명은 마침내 생활 습관과 생각에 의해 조정된다. 그 다섯 개의 고리로 (생각에서 행동, 습관, 성품 그리고 운명까지) 연결된 것 바로 한 중간에 '습관'이라는 개념이 자리하고 있다. 생활 습관은 계속적으로 자주 반복함으로써 얻어진 평소의 행동 양식이거나 정착된 성향이고 그래서 그것은 거의 혹은 완전히 무의식적인 것이 되었다.

습관이 확립되면 성품이 형성된다. 성품은 어떤 사람의 습관적인 특질과 성질의 총합이다. 주요 습관이 변하면, 그 사람의 성품 중 그 부분이 변한다. 예를 들면, 만약 어떤 사람이 습관적으로 거짓말을 하면, 그의 성품은 믿을만하지 못하다. 그가 습관적으로 진실을 말하는 것을 배우면, 그의 성품은 온전히 믿을만한 것이 된다.

회사 동료 중 한 사람이 완전히 비정상적으로 행동한다고 가정해보자. 어리둥절하는 상관에게 당신이 그가 '성품과는 달리' 행동한다고 말한다면, 그 의미는 그가 습관적으로 행동해 왔던 것과는 다르게 행동하고 있다는 것이다.

습관을 바꾸라. 때가 되면 성품을 변화시킬 수 있을 것이다. 그러므로 거룩의 삶을 즐기기 위해서는 당신의 습관을 거룩의 습관으로 변화시키라.

성품이 거룩한 사람이 되기 원한다면, 거룩의 개인적인 습관을 정하고 확립해야 한다. 그런 습관들을 더 오래 그리고 더 깊이 실행할수록, 그것들은 더더욱 당신의 일부분이 될 것이다. 그리고 그것들은 마침내 당신의 '모든 것'이 될 것이다! 무의식화 된 습관들은 '성품의 질'이라고 불린다.

성품을 변화시키고 싶다면 습관을 고쳐야 한다. 부정한 것으로부터 거룩해지기 위해서는, 적어도 한가지 의미에서는, 생활 습관을 부정(不淨)의 부정적인 습관으로부터 거룩의 긍정적 습관으로 변화시켜야 한다. 진지하게 거룩을 추구하게 될 때, 거룩하게 되는 것의 실체는 보편적인 것을 넘어서 구체적인 것으로 옮겨지는 것을 의미한다. 거룩은 하늘에 떠 있는 구름을 잡듯 모호한 어떤 것이 아니다. 거룩은 구체적이고 객관적이며 주 예수님의 이름을 부르는 모든 사람들이 온전히 습득할 수 있는 것이다. 주님께서는 우리로 하여금 '모든 일에 거룩한' 자가 되도록 부르시고 의와 경건에 필요한 모든 것을 공급해 주신다.

성경은 거룩이 우리가 서야 할 위치고 바라보아야 할 진보라고 가르치기 때문에, 우리들은 정말로 거룩이 어떻게 작용하는지 분명하고도 계속적으로 생각해야 한다. 거룩은 예수 그리스도를 개인의 구주로 영접하는 순간에 시작된다. 그 때에 주님께서는 우리들을 그분의 자녀요 그분 가족의 일원으로 구별하신다. 그 순간부터 주님께서는 우리 모두가 예수 그리스도의 바로 그 형상대로 영광스럽게 변화되기를 원하신다. 시간이 지남에 따라 우리들 모두는 그리스도의 성품 – 사랑, 희락,

> 거룩은 신비적인 추측들, 열광적인 열정자들, 혹은 명령받지 않은 금욕주의자들에게 있는 것이 아니다; 그것은 하나님이 생각하시는 것처럼 생각하고 하나님이 뜻하시는 대로 하고자 하는 데 있다.
> – 척 콜슨(Chuck Colson)

화평, 오래참음, 자비, 양선, 충성, 온유와 절제 - 과 동일한 특성을 닮아가는 자가 되어야 한다.

우리들의 삶이 거룩에 가속도가 붙어 진행된다 할지라도, 성장은 점진적이고 꾸준한 것이다. 근처에 있는 식물이나 꽃의 성장을 실제로 지켜볼 수 없지만, 낮 동안 보지 못하다가 저녁에 돌아와 보면 붉은 장미 봉오리가 활짝 핀 것을 볼 수 있듯이, 거룩하게 성장해 가는 것도 드러나지 않지만 중요한 것이다. 자연적인 성장에는 시간이 필요하다. 시간이 흐르면 눈에 띌 만한 성장을 보게 될 것이다. 고린도후서 7장 1절에서 바울은 "하나님을 두려워하는 가운데서 거룩함을 온전히 이루어 … 온갖 더러운 것에서 자신을 깨끗케 해야" 한다고 강조한다. '거룩함을 온전히 이루어'라는 말은 우리가 그리스도의 형상으로 변화하는 것이 일생을 통한 과정임을 말해준다.

습관이 성품을 결정한다는 것을 명심하라. 생각, 신념 그리고 행동의 습관이 바뀌지 않으면 성품은 변화하지 않는다. 당신의 습관이 바뀌면 성품도 변하게 될 것이다. 언젠가 당신의 성품이 변화할 것이라고 '소망' 할 필요가 없다. 왜냐하면 성품이 변화할 것이란 사실을 당신은 알기 때문이다. 즉시로 되지는 않지만 확실히 그렇게 된다. 장미가 그 꽃망울을 터뜨리는 것을 볼 수 없듯이, 당신이 그리스도의 성품으로 활짝 만개하는 것을 볼 수 없을 것이다. 그러나 몇 달 안에 당신의 삶을 돌아 보라. 그러면 당신은 자신을 알아보지 못할지도 모른다!

거룩이 이런 습관들로부터 나온다는 것이 어떻게 가능한가? 왜냐하면 성경은 우리가 그러한 것들을 실천하도록 - 종종 그러한 것들과 연결된 구체적인 약속들과 유익들을 함께 - 권하고 있기 때문이다. 교회사를 통해 볼 때, 당신이나 나 같은 그리스도인들이 이러한 습관들을 실천해 왔고 항상 똑같이 유익한 결과를 즐겼다. 당신은 어떤 마술적인 주문이나 비밀스러운 의식을 찾아 다닐 필요가 없다. 이런 습관들은 명백한 것이고 똑같이 우리 모두의 손에 닿는 곳에 있다.

당신이 만난 적 있는 가장 경건한 사람을 생각해 보라. 그에게 전화해서 당신이 이 책을 읽는 중이라고 말하고 한 가지 질문을 해 보라: "선생님이 하나님과 동행하고 경건한 삶을 살게 되는 비결 세 가지가 무엇입니까?" 내 경험이 일반적인 것이 될 수 있다면, 그것들은 이번 과와 다음 과에서 개요한 주요 영적 훈련들과 다르지 않다는 것을 발견하게 될 것이다. 새로운 것이나 색다른 어떤 것을 기대하지 말라. 가장 중요한 것은 당신이 오랜 기간 그것들을 실천하면 극적인 변화를 기대할 수 있다는 것이다.

거룩 습관 #1: 경건의 습관을 확립하라

현재 당신 삶의 중심이 되는 것은 무엇인가? 일? 결혼? 가정? 교회? 여가 활동? 금전 문제? 사업? 그것을 옆으로 치워 놓고 그래서 주님과 당신이 그분과 함께 하는 시간을 삶의 중심에 두어야 한다. 거룩의 씨를 심고 나중에 거룩을 거두기 위해서 할 수 있는 단 한 가지 가장 전략적인 변화는 바로 이 순간 우선 순위 목록에 매일의 '경건의 습관'을 첫 자리에 두는 것이다.

'경건의 습관 (devotional habit)'이라는 말에는 '경건 (devote)'이라는 말이 들어 있는데, 그것은 "특별한 그리고 종종 더 높은 결과를 위해 구별한다"는 의미를 가지고 있다. 매일 경건의 시간에 중점을 둔다는 것은 어떤 구체적인 과정을 따르는 것을 말하는 것이 아니고 주님과의 친밀한 관계를 갖는 것을 말한다. 주님께 전념하기 때문에, 매일 그분께 그리고 그분 홀로에게 시간을 우선적으로 드리기로 선택한다. 그리고 그분이 이 세상에서 가장 중요한 분이시기 때문에, 그분 앞에 사람이나 어떤 것도 두지 않게 된다. 경건의 습관을 극대화할 수 있는 몇 가지 조언은 다음과 같다:

1. '경건의 습관' 장소를 선택하라

성공적인 경건의 시간을 갖기 위한 첫번째 열쇠는 집에서 당신이 가장 좋아하는 장소를 정하는 것이다. 편안하고 절대 조용해야 하며 가능한 한 혼자만의 공간이어야 한다. 윌킨슨의 집에서 '달린의 장소'는 앞방 초록색 흔들의자고, '제시카의 장소'는 그녀의 침실이며, '브루스의 장소'는 지하실인데, 뒷뜰이 내다보이는 뒤쪽 구석에 있다.

그 구석에는 콜로라도에서 온 친구가 어느 날 오후 예기치 않게 가져다 준 푸른색 의자가 있다. 앞에는 벽을 따라 책장이 놓여 있는데 그곳은 '영적인 삶'에 관한 책들, 최근 잡지들 그리고 나의 기도 일기로 채워져 있다. 왼쪽에는 조그마한 탁자와 전등이 있고 오른쪽에는 세계를 위해 기도하기 위한 지구의가 놓여 있다. 내게는 이 곳이 완벽한 장소다.

시간이 지남에 따라, 마침내 이 장소를 주님께로 구별해 드렸고 이른 아침마다 그분을 만나러 오는 장소로 바치게 되었다. 이 장소는 찬양, 예배, 묵상 그리고 친밀한 교제로 충만하게 되었다.

2. '경건의 습관'을 할 시간을 정하라

나는 '저녁 시간을 좋아하는 사람'으로 자라났다. 언제 경건의 시간을 갖든지 주님께는 아무런 상관이 없다고 확신했고 신학 대학을 다니던 초기에 다소 강력하게 내 입장을 변호했던 경험이 있다. 수 년 전 어느 날, 내게 늘 조언을 해 주시는 선생님과 이 문제에 대해 농담을 주고 받았는데, 그분은 내게 역사적으로 영적인 인물들이 아침에 경건의 시간을 가졌는지 저녁에 가졌는지 물어보셨다. 내가 잘 알고 있던 분들은 예외 없이 아침에 경건의 시간을 가졌다는 것을 인정해야만 했지만, 나는 그것이 무슨 상관이냐고 재빨리 응수했다.

그러자 그분은 팔짱을 끼고 미소를 지으면서 말없이 앉아만 계셨다. 마침내 내가 한 마디도 더 할 말이 없어지자, 그분은 따뜻하게 그러나 매우 진지하게 "브루스, 자네가 게으름을 합리화하면서 해가 뜰 때까지 일어나지 않는 한, 자네가 그 분을 찾고자 하는 만큼 그리스도를 결코 만날 수 없을 걸세"하고 말씀하셨다. 그리고는 일어나서 그 자리를 뜨셨다.

그분이 절대 옳으셨다. 이른 아침은 거룩한 시간이다. 시간이 지나면서 변화가 있었고 나는 헌신된 아침의 사람이 되었다. 주님과 나는, 해가 우리들의 만남에 막 동참하려고 할 때 만나기를 좋아한다.

이것은 어쩌면 당신의 일상 생활이 변화하는 것, 즉

> 하나님이 이루실 수 있는 가장 큰 기적은 거룩하지 않은 사람을 거룩하지 않은 세상에서 데려다가 거룩한 사람으로 만들어 다시 거룩하지 않은 세상에 내어 놓고 그를 그 속에서 거룩하게 지키는 것이다.
> – 레오나드 레이븐힐(Leonard Ravenhill)

일찍 잠자리에 들거나 혹은 때때로 잠을 적게 자야 할지도 모른다는 것을 의미한다. 정직하게 말하면, 분주한 일상 속에서 이런 것들처럼 우선 순위가 변할 때 당신이 스스로를 좀더 훈련시키는 것을 배우기까지 잠을 설치게 된다.

어떤 것으로 결정하든지, 매일 같은 시간에 주님을 만나라. 토요일과 주일을 위해서는 따로 주말 시간을 정해야 한다. 나는 토요일에는 일찍 일어나지 않지만 주일에는 대부분 일찍 일어난다. 토요일에는 종종 좀더 격의 없이 한다. 주님께서 이러한 여유로운 방법 또한 즐기지 않으실 것이라고는 생각지 않는다.

주님과 동행하는 데 있어 율법주의자가 되고자 하는 유혹에 빠지지 않도록 주의하라. 경건의 시간은 응급 상황, 극도의 피로 그리고 예상치 못한 환경 등을 포함하여 당신 삶의 조류에 따라 움직여야 한다. 노스 캐롤라이나주, 애쉬빌시의 빌리 그래함 코브에서 사역하던 지난 주말, 저녁 늦게까지 상담을 하게 되었다. 마지막 날 주일 아침, 감정적으로 그리고 육체적으로 너무나 지친 나는 일어나자마자 큰 의자를 벽난로 곁에 끌어다 놓고 앉아 조용한 가운데 주님의 임재하심을 즐겼다. 나는 정상적인 스케줄에 따라 움직이지 않았고, 내 기도 제목 목록을 따라 기도하지도 않았으며, 일기도 쓰지 않았고, 성경도 읽지 않았다. 한 시간동안 주님의 임재하심 속에 그분을 경배하며 그분을 기뻐하며 그저 앉아 있었다. 경건의 시간은 인간을 위해 있는 것이지 인간이 경건의 시간을 위해 있는 것이 아니라는 것을 기억하라.

3. 매일 그리고 매해 일상적인 '경건의 습관' 일정을 조직하라

이른 아침 비틀거리며 '경건의 장소'로 가서는 무엇을 할지 모른다면 또는 무엇을 해야 할지 고민하느라 그 귀중한 순간들을 소비해 버린다면 그것은 당신의 선한 의도를 가장 빨리 망치게 하는 것이다.

복잡한 것들을 제거하라! 매일 아침 당신이 따를 일상적인 것을 확립하라. 이전 해에 발견한 것으로부터

> 습관의 쇠사슬은 부수지 못할 정도로 강해지기까지는 너무 약해서 느낄 수가 없다.
> - 사무엘 존슨(Samuel Johnson)

터 다음 해를 위해 새로운 것을 조직하는 것이 최선의 방법이라는 것을 발견했다. 그리고 나서 오렌지 쥬스와 커피를 가지고 큰 푸른색 의자에 앉았을 때, 나는 일초도 낭비하지 않는다. 훌륭하지만, 안타깝게도, 그것을 알게 되기까지는 수 년이 걸렸다는 것을 인정할 수밖에 없다. 내게도 성경의 어느 부분을 읽어야 할지, 무엇을 기도해야 할지 혹은 어떻게 시작해야 할지를 두고 고민했던 경험이 있다. 이제는 그런 일이 결코 일어나지 않는다. 정말 훌륭한 일이다!

비밀은 무엇인가? 지금 당장 당신에게 적합한 것이 무엇인지 알아보라. 카드나 종이에 그것을 적어서 다음날 시도해 보고 또 개정하라. 처음에는 정말로 목표를 맞추는 데 수 주가 걸리지만, 여유를 가지고 처음에 모두 알아내려고 하지 말라. 시작하고 나서 당신이 편안하게 될 때까지 그 단계를 조정하라. 그리고 그 다음부터 그것을 일년 내내 사용하라. 중요한 것은 당신이 얼마나 많은 것을 하느냐가 아니라 무엇을 하든지 당신에게 적합한 것을 발견하는 것이다.

성공을 위한 조언

당신이 해야 하는 첫번째 일은 가장 쉽고, 가장 동기를 자극하는 것 그리고 당신의 엔진을 최선으로 가동할 수 있는 것이어야 한다. 절대 처음부터 어려운 것을 하지 말고, 자신이 준비되도록 하라. 예를 들면, 내 아내의 친구 중 한 사람은 찬양 테잎을 틀고, 눈을 감고 처음 10분간 주님께 경배드림으로 아침을 시작한다고 한다. 나의 경우에는, 잠시 동안 영적인 자서전이나 영적인 삶에 관한 책을 읽는다. 그것은 내 건전지가 충전되도록 해 준다. 무엇을 찾든지 그것은 가장 쉽고, 가장 즐길 만한 것이고 그리고 즉시 격려가 되는 그런 것으로 시작해야 함을 기억하라. 먼저 기도로 시작하는 것보다 더 영적인 것은 없다. 나는 기도로 시작하면, 다시 잠이 들어 버릴까봐 걱정이 된다! 그러나 달린은 기도와 찬양으로 아침을 시작하고 그리고 나서 성경을 읽고, 자신의 일기를 읽고, 다시 기도로 끝낸다. 순서는 다른 사람에게 중요한 것이 아니고 당신에게 중요한 것이다.

두번째, 당신의 마음이 주님께로 향할 준비가 되면 이제 그분을 만날 준비를 하라. 눈을 감고 마음을 가다듬으라. 모든 생각을 하늘에 있는 보좌에 온전히 집중하라. 당신을 방해하거나 분열시키는 생각들을 허락하지 말라. 이것이 당신에게 새로운 것이라면, 훈련되지 않은 새 강아지가 이리 저리 깨갱거리며 뛰어다니는 것처럼 당신의 마음도 그와 같이 되어 낭패감을 맛보게 될 것이다. 처음 몇 달 동안은, 이렇게 하는데 몇 분이 걸릴지도 모른다. 그러나 좌절하지 말라. 결국 당신의 마음은 몇 초 안에 집중할 수 있게 될 것이다.

세번째로, 매일 같은 순서에 따라 하나씩 당신의 스케줄을 따르라.

너무나 심하게 유혹을 받더라도 한 단계도 그저 건너 뛰지 말라. 스스로를 훈련하여 당신의 결심을 무너뜨리려는 '기피 유혹'을 이겨 내라. 이런 '기피' 유혹은 꽤 강할 수 있으나 절대 허락해서는 안된다. 경건의 시간에 해야 하는 한 단계가 끝나기 전에 다른 단계로 넘어가서는 안된다. 이런 일이 내게 일어나면, 그것에 깊이 주의를 기울여 영적으로 겪은 도전에 스스로를 경고하기 위해 그 옆 빈 자리에다 조그마한 별표를 해 놓는다.

무엇을 하든지, 당신의 초점이 주님과 이 경건의 단계에서 당신이 하기로 헌신한 것을 벗어나도록 해서는 안 된다. 예수 그리스도께 초점을 맞춘 채 그대로 있으면 그 저항은 눈 앞에서 바로 사라지게 될 것이다. 이 원리를 의심하지 말라. 바로 오늘 아침 내 기도 제목 16번이 되었을 때, 예상치 않게 이 일을 경험하게 되었고 그러한 저항이 어제도 그리고 그저께도 일어났었다는 것을 기억하게 되었다. 어떻게 내게 이런 증상이 나타나는지 모르겠지만, 또 알 필요도 없다. 그래서 나는 더 열심히 기도했고 그것을 물리쳤다. 내일도 역시 이런 경험을 하게 될 것이고, 주님을 의지하여 그 저항이 어두움 속으로 달아나도록 할 것이다.

네번째로, 어떤 것도 기도와 하나님의 말씀이라는 두 가지 절대적인 것을 대치하도록 허락하지 말라. 어떤 책도, 그것이 아무리 좋은 것이라 하더라도, 그분의 말씀을 읽는 것을 대신해서는 안된다. 주님 앞에서 기도하는 시간을 건너뛰거나 줄여서는 안된다. 경건의 시간 스케줄에 무엇을 하든지 적어도 전체 시간의 50%는 기도와 말씀이라는 '두 가지 큰' 것에 중점을 두어야 한다.

지금 당장 종이를 가지고 와서 경건의 시간 계획표를 짜보지 않겠는가? 내일 아침 그것을 시도해 본 후에 개정하라. 이것이 첫 해라면, 세 가지나 네 가지 이상을 시도하지 말라. 그렇지 않으면 너무 힘들 것이다. 이 시점에서는 경건의 시간의 질이나 깊이 보다는 습관을 들이는 것에 더 가치를 두라! 다음의 기본적인 것들을 당신이 최고로 즐길 수 있다고 생각되는 순서대로 배치하라:

성경 읽기
기도
찬양
일기 쓰기
경건 서적 읽기

하루를 건너뛰게 되면 어떻게 하나? 한 주는? 한 달은? 이 거룩의 습관을 다시 시도해 보고 도중에 그만두었던 바로 그 자리에서 다시 시작하라! 하지 못한 것에 연연해 하지 말고 못한 것은 그냥 건너뛰라. 주님을 무시한 채 자신의 '죄값을 치르기' 위해 넘지도 못할 산을 당신 앞에 세우지 말라. 그리스도께서 당신과 나의 모든 죄값을 치르셨다. 그분이 치르신 죄값은 아버지 보시기에 충분하므로, 당신이 보기에도 충분한 것임에 틀림없다. 어떤 친구와 함께 시간을 보내지 못했을 때 하는 것처럼 그저 주님께 사과하고 그분의 용서와 따뜻한 포옹을 받아들이라. 당신이 그분을 그리워한 것보다 더 그분께서 당신과의 교제를 그리워하신다. 죄책감과 의무감 때문만으로 지속된다면 오랜 기간 동안 그 관계가 발전할 수 없다는 것을 기억하라.

거룩 습관 #2: 성경을 묵상하라

거룩한 사람으로 변화해 가도록 이끌어 주는 거룩 습관들 중 하나님의 말씀을 읽는 것이 절대적인 최고의 순위를 갖는다. 기도도 사람을 거룩하게 변화시키는 우선적인 요소라고 생각하겠지만, 성경은 그렇게 말하지 않는다. 오히려 성경이 첫째로 변화하게 하는 원인이 된다. 성령이 궁극적으로 변화하게 하는 역할을 하는 것은 분명하지만, 성령님께서 하나님의 말씀을 변화의 으뜸가는 도구로 사용하신다.

로마서 12장 2절에서 사도 바울이 이 변화에 대해 어떻게 설명하고 있는지 주의해 보라: "…마음을 새롭게 함으로 변화를 받아." 변화는 신자의 마음 속에서 시작되지 행동에서 시작되지 않는다. 우리 모두는 믿는 바대로 행동한다. 우리의 행동이 우리가 깊이 믿고 있는 것을 반영하지 않는다고 생각할지 모르지만, 성경은 그렇다고 말하고 있다. 거기에는 결코 예외가 없다.

죄를 범하는 경우는 여러 가지 경우를 고려한 뒤에 죄를 범하는 것이 자신에게 유익이 되겠

> 찰스 스펄전은 협박 편지를 받았다. 어떤 장소에 얼마 만큼의 돈을 몇 시까지 갖다 놓지 않으면, 그의 명예를 실추시키고 그의 공적인 사역을 파멸시킬 정보를 신문에 공개하겠다는 것이었다. 그는 그 장소에다 답장을 남겨 두었다: "나에 대해 아는 모든 것을 온 천하에 공개하기 바랍니다." 그는 그의 삶이 사람들의 눈에 흠이 없다는 것을 알았고 그래서 누구도 그의 성품에 손을 댈 수 없었다.

다고 판단했기 때문이다. 그렇지 않았으면 죄를 범하지 않을 것이다. 순종이 자신을 위한 최고의 선택이라고 믿는다면 순종을 선택할 것이다.

무엇을 생각하느냐에 따라 행동이 결정된다. 믿는 바에 따라 행위가 결정된다. 그것은 진실이다. 따라서 결정적으로 중요한 문제는 내 마음이 성경이 가르치는 대로 변화되는 것이다. 보통 우리들의 마음은 즉시 혹은 갑자기 변하지 않고 진리를 이해하고 믿음에 따라 조금씩 변해 간다.

바울은 '새롭게 함으로' 라는 말, 즉 문자 그대로 '다시 계속해서 새롭게 만든다' 는 의미의 단어를 사용함으로써 변화가 지속적인 과정임을 나타내고 있다. 신자는 '오래된' 예전의 모든 생각을 제거하고 '새로운' (성경적인) 사고 방식이 견고히 뿌리를 내리기까지 자신의 마음을 거듭거듭 새롭게 해야 한다.

변화는 단지 성경을 읽음으로써만 아니라 성경에 의해 마음을 새롭게 함으로써 일어난다. 성경을 읽는 것이 확실히 여러 가지 훌륭한 방법으로 우리들의 삶에 영향을 미치기는 하지만, 변화는 우리의 마음이 거짓말을 믿는 것으로부터 진리를 믿는 것으로 변화될 때만이 일어난다. 성경을 읽으며 우리들의 사고 방식을 변화시키지 않는 한, 성경은 우리들의 행위를 마술적으로 변화시키지는 않을 것이다. 무디의 저 유명한 말을 결코 잊지 말라. "성경은 지식을 주기 위해서가 아니라 우리를 변화시키기 위해서 주어졌다." 단지 지식을 얻기 위해서 성경을 읽지 말라. 당신의 마음을 새롭게 함으로 변화 받기 위해 읽으라.

1. 해마다 성경 전체나 신약을 통독함으로 마음을 새롭게 하라.

　매해 성경 전체나 신약 전부를 읽는 습관은 수만 명의 헌신된 신자들이 실천하고 있는 훌륭한 습관이다. 일반적으로 영적인 활력을 얻기 위해 매일 성경을 통독해 나가는 것보다 더 나은 것은 없다. 당신이 예상하듯이, WTB는 온전히 이것을 실천하는 데 전념하고 있다. 사람들이 성경을 읽고 하나님의 말씀으로 마음을 새롭게 하는 것을 돕기 위해 우리들은 1억 부 이상 되는 경건의 시간 안내서와 성경을 수없이 많이 발간해 오고 있다. 매일 성경 읽기와 묵상하는 습관을 들이도록 격려함으로 당신을 섬기는 것이 우리들의 기쁨이다. 잘 알려진 경건의 시간 책자 중 몇 가지를 소개한다:

　　「날마다 주님과 함께(Daily Walk)」일년 일독 성경 통독 안내서.
　　「주님께 더 가까이(Closer Walk)」일년 일독 신약 통독 안내서.
　　「Family Walk」가족의 경건의 시간을 통해 자녀들을 훈련할 수 있도록 준비시키는 안내서.
　　「1318 신나는 큐티(Youth Walk)」청소년들을 위한 강력하고도 삶을 변화시키는 묵상집.
　　「Quiet Walk」더 많이 경배하고 묵상함으로 천천히 나아가도록 하는 묵상집.
　　「Life Walk」바쁜 직장인들을 위한 현대 주제들을 다룬 묵상집.

2. 주의 깊게 선택된 구절을 묵상함으로 마음을 새롭게 하라.

　성경의 많은 부분을 읽는 대신, 주님을 온전히 기쁘시게 하기 위해 당신에게 변화가 필요하다고 여겨지는 어떤 부분에 특별히 초점을 두기 위해 적은 양의 구절을 주의 깊게 선택하는 것이다.

어떤 구절을 묵상해야 할지 어떻게 알 수 있는가? 당신의 행동과 태도를 점검하고 예수님을 닮아가지 않는 부분이 발견될 때는 언제든지 그것이 묵상할 사항이 된다! 당신의 생활 중에 그러한 부분들을 알아 내고 그 문제를 직접적으로 다루고 있는 성경 구절을 세 가지 내지 다섯 가지 찾으라. 명함 크기 카드에 이 구절들을 적거나 타이프를 쳐서 매일 그것을 소리내어 읽기 시작하라. 단지 몇 일 만에 온전히 새롭게 될 수 없을 것이므로 각 영역마다 적어도 한 달씩 전념하라. 제거해야 하는 부분이 어디인지 그리고 그 자리를 메워야 하는 진리가 무엇인지 보여 달라고 주님께 간구하면서 이 구절들을 천천히 묵상하라.

이 구절을 읽을 때마다, 그 카드 밑에 표시를 하고 한두 가지 변화가 당신의 생활 중에 나타날 때까지 꾸준히 실천하라. 이제껏 당신을 기만해 왔던 거짓을 발견하게 되면, 당신의 마음이 말 그대로 변화될 때까지 그 영역에서 당신의 마음을 주의 깊게 그리고 적극적으로 새롭게 하라.

그 특별한 '거짓말' 주변에 있는 죄 덩어리가 더 이상 당신 생활의 일부분이 아니라면, 당신이 변화했다는 것을 스스로 알게 되므로 묵상하는 것을 그만둘 수 있다! 성경 구절을 묵상하는 주 목적은 묵상한다는 사실이 아니라, 그 특별한 부분에서 당신이 완전히 변화되는 것이다. 그러므로 당신에게 변화를 가져다 주는 것이 될 때, 그 과정이 당신에게 귀중한 것이 된다.

너무나 많은 신자들이 선한 의도이긴 하지만, 무턱대고 그 구절을 외우기만 하면 어떻게든 변화는 자동적으로 그리고 초자연적으로 일어날 것이라고 생각하면서 성경 구절을 외운다. 내가 알고 있는 대부분의 육적인 그리스도인들 중 몇은 많은 성경 구절을 외우고 있다! 성경 구절을 외우는 것은 그것들을 당신의 '기억 은행'에 두고 그것들을 묵상함으로써 변화하게 하기 위한 것이다. 암송이 목표가 된다면, 암송은 성경적으로 변화하기 위한 수단이 아니라 암송 그 자체가 끝이 된다.

성경 구절을 암기하므로 삶을 변화시키기를 정말로 원한다면, 변화될 필요가 있다고 인정하는 부분을 선택하라. 분노나 훔치는 것, 혹은 정욕이나 험담 등 성경적 용어로 변화가 필요한 부분의 이름을 붙이라. 그리고 성경에서 그 부분에 대한 진리를 분명하게 말하고 있고 직접적인 가르침을 주는 최고의 구절을 세 가지에서 다섯 가지 정도 찾아 카드에 적으라. 어느 곳을 가든지 그것을 가지고 다니고 계속해서 그것들을 큰 소리로 읽으라. 말 하나 하나를 깊이 생각하고 그 구절 속에 있는 '지혜'를 찾으라.

이 영역에서 당신이 틀림없이 믿어 왔던 '거짓말들'을 보여 달라고 주님께 간구하고, 이 부분에서 당신이 범죄한 것을 한 번에 하나씩 자백하라. 당신이 믿어 왔던 것(거짓말)이 무엇인지 확실하게 밝히고 이제는 그것이 성경적이 아니라는 사실을 알아, 경건한 태도와 행위로 성경적 진리를 말하라: "성경은 …을(를) 가르친다." 진리를 알고 주님께 순종하는 자유를 누리기 위해 당신이 적용하고 헌신할 수 있도록 성령님을 적극적으로 의지하라.

중요한 것은 당신이 얼마나 많은 구절을 외우고 있는가 하는 것이 아니라, 당신의 삶의 얼마나 많은 부분이 변화되었는가 하는 것이다!

'트로피'로 구절을 모으지 말라. 천국에서 축하해 주는 유일한 트로피는 당신이 거룩의 삶을 살게 되는 것이다.

3. 성경 구절이 기도제목이 되게 함으로써 마음을 새롭게 하라.

이것은 당신이 정규적으로 사용할 수 있는 훌륭한 거룩 습관이다. 특별히 당신에게 의미 있는 구절을 택해서 주님께 그것을 가지고 기도하라. 이렇게 할 수 있는 쉬운 구절은 시편, 잠언, 에베소서, 골로새서 그리고 빌립보서에서 찾을 수 있다. 이 구절들을 가지고 주님께 기도함에 따라, 당신 생활의 다른 부분은 영향을 받고 변화될 것이다. 보통 묵상은 당신의 지성을 움직이고 기도와 함께 하는 묵상은 당신의 지성과 마음을 움직인다.

구절을 읽고 묵상하면서 당신이 깨달은 것들을 성경책에 바로 기록하라. 어떤 특별한 구절을 통해 주님께서 당신에게 특별히 말씀하신 날짜를 기록하라. 신학교를 다닐 때 성경을 가르치는 교수님 중 한 분이 어느 날 공부 시간에 자신의 성경책을 보여 주셨다. 줄, 화살표, 색칠, 동그라미, 메모 등으로 가득했다! 믿기지가 않았고 나도 내 성경에 그렇게 하게 될까 생각했다. 30년이 지난 지금 나는 당신에게 그렇게 하라고 강력히 권하고 싶다. 나는 성경책을 잡을 때마다, 배운 것을 책에 기록하기 위해 파란색이나 빨간색 펜을 항상 동시에 잡는다.

이제부터 성경책을 보는 방법을 바꾸어라. 성경은 그리스도의 몸된 교회 전체를 위해서 뿐 아니라 우리들 개인을 위해서 주님이 주신 이루 말할 수 없이 값진 선물이다. 성경의 분명한 가르침에 자신의 삶을 더 많이 비추어 보고, 성경이 의도하는 목적을 위해 더 많이 사용할수록,

예수 그리스도의 바로 그 형상을 따라 변화하리라는 하나님 약속의 성취를 더 많이 경험하게 될 것이다:

> 모든 성경은 하나님의 감동으로 된 것으로 교훈과 책망과 바르게 함과 의로 교육하기에 유익하니 이는 하나님의 사람으로 온전케 하며 모든 선한 일을 행하기에 온전케 하려 함이니라(딤후 3:16-17).

일기 쓰는 습관을 길러라

11

> 거룩은 달콤하고 유쾌하며, 매력적이고, 고요하며, 조용한 성질의 것으로 내게 다가왔다. 영혼에 표현할 수 없는 순결함, 밝음, 평화스러움 그리고 환희를 가져다 주었다. 다른 말로 하자면, 영혼을 온갖 종류의 아름다운 꽃들로 가득한 하나님의 뜰, 혹은 정원같이 만들었다는 것이다.
> - 조나단 에드워즈(Jonathan Edwards)

처음에는 누워 있다가, 조금 지나서는 고개를 가누게 된다. 그 뒤에는 앉아서 좌우로 흔들다가, 기게 된다. 그리고는 서게 되고, 비틀 비틀 걷다가, 제대로 걷게 된다. 그리고는 빠른 걸음으로 걷게 되고 마침내 달린다.

처음에 당신은 세는 것을 알고, 그리고는 더하기, 빼기, 곱하기, 나누기, 방정식, 그리고 기하학을 배우고 마침내 삼각함수를 배우게 된다.

삶에 있어서도, 항상 '첫번째 단계' 가 있고 그리고 '중간 단계' 그

후에는 '진보된 단계'가 있기 마련이다. 이번 장은 기초가 되는 거룩의 초기 습관들 위에 세워질 중간 단계의 거룩 습관들을 제시하게 된다. 예상할 수 있듯이, 이 장 너머에는 거룩의 '전문가적' 비밀과 기술들이 있는데, 그러한 것들은 다음 장에서 발견될 것이다. 거룩의 여섯 가지 습관들을 연습하여 결국 모두 습득하게 되면, 삶은 예수 그리스도의 훌륭한 형상으로 근본적인 변화를 경험하게 될 것이다.

거룩 습관 #3: 기도 일기를 써라

거룩을 추구하는 사람에게 '핵심적인 능력'이 되어야 하는 세번째 거룩 습관은 기도다. 모든 영적인 훈련 중 기도는 다른 어떤 것보다 더 많이 설교되지만 덜 실행에 옮겨지는 것이라고 생각한다. 많은 사람들이 기도는 가장 쉬운 동시에 가장 어려운 것이라고 느낀다.

성경이 마음을 새롭게 하는 데 기본적인 도구라면 기도는 주님과의 관계를 새롭게 하는 데 기본적인 도구다. 기도는 관계의 언어이고 인간과 신의 친밀도의 문을 열어 준다. 활력적인 기도 생활 없이는 거룩으로 가는 걸음은 인간의 편에서 자신을 향상시키려는 시도밖에 되지 않는다. 기도는 관계를 결합시키는 접착제고 당신의 마음과 주님의 마음을 서로 얽히게 만든다.

기도는 관계의 언어일 뿐 아니라, 그것은 당신의 바람, 희망, 열망 그리고 삶의 불가능한 것들이나 응급 상황에 대한 초자연적인 응답을 주는 데 으뜸 가는 도구가 되도록 하나님께서 고안하셨다. 하나님께서 오늘날에는 초자연적으로 역사하시지 않는다고 가르치는 사람들이 있지만, 성경은 바로 그것 - 초자연적 응답 - 을 추구하도록 명령하는 것들로 가득하다. 무엇이 초자연적인 응답인가? 하나님께서 당신의 기도를 들으시고 응답하실 때, 당신은 하나님께서 오직 당신을 위해 '자연적'인 것 안에서 '초자연적으로' 준비하신 응답을 받게 된다.

주님께서 계속적으로 기도에 응답하시는 것을 경험할 때, 기도의 힘에 대한 당신의 신뢰는 정말 대단한 것이 되는 것이다. 실제로 주님께서 당신의 기도에 응답하시는 것을 더 많이 보게 될수록 당신은 하나님께서 당신을 위해 공급하시리라고 결코 꿈도 꿔 본 적이 없는 수백 가지의 것들을 위해 간구할 용기를 더 많이 갖게 될 것이다. 성경은 기도에 대해 놀라우리만큼 분명하고 일관되다: "내가 진실로 진실로 너희에게 이르노니 너희가 무엇이든지 아버지께 구하는 것을 내 이름으로 주시리라 지금까지는 너희가 내 이름으로 아무 것도 구하지 아니하였으나 구하라 그리하면 받으리니 너희 기쁨이 충만하리라"(요 16:23-24).

기도에 응답하시는 데 있어 주님께서 어떤 요구 조건이라도 가지고 계시는가?

너희가 내 안에 거하고 내 말이 너희 안에 거하면 무엇이든지 원하는 대로 구하라 그리하면 이루리라(요 15:7).

'…하면'은 보통 응답이 주어지기 위해 어떤 조건이 선행되는 것을 의미한다. 요한복음 15장 7절에서는 기도가 응답되기 위해서는 '그리스도 안에 거해야' 할 뿐 아니라 '내 말이 너희 안에 거해야' 한다고

> 진실된 그리스도인의 이상은 행복하게 되는 것이 아니라 거룩하게 되는 것이다.
> - 토저(A. W. Tozer)

주님께서 말씀하신다. 야고보서 5장 16-18절에서는 '의인'의 기도와 응답을 연결시키고 있다: "의인의 간구는 역사하는 힘이 많으니라 엘리야는 우리와 성정이 같은 사람이로되 저가 비 오지 않기를 간절히 기도한즉 삼년 육 개월 동안 땅에 비가 아니오고 다시 기도한즉 하늘이 비를 주고 땅이 열매를 내었느니라."

이 구절이 놀라운 이유는 그것의 주요 주제가 신약의 신자도 기도에 대한 놀랍고도 초자연적인 응답을 경험할 수 있다는 것이기 때문이다. 바로 구약의 선지자 엘리야처럼 말이다. 그의 기도는 말 그대로 삼년 동안 비를 내리지 않도록 했다. 하나님께서는 의롭고 '간절히' 기도하는 사람에게 응답을 주신다.

그의 이름으로 구하라

오늘날 사람들이 기도의 많은 응답을 보지 못하는 것도 당연하다. 그들은 결코 그리스도와 친밀한 관계 속에 걸어가지도 않고 그분의 말씀에 순종(거룩)하지도 않는다. 그러므로 그들은 그들이 원하는 것을 주신다는, 장엄하지만 조건적인 하나님의 약속을 - 그리고 그러한 응답이 신자에게 가져다 주는 놀라운 기쁨도 - 물려 받을 수 없다. 예수님 자신이 기도에 대해 하신 놀랍고도 직접적인 말씀을 놓치지 말라:

너희가 내 이름으로 무엇을 구하든지 내가 시행하리니 이는 아버지로 하여금 아들을 인하여 영광을 얻으시게 하려 함이라 내 이름으로 무엇이든지 내게 구하면 내가 시행하리라(요 14:13-14).

무엇이든지 원하는 대로 구하라 그리하면 이루리라(요 15:7).

내 이름으로 아버지께 무엇을 구하든지 다 받게 하려 함이니라(요 15:16).

내가 진실로 진실로 너희에게 이르노니 너희가 무엇이든지 아버지께 구하는 것을 내 이름으로 주시리라 지금까지는 너희가 내 이름으로 아무것도 구하지 아니하였으나 구하라 그리하면 받으리니 너희 기쁨이 충만하리라(요 16:23-24).

예수님의 교회가 이 말씀을 가지고 무엇을 했는지 아는가? 그것들을 신약에서 잘라버렸다. 왜냐하면 그리스도인들은 그것들이 제대로 효과를 내지 못한다고 결론을 내렸기 때문이다. 정말 그러한가? 그렇지 않다. 성경의 분명하고도 반복적인 가르침이 우리들의 생활 속에 이루어지지 않는다면, 그것은 성경이 진실하지 못한 것이 아니라, 오히려 우리가 그러한 약속들을 위한 조건들을 이행하고 있지 않기 때문이다.

다시 그 구절들로 돌아가서 주님께서 그러한 약속들에 주권적으로 그리고 보편적으로 붙여 놓으신 조건들을 찾아보자. 그러한 조건들을 이행하고 믿음 가운데 간절히 기도하라. 그리고 당신에게 하신 그분의 약속이 이행되는 것을 바라보라!

얼마 전에, 기도의 용사인 내 가까운 친구와 함께 이 문제를 가지고 깊이 토론한 적이 있다. 다음 20분 동안 일어난 일을 결코 잊을 수 없다. 이 기도의 용사는 미소를 머금고, 곁에 있는 책상 서랍을 열더니 기도 일기를 꺼냈다. 그날은 1998년 4월 30일이었다. 그의 기도 일기는 1996년 1월 1일부터였고 바로 내 눈 앞에서 이년 사 개월 안에 주님께서 응답하신 368개의 다른 기도 제목들을 보여 주었다. 하나님께서는 이 사람의 368가지 구체적인 기도 제목에 응답하신 것이었다!

나는 말문이 막힌 채 앉아 있었다.

그렇게 훌륭한 기도 생활을 상상이나 할 수 있겠는가? 그가 경험했던 기도에 대한 더 놀랍고도 기적적인 응답들 중 몇 가지를 나눌 때, 그는 기쁨으로 빛나고 있었고 때때로 명랑하게 웃기도 했다. 너무나 놀랍다! 그가 기도 일기를 덮을 때, 나는 그의 기쁨에 찬 마음 속을 깊이 들여다 보았고 기도에 관한 주님의 약속이 바로 이 사람의 삶 속에서 실현되었다는 것을 깨달았다!

하나님께서 실제로 여전히 기도에 응답하신다는 사실에 대해 왜 이렇게 토론하고 있는가? 왜냐하면 주님께서는 당신이 응답받기 위해 기도하도록 명령하시고 있고 그래서 주님께서 당신에게 응답들을 주시기 위함이며 내 친구처럼 당신의 기쁨이 말 그대로 흘러 넘치기를 원하기 때문이다. 문제는 무엇인가? 당신이 그분과 함께 거해야 하며 거룩하게 살아가야 한다. 그렇게 넘치는 보상에 비해 너무나 적은 값을 치르는 것이다.

내가 아버지의 계명을 지켜… 너희도 내 계명을 지키면… 너희 기쁨을 충만하게 하려 함이라(요 15:10-11).

　기도하는 데 있어 가장 기본적인 단계를 지난 사람들은 거의 모두 기도 일기를 사용한다. 내가 기도의 사람으로 헌신하게 되고 기도 일기를 가지고 정기적인 기도 습관을 확립할 때까지는, 내 기도 생활은 다른 어떤 것보다도 더 죄책감을 만들어 내는 것이었다!
　색깔이 다른 종이를 사서 자신만의 노트를 만들라. 기도 생활을 극대화하는 아주 실제적인 조언 세 가지는 다음과 같다.

기도 계획표를 만들라

　일상적으로 하는 것이 큰 효과를 얻게 된다. 기도할 때 지켜야 할, 매일 그리고 매주의 일과를 정해 두면 기도를 방해하는 세 가지 가장 큰 장애물을 파괴할 수 있다. 기도에 가장 공통적으로 장애가 되는 것은 장소, 시간 그리고 절차를 정하지 않는 것이다. 경건의 습관 중 특별히 한 장소에서 기도하는 데 중점을 두겠다고 정해 두면, 기도는 아주 자연스러운 것이 된다. 예를 들면, 나는 경건의 일기를 쓰고 하나님의 말씀 가운데 시간을 보낸 후에 기도하는 것이 최선인 데 반해, 달린은 정확히 그 반대로 하고 있다. 다시 말하지만, 처음에 몇 번 테스트를 거친 후에 최선의 순서를 개발하고 바꾸지 말라. 당신이 어떤 좌절감을 느끼게 되는 것은 앞서 언급했던 '기피 유혹'일 것이다.
　기도에 두번째로 장애가 되는 것은 기도하고 싶을 때 무엇을 기도해야 할지 모른다는 것이다. 미리 정해놓지 않으면, 무엇을 해야 할지 결정하는 데 더 많은 시간과 에너지를 낭비하게 될 것이다. 세번째 장애물은, 내가 '방랑하는 마음'이라 부르는 것인데, 그것은 처음 기도하는 단계에서 거의 모든 사람이 겪는 것 같다. 기도할 것을 결정하고 종이에 적음으로써, '방랑하는 마음'이 당신을 탈선하게 하는 기회가 줄어들거나 사라지기조차 할 것이다.

기도 계획표를 만드는 데 도움이 되는 것들을 아래에 적어 보았다. 그러나 새로운 것 하나에 적어도 한 달 동안 성공적으로 하고 나서 다른 것들을 천천히 그리고 조심스럽게 시작하라. 당신이 만일 기도의 초기 단계에 있다면, 몇 달 동안은 네 가지에서 여섯 가지 정도를 가지고 시작하도록 하라.

1. 죄

알고 있는 모든 죄를 고백하고 모든 영역에서 주님 앞에 당신의 마음이 확실히 깨끗해지도록 조용히 기다리라.

2. 자아

하나님을 떠나려는 독립적인 성질을 고백하고, 자아에 죽고, 그리스도를 높이라. 스스로를 주님 앞에서 낮추고, 그분을 오늘 당신의 주님으로 그리고 주인으로 모셔라. 당신 자신을 그분께 산 제사로 드리라. 오늘도 당신 몸의 지체를 그분이 사용하시는 무기로 드리라.

3. 성화를 위한 기도

이것들은 구체적인 영역에서 그리스도와 같이 되고자 하는 당신의 열망에 관해 일생 동안 간구해야 할 제목들이다. 항상 그리스도를 따라 더 성장해야 하기 때문에 이것들은 결코 온전히 응답되지 않는 것이기도 하다.

4. 구체적인 기도

이것들은 주님께서 '예스' 아니면 '노우' 아니면 '지금은 안돼' 라고 응답하실 것이라고 확실히 알고 있는 것들이고 견고한 제목들이다.

5. 하나님의 영

성령을 근심하게 하거나 소멸하지 않도록 재헌신하라. 오늘날 봉사하기 위해 당신 속에 충만하시도록 성령을 간구하라. 인도하심, 지혜, 힘 그리고 지도력 등을 위해 그분을 의지하라.

6. 영적 은사들

주님께서 당신에게 주권적으로 주신 은사를 인해 감사하라. 이름을 열거함으로 각각의 은사를 더 깊게 해 주시고 당신 속에 있는 그 은사로 인해 교만하거나 이기적인 야심을 품지 않도록 해 달라고 주님께 간구하라. 삶의 초점을 더 좁히도록 도와 주셔서 당신이 그분의 영광을 위해 그 은사들을 사용하는 데 더욱 더 중점을 두도록 주님께 청원하라.

7. 영적 비전

당신의 인생, 결혼, 가정 그리고 교회를 포함하여 당신이 주님을 섬길 수 있는 장소에 대해 그분의 비전을 보여 주시도록 간구하라. 마음을 천국의 것에 고정하고 주님의 관점에서 당신의 삶을 보도록 노력하라.

8. 영적 봉사

모든 중요한 책임, 개인과의 만남, 중요한 결정 등을 포함하여 그날의 구체적인 것들을 위해 기도하라

9. 영적 전쟁

하나님의 전신 갑주를 한 번에 한 가지씩 입고, 제 자리에 없는 것이 하나도 없도록 하라. 서서 적에 대항하기로 재결단하라. 시험과 악한 것으로부터 건져 주시도록 주님께 기도하고 순종하기로 미리 다짐하라.

10. 영적 요새

온전히 깨끗함을 받고자 하는 요새 같은 모든 죄를 자백하고 성경을 묵상함으로 새롭게 되는 것을 경험하라. 알고 있는 모든 비성경적 사고와 행동을 자백함으로 기도 중에 당신의 마음을 새롭게 하라. 당신에게 주님의 자비와 은혜를 달라고 간구하고 당신 속에서 깊이 역사하시도록 간구하라.

11. 영적 지혜

그날에 부딪히게 될 도전에 대비해 그리스도의 마음과 생각을 간구

하라. 재정적 청지기가 되고 관대해지도록 기도하라. 성결하고 화평하며 양순한, 위로부터 오는 지혜를 간구하라.

12. 영적 감사

적어도 열 가지 구체적인 것들로 인해 주님께 감사하라. 당신의 마음이 감사로 기뻐하기 전까지는 이 부분을 떠나지 말라.

13. 영적 목표

주님의 지혜, 인내, 은혜 그리고 권능을 구하면서 그 해의 주요 목표를 위해 기도하라.

14. 영적 중보 기도

가족, 친척, 직장 동료, 교회 친구, 주님을 아직 알지 못하는 사람들, 목사님과 다른 그리스도인 리더, 대통령 그리고 당신의 조언을 구하는 사람들을 위해 기도하라.

기도 일기에 기도 제목을 적으라

동기 부여는 계속적으로 기도 생활을 실천하는 열쇠 중 하나다. 하나님이 우리를 창조하셨을 때, 그분께서는 우리와 우리가 사랑하는 사람들에게 중요하다고 느껴지는 어떤 일에 동기를 느끼도록 만드셨다. 무언가가 우리에게 더 중요할수록, 그 방향으로 움직이도록 더 자극을 받게 된다.

그래서 나는 예전부터 기도 제목이 되어 왔던 것을 모두 기도한 후에, 오늘 주님께서 내게 무엇을 응답해 주시기를 내가 원하는지 스스로에게 물어 본다. 그리고는 내게 중요하고 하나님의 뜻과 방법에 어긋나지 않을 것들이 내 마음에 떠오르면 그 구체적인 제목들을 내 기도 일기에 적는다. 그 다음날, 기도 목록에 최신의 제목이 무엇인지 추측해 보라. 그렇다. 내게 가장 시기에 맞고 중요한 것이다. 이렇게 실행에 옮기게 되니, 동기 부여는 내 기도 생활에 다시는 문제가 되지 않았다!

이 구체적인 제목들을 기도해 가면서 주님께서 이미 응답하신 것들은 제거했다. 얼마나 신나는 일인지!

이러한 제목들을 기록하는 방법을 여러 가지 시도해 본 후, 정말로 좋은 본보기가 바로 이것이다:

번호	구체적인 기도 제목	시작한 날	응답받은 날	기도한 날 수	예/아니오
1					
2					
3					

번호: 번호는 기도 제목의 번호다. 예를 들면, 당신이 오늘 시작했다고 하고, 다섯 가지 중요한 기도 제목이 있다면 위와 같이 번호를 정할 것이다. 내일 1번에서 5번까지 모두 기도한 후에, 또 기도 제목이 하나 더 있다면 그것은 6번이 될 것이다.

구체적인 기도 제목: 이 줄에는 주님께서 응답하시기를 원하는 구

체적인 제목을 한 가지씩 적는다. 주님께서 응답하셨는지 그렇지 않은지 알기 위해서 아주 구체적으로 적어야 한다. 이 부분에서 내가 나중에 얻은 것은, 정말 진정한 이유가 있는 것이 아니라면, 당신이 언제까지 응답받기를 원한다는 날짜를 기입하지 않는 것이다. 너무나 자주 주님께서 내 기도에 응답하시지만, 어떤 이유도 없이 그분의 시간과 내가 원했던 시간은 달랐다.

나는 기다리기를 원하지 않았기 때문에, 기도 제목에 기한을 기입했었다. 그리고 '기한이 없는' 제목에 날짜를 붙임으로 내가 주님을 상자 속에 집어 넣으려고 한다는 것을 알았다. 그래서 내 시간표에 따라 그분께서 서둘러 응답하시도록 하고자 했다. 이것은 하나님의 계획이 아니었다.

시작한 날/응답받은 날: 당신이 그 기도 제목을 기도 일기에 적은 날짜를 적고, 주님으로부터 응답을 받은 날짜를 기록하는 것이다. 예는 다음과 같다: 3/4/96-9/5/96; 3/4/96-3/16/96; 9/23/96-4/30/98.

기도한 날 수: 이것은 조금 개인적이지만, 나는 주님께서 내 기도에 응답하시기까지 얼마나 오래 기도했는지 알고 싶어했다. 그래서 기도 제목을 두고 기도를 시작한 날짜부터 주님께서 응답하신 날짜까지의 날 수를 계산해서 그 숫자를 그 구체적인 제목 오른쪽에다 기입했다.

모든 기도 제목들이 응답된 곳을 보니 이러하다: 181일, 148일, 12일, 90일, 120일, 2일, 54일, 60일, 75일, 15일, 15일, 60일, 90일, 164일, 15일.

예/아니오: 주님께로부터 응답이 왔을 때, 나는 항상 '예' 혹은 '아니오' 혹은 보기 드문 어떤 일이 생기고 더 이상 응답이 가능하지 않으면, 'O' 라고 주님의 응답을 적는다. 이것을 가장 오른쪽 칸에 적는다. 얼마나 위로가 되는지! 그래서 페이지를 넘기면서, 가장 오른쪽 칸을 볼 때 그것이 비어 있으면, 구체적으로 그것을 위해 기도한다. 그러나, 당신이 상상할 수 있듯이, 모든 페이지에 '예' 와 '아니오' 가 있어, 이러한 매일의 과정이 내가 계속해서 기도 생활을 하도록 깊이 격려하고 있다. 내 기도에 하나님께서 가장 최근에 응답하신 것을 보면, 이러하다: 예, 예, 예, 아니오, 아니오, 예, 예, 예, 예, 예, 예, 예, 아니오.

이러한 기도 습관은 그 분 앞에서 더 깊이 정결하게 되도록 해 준다. 기도 응답의 기록이 하나님께서 너무나 친밀하게 삶에 관여하고 계신다는 사실을 온전히 확신시켜 주는 것이 된다고 생각하지 않는가?

당신 인생의 기도 목표를 정하라

때때로 비즈니스 업계에서 사용하는 개념이 우리 사역에 아주 도움이 되기도 한다. 최근에 알게 된 좋은 개념들 중 하나는 '벤치 마크' 라고 불리는 것인데, 가장 탁월한 '기준' 을 확립해서 그것이 다른 것의 성능과 비교하는 새로운 기준이 되는 것이다. WTB에서는, 여러 가지 사역들이 그것 자체 내의 벤치 마크들을 발전시켜 나간다. 예를 들면 현재 23년째 되는 세미나 사역에서, 아래와 같은 부분에 최고로 잘 했던 해를 찾아 보았다:

1. 일년 동안 열린 세미나의 총계
2. 일년 동안 참석한 사람의 총계
3. 일년 동안 그리스도를 알게 된 사람의 총계
4. 일년 안에 삶을 변화시키는 영적인 체험을 고백한 사람의 총계
5. 일년 안에 성경을 정기적으로 읽기로 헌신한 사람의 총계
6. 일년 동안의 수입 총계
7. 일년 동안 새로운 사역에 활용될 수 있는 여유금의 총계

 이러한 기준들은 세미나 팀이, 매해마다 더 향상되고 발전된 사역을 하기 위해 기도하고 수고하는데 이용되는 실제적인 측정 자료들이다. 예를 들면 1997년 미국에서 WTB는 12개월 안에 1,600개의 세미나를 개최하는 새로운 벤치 마크를 확립했다. 올해 세미나의 부회장은 그 탁월성의 기치를 올려서 단 12개월 안에 무려 2,000개의 세미나를 열고자 한다. 당신도 상상할 수 있듯이, 이전에 우리들이 한 활동들을 비교 검토하기 위해 마련해 둔 기준이 있기 때문에 그 기준치는 점점 더 높아질 수 있었다.
 기도 생활에서 당신은 어떤 기준을 사용하고 있는가? 현명한 청지기라면 삶을 평가하기 위해 다음 세 가지 구체적인 기준을 가지고 있어야 한다. 첫째로, 당신이 찾을 수 있을 때는 언제나 성경적 기준을 이용하라. 둘째로, 작년에 당신이 주님을 위해 행했던 것의 기준을 이용하여 그것을

> 우리 위, 곧 하늘에 있는 거룩한 것이 우리 속에 있지 않으면 우리 주변에 있는 너저분한 것들이 우리를 사로잡을 것이다.
> ─포시스(P. T. Forsyth)

질적으로 그리고 양적으로 향상시키도록 하라. 셋째로, 그 영역에서 당신이 할 수 있는 최고의 벤치 마크를 찾아 저 멀리에 두고, 인생의 끝날 주님을 만날 때까지 추구해 가고자 하는 '결승점'으로 삼으라.

누구나가 어떤 특별한 부분에서 정해 놓은 가장 높은 벤치 마크를 '인생 벤치 마크'라고 부른다. 분명히 예수 그리스도가 내 인생의 많은 영역에서 최종적인 벤치 마크가 되지만 어떤 다른 부분에서는, 아버지께서 내게 할당하신 것과 같은 목표를 주님께서도 이루시도록 하지는 않으셨다. 예수님께서는 아버지께서 그에게 할당해 주신 모든 일을 다 끝마쳤다고 말씀하실 수 있었지만, 그분은 결코 책을 쓰도록 부르심을 받은 것은 아니었다는 것을 기억하라.

누구보다도 기도에 더 많은 응답을 받은 사람이 누구인지 최고의 본을 예로 찾는다면, 별로 어렵지 않게 찾을 수 있다. 어떤 사람들은 기도에 대한 고전 서적을 썼고, 또 다른 사람들은 기도에 대한 더 극적인 응답에 대해 썼지만, 하나님이 기도에 응답하신다는 것을 증명하기 위해 의도적으로 그러한 삶을 살았던, 다른 누구와도 비교되지 않는 한 남자를 알고 있다. 그가 바로 조지 뮬러(George Mueller)다. 그는 일생 동안 직접적으로 그리고 개인적으로 하나님께서 그에게 주신 10,000가지의 구체적인 기도 응답을 기록했다.

두 주 전에 달린과 제시카와 함께

> 죄가 대항하지 않는, 우리가 하나님을 위해 수행할 수 있는 의무는 없다. 그리고 우리가 하는 일이 더 영적이거나 더 거룩하면, 그것에 대한 증오도 더 커진다. 그러므로 하나님을 가장 많이 찾는 자들이 가장 큰 반대를 경험한다.
> – 존 오웬(John Owen)

콜로라도의 친구 별장에 머무르며 스키를 탈 수 있는 기회가 있었다. 수천 피트나 높이 스키 리프트를 타고 올라갔을 때, 말 그대로 구름 속으로 들어가는 듯했고, 바로 천국 아래에서 걷고 있는 것처럼 느껴졌다! 눈 내리던 어느 날 오후, 구름을 뚫고 찬란한 햇살 속에서 산 전체의 장엄한 광경을 보게 되었던 때를 잊을 수 없다. 너무나 감동적인 순간이었다.

조지 뮬러의 기도 생활이야 말로 내게는 그 장엄한 산과도 같았다. 나는 '기도 생활 벤치 마크'를 '뮬러의 정상'이라고 부르지 않을 수 없었다.

이 기도의 거장을 따라가는 즐거운 탐험대에 동참하지 않으려는가! 나는 여전히 저 멀리 뒷 쪽에 있지만 그럴지라도 목표에 내 시선을 고정하고 뒤를 돌아보지 않기로 다짐한다. 아마 내가 주님을 만나기 전 어느 날, 주님의 은혜로, 그 구름들을 뚫고 장엄하나 멀리 있는 '뮬러의 정상'을 적어도 홀끗 보기라도 할 수 있을 것이다. 그러므로 내 친구여, 등산화를 신고, 무릎을 꿇고, 기도 제목 1번을 적으라.

거룩 습관 #4: 생활 일기를 쓰라

아내는 편지 쓰는 것을 좋아한다. 그녀가 편지 쓰는 것을 좋아하는 만큼 나는 반대로 싫어한다. 만약 당신이 한 십년 전에 나를 만나서 말하길, 내가 가까운 미래에 매일 생활 일기에 관한 가치와 실천에 대한 책을 쓸 것이라고 말했다면, 그 말을 믿지 않았을 것이다. 실제로 이같은 사실을 미리 알았더라 하더라도 지금 생각해 보건대, 아마 일기장을 사서는 아무도 볼 수 없도록 장롱 깊숙히 넣어 두고는 새해가 시작될 때마다 첫 3주 동안은 '이것을 계속 써야 할 텐데'라고만 생각했을 것이다! 내 기억이 정확하다면 이들 모두 거창하게 '19XX년 1월 1일'로 시작했지만 2월과 3월 그 언저리에서 끝이 나 있었을 것이다.

시작하고, 또 시작하고, 또 다시 시작하고? 그리고 마침내 포기한다? 일기를 쓰는 것에 관한 한, 그것은 내 능력 밖이라고 생각되었다. 그리고 당신이 이 책을 통해 나를 살펴본다면, 내 인생 초기에 생활 일기를 쓸 수 없었던 이유는 다른 기본적인 영적 훈련의 부족 때문이었다. 나는 삼층과 사층이 없는 곳에 '오층의 영적 훈련'을 쌓으려고 했었다!

38살이 되었을 때, 무슨 일인가 일어났고 모든 것이 변했다. 그날 이후로 얼마나 많은 일기를 쓰고 완성했는지 모르지만, 아마 수십 권은 될 것이다. 오늘 아침 5시에, 나는 다시 한번 일기장을 열었다. 나는 그 과정으로 크게 유익을 얻었고 그것을 즐겼다.

1985년 다소 어려웠던 중년의 위기 가운데 있을 때, 나는 기독교 지도자들의 성장과 발전 분야 전문가인 어떤 분을 만났다. 사역을 그만 두고 싶은 좌절감과 절망을 전화로 들은 후에, 그는 내게 비행기를 타고 올 것을 권했고 오후를 그와 함께 보내게 되었다.

그날 그와 함께 나누었던 것들이 내 삶에 영원한 지표가 되었다. 그가 맨처음 물어 본 것은 내 인생 스토리였다. 그날부터 약 이년 전까지 거슬러 올라가 얘기했을 때, 그가 내 말을 끊더니 나의 나머지 스토리를 자기가 끝내도 좋겠느냐고 물었다. 어떻게 그가 그렇게 할 수 있는지 물었더니, 그저 미소만 지을 뿐이었고 그저 잠자코 내가 듣기를 기다렸다. 그의 이야기가 시작되면서 나는 내 귀를 의심했다! 더 오래 얘기할수록 내게 일어났던 일을 그가 너무나 정확히 표현하는 것에 놀라움은 더해만 갔다.

그가 얘기를 다 끝마쳤을 때, 나는 나같은 사람에게 어떤 도움이라도 줄 수 있는지 물어 보았다! 그는 웃으면서 "자네는 계획대로 잘 되고 있네"하고 말했다. 나는 그말이 무엇을 의미하는지 알지 못했지만, 어쩌면 일이 결국 잘 풀릴 것 같은 생각에 용기를 얻고 한숨을 돌리게 되었다.

그리고 나서 그는 내 앞에서 양팔을 올리더니 오른 팔보다 왼팔을 더 높이 드는 것이었다. 처음 그리스도인으로 살 때는 주님과의 동행이 더 강했고(왼팔) 주님을 위한 사역에서의 내 능력은(낮은 오른팔) 약했다고 그는 말했다. 나는 고개를 끄덕이며 동의를 표했다. 그후 신학 대학과 신학 대학원을 졸업하면서 내 능력은 빨리 성장했지만 주님과의 동행은 아마 줄어들었다는 것이다. 그는 이것을 설명하면서, 내 경건 생활을 의미하는 왼팔보다 내 능력을 나타내는 오른팔을 더 높이 올렸다. 고개를 끄덕여 동의를 표하면서도, 내 마음 한구석에서는 나 자신의 생각이 더 옳다는 생각이 점차 들기 시작했다.

그리고 나서, 그는 내가 사역에서 떠나려는 유혹을 받는 이유는 주님께서 내가 사역에서 얻는 충족감을 앗아가셨기 때문이고, 주님의 일을 아무리 열심히 해도 그전처럼 충족감과 기쁨을 맛볼 수 없었기 때문일 것이라고 말했다. 그가 어떻게 그것을 알았는지 의아해 했던 것을 기억한다…그리고 나서 그는 내 눈을 가리고 있던 것을 떼내 주었다.

"자네 인생에서 이 시점 쯤 되면, 이 두 손이 다시 한번 이전 위치로 돌아가지 않으면, 자네가 하나님께서 원하시는 그런 영적인 리더가 결코 될 수 없음을 주님께서는 알고 계시기 때문이네." 그는 내 생활 중 영적 훈련에 대해 꿰뚫는 듯한 질문들을 했다. 나는 매일 경건의 시간을 갖기는 하였지만, 너무나 얕은 수준이었다. 정규적으로 성경을 읽기는 하지만 그것으로부터 별로 도움을 받거나 영적 양식을 공급받지는 못했다. 그리고 기도를 해도 별로 오래 기도하지 않았고 내 기도에 응답도 그다지 많지 않았다.

다시 한번, 그는 미소 짓더니 확신하는 듯 고개를 끄덕였다. 그의 목소리나 시선에는 정죄하는 모습이 없었다. 내 인생의 위기의 때에, 그와 그의 통찰력을 알게해 주신 하나님께 얼마나 감사한지. 그는 주님과 동행하는 것을 나타내었던 그의 더 낮아진 손을 다른 경쟁이 되는 손보다 더 밀어 올리기 시작했다. 주님께서 내가 '하는 것' 으로부터 충족감을 앗아가심으로써 고의로 그리고 강제적으로 압력을 주셔서 내가 다시 한번 '함께 있는 것' 에 대해 더 깊은 충족감을 깨닫도록 하셨다고 그는 말했다.

주님께서는 모든 사람의 삶 속에서, 주님을 위해서 일하기 보다 주님과 함께 동행하도록 부르셨다는 것과 이같은 전환점이 반드시 있어야 한다고 확신하는 데는 그만한 이유가 있다고 말했다. 그리고는 아틀란타로 돌아가 이러한 영적 훈련을 배우고 익히는 데 최선의 노력을 다 하라고 말했다. 그리고 그는 이 인생 일기에 대한 아이디어를 확실하게 가르쳐 주었다! 매일 일기를 적는 일이 '하는 것' 으로부터 '함께 있는 것' 으로 돌아가도록 도와 주는 너무나 강력한 도구임을 가르쳐 주었다.

그 사람은 정말 옳았다. 그렇게 삶을 변화시키는 몇 달 동안 나는 주님께 나 자신을 헌신했고 결코 뒤를 돌아보지 않았다. 그 '두 손'이 바른 우선 순위대로 제 위치로 돌아간 것을 인해 얼마나 주님을 찬양했는지. 이제 주님을 위해 일하는 것보다 주님과 동행하는 것이 내 삶의 최고점이다. 마침내 '하는 것'에 있어서가 아니라 함께 '있는 것'으로부터 사역이 이루어지게 되었다.

> 말은 마구를 채우지 않으면 아무 곳에도 가지 않는다. 증기나 개스는 한 곳에 압축되지 않으면 어떤 것도 움직일 수 없다. 어떤 나이 아기라도 그 물길이 뚫리기 전까지는 빛과 힘을 발하지 못한다. 어떤 생명체도 관심을 받지 않고, 헌신되지 않고, 훈련받지 않는다면, 크게 자라지 못한다.
> - 헤리 에멀슨 포스딕
> (Herry Emerson Fosdick)

인생 일기에 관한 조언들

인생 일기를 적음으로써 어떻게 큰 승리를 경험하게 되는지를 포함하여 이러한 영적 훈련들 각각에 대해 책 한권을 쓰는 것은 쉬운 일이다. 내가 발견한 몇 가지 비밀은 다음과 같다:

1. 경건의 시간을 가지는 날마다 인생 일기를 적으라.
2. 매일 인생 일기를 한 장 가득 적도록 하라.
3. 종이 윗부분부터 쓰기 시작하여 한 장이 모두 메워질 때까지 펜을 놓치 말라.
4. 그것이 익숙해질 때까지 석 달을 잡으라. 좌절하지 말라.

5. 죄를 포함하여 완전히 정직해도록 자신을 자유롭게 하라.
6. 인생 일기는 당신의 영적 생활에 영적인 지렛대가 된다는 것을 기억하라.
7. 일기를 쓸 때 할 수 있는 한 다른 것을 많이 쓰고 무엇이든지 당신에게 가장 도움이 되는 것을 계속하라.

일기에 어떤 것들을 적을 것인가? 내가 사용하고 있는 것 중 몇 가지는 다음과 같은 것들인데, 다음 해에는 또 다른 것들이 들어 갈 것이라는 것을 기억해 주기 바란다. 당신 인생의 이 시점에서 당신에게 적합한 것을 이용하라. 적합하지 않으면, 인내심을 가지고 주님께 무엇을 해야 할지 지혜를 구하면서 계속하여 시도하라. 견디어 내라! 다음과 같은 것들이 도움이 될지도 모른다:

1. 주님께 기도하는 것들을 기록하라.
2. 성경에서 얻은 통찰을 기록하라.
3. 죄를 고백한 것을 기록하라.
4. 좌절과 두려움을 기록하고 그것을 주님과 함께 의논하라.
5. 개인적인 꿈과 비전 그리고 열망들을 기록하라.
6. 성공과 실패들로부터 얻은 교훈들을 기록하라.
7. 주님께 찬양하고 경배하는 것을 기록하라.

기독교 서점에 가면 도움이 될 만한 책들을 구입할 수 있다. 그러나 무엇을 하든지, 당신의 마음을 다해 일기를 쓰는 방법을 배우라. 당신이 내 일기를 읽는다면, 속을 뒤집어 보듯 나를 훤히 알게 될 것이다. 바로 주님께서 나를 아시는 것처럼. 이 거룩 습관을 시작했던 남자들과 여자들이 그 일기로 인한 기쁨에 놀랄만큼 '중독돼' 있다!

거룩을 향해 자라 가라

12

> 거룩한 삶은 목소리다. 혀가 조용할 때 그것이 말하고, 그것은 불변의 매력이든지, 아니면 영원한 책망이다.
> – 로버트 리튼(Robert Leighton)

기독교 서점의 경건 생활이나 영적 훈련 코너에 가면 그런 주제를 다루는 훌륭한 책들을 많이 발견하게 될 것이다. 이 책에서는 단지 여섯 가지만 얘기하고 있기 때문에 당신이 좋아하는 것이 언급되지 않을 수도 있다. 그러나 금식, 소그룹 성경 공부 혹은 상호 책임 그룹 혹은 봉사, 선교 여행, 수련회와 같은 것들을 중요하지 않다고 생각하지 말라. 그것들은 중요하다.

세계를 돌아다니며 많은 사람들을 격려해 본 후에 발견한 것은, 이 여섯 가지 경건 습관들이 주님과 동행하며 자신의 삶을 통해 세계를 감동시키는 신자들이 사용하는 기본적인 것들이라는 것이다. 추가로 말하자면, 나는 이 여섯 가지 거룩 습관들을 실행하고 마침내 온전히 그것을 습득하게 되도록 특별한 순서대로 열거했다.

개인 경건에 대해 한 가지 책만을 본다면, 분명히 그 책에 포함되지 않은 많은 것들을 놓치게 될 것이다! 당신과 나같은 사람들은 3,000이나 4,000 페이지 되는 책을 보고 싶지는 않을 것이므로 성령과 동행하는 법, 그리스도와의 연합, 영적인 전쟁, 영적 삶에 대한 신학 그리고 영적 조언에 관한 것들을 배우기 위해 다른 책들을 읽어야 할 것이다. 다음 몇 페이지에서는 나머지 두 가지 진보된 거룩 습관을 배우게 될 것이다.

거룩 습관 #5: 찬양과 예배를 드려라

놀라운 일이다. 우리들은 그것을 '예배'라 부르면서 그 시간 동안 참된 예배만을 제외하고는 거의 다른 모든 것을 다하니 말이다. 예배는 가장 높으신 분이신 우리 주님께 엄청난 존경, 경의 혹은 헌신을 다해 드리는 경건한 행동으로 정의된다. '예배'라는 말의 뿌리에는 '가치 있음', '훌륭함' 혹은 '가치'라는 개념으로부터 왔고 그러므로 주님을 예배한다고 말할 때는 그분의 가치에 대해 어떻게 느끼는지에 대해 표현한다. 찬양과 예배는 그분의 가치에 대해 어떻게 느끼는지 개인적으로 그리고 공적으로 주 하나님께 표현하는 그 이상도 그 이하도 아니다.

최근에 어느 지도자 모임에서 말씀을 전하기 위해 다른 도시로 간 적이 있다. 주일 아침 예배를 드리기 위해 근처에 있는 어느 교회를 찾아갔다. '예배'의 중요한 순간인 예배 찬양을 드릴 때, 나는 감히 교인들을 천천히 돌아보았다. 한 줄에 20명 정도의 어른들이 앉아 있었는데, 그 중 6명 정도가 찬양을 하고 있었다. 사람들의 얼굴과 몸짓을 보아 그 여섯 명 중 하나님의 가치를 찬양하는 그 예배 찬양 동안 주님과 멀리서나마 교감을 가지는 사람도 하나도 없었다. '예배' 중에 당신도 그와 같이 느껴본 적이 있는가?

이 문장을 쓰는 중에도, 몇 개월 전에 있었던 그와 반대 되는 일에 대한 기억으로 내 마음이 뭉클해진다. WTB 사역을 위해 여행하던 중, 싱가포르의 어느 큰 교회에서 말씀을 전할 수 있는 특권을 얻었다. 그 다음 주에는 말레이지아의 어느 큰 교회에서 말씀을 전했다. 그 두 군데에서 어떤 일이 일어났는지 아는가? 말씀을 전하기 전, 목사님들이 한 시간 정도 찬양 순서를 인도했다. 두 나라 모두 그 한 시간 동안 찬양하면서 앉는 사람은 한 사람도 없었고 그 많은 군중들에게서 진정한 예배의 확실한 표시를 보았다. 위에서 말했던 그 교회와 이 두 교회는 정반대다. 주님의 주님되심이 그들의 얼굴에 흘러 넘쳤고 수천 명 되는 사람들의 목소리를 통해 울려 퍼졌다. 주님께서는 백성들의 그 예배를 너무나 기뻐하셨음에 틀림없다!

주님을 찬양하고 경배하며 예배하는 것을 배운 적이 있는가? 미국에서는 최근 두 가지 운동을 통해 교회에 찬양과 예배를 회복하고 있다. 첫번째는 카리스마 운동이고 두번째는 프라미스 키퍼스(Promise Keepers)다. 나는 수없이 많은 프라미스 키퍼스 행사에서 말씀을 전하면서, 그러한 일이 일어나는 것을 보고 또 보았다. 일생 동안 진정으로 주님을 예배해 본 적이 한번도 없었던 남자들이 하나님 예배의 경이로

움을 맛보기 시작했다.

처음에는 항상 하던 것처럼 찬송가를 부른다. 조금 지나면 그들은 가슴으로 그리고 가사가 의미하는 내용대로 찬양을 하기 시작한다. 조금 더 지나면 찬양하는 동안 주님과 연결되기 시작한다. 마침내 그들은 주님을 인해 기뻐 어쩔줄 모르며, 그분을 찬양하는 것을 멈출 수 없는 것처럼 보인다. 남자들이 진정한 성경적 찬양의 열매를 한 번 맛보고 나면, 그들은 절대 찬양 없는 찬양과 경배 없는 예배를 드리려고 하지 않는다.

> 우리들 중 열 명이 의롭다면, 그 열 명은 이십 명이 될 것이고, 이십 명이 오십 명, 오십 명이 백 명, 백 명이 천 명, 그리고 천 명이 전체 도시가 될 것이다. 열 개의 등불이 밝혀졌을 때, 집 전체가 빛으로 가득한 것처럼 영적인 것들의 진보도 그러하다. 우리들 중 열 명이 거룩한 삶을 살면, 우리가 전체 도시를 밝힐 수 있는 불을 켜는 것이 될 것이다.
> - 성 요한 크리소스톰
> (John Chrysostoam)

그러나 비극은 사람들이 그렇게 하고 있다는 것이다. 그리고 더 나쁜 것은, 대부분의 남자들과 여자들이 찬양 모임, 특별한 예배 모임, 혹은 프라미스 키퍼스 행사를 벗어나 혼자서는 어떻게 찬양하고 예배하는지 결코 배운 적이 없다는 사실이다. 다섯번째 거룩 습관은 공적으로 그리고 개인적으로 찬양과 예배를 계속하여 실행하는 것이다.

우리가 아는 한 주님께서는 찬양과 경배의 선물을 오직 두 종류의 살아 있는 창조물에게 내려주셨다. 그것은 천사들과 인류다. 주님께서 찬양과 경배를 드리고자 하는 열망과 능력을 선천적으로 타고나도록 우리를 창조하셨지만, 그것이 곧 그분의 원래 목적을 따라 우리들이 그것을 사용하고 있다는 것을 의미하지는 않는다.

찬양의 이 놀라운 선물을 배우고 실행하지 않으면 신자는 한정적인 삶 속에 정체되며 수평적인 삶만 경험하게 될 뿐이다. 수 억의 그리스도인들이 해가 지나고 또 지나며 '예배'를 드리지만 개인적으로 깊이 그리고 근본적으로 변화되는 단계까지 주님과 진실된 교통이 이루어지지는 않는다.

신자는 매일 경건의 시간을 가지면서도 찬양과 경배를 드리지 않을 수 있다. 신자는 매주 교회를 다녀도 찬양과 경배를 드리지 않을 수 있다. 신자가 기도를 정규적으로 하여도 찬양과 경배를 드리지 않을 수 있다. 찬양과 경배는 유일무이한 경험이며 다섯번째 거룩 습관을 대표한다.

그분의 진가를 표현하라

성경적 찬양의 첫번째 특성은 찬양 받기 합당하신 주님의 진가를 표현하는 것이다. 진실로 주님께 예배드리는 사람이 그렇게 적은 근본적인 이유는 그들이 주님의 위대하심과 그 권능을 잘 느끼지 못하기 때문이다. 그리스도인들이 찬양과 경배를 제대로 드리지 못하는 이유가 훈련을 제대로 받지 못했기 때문이라고 많은 사람들이 느끼지만, 나는 그렇지 않다고 확신한다. 우리들 중 누구든지 죽어서 주님의 존전으로 들어가게 된다면, 당장 그리고 열광적으로 주님을 경배하고 찬양하게 될 것이다. 성경에 나오는 인물들이 주님의 모든 영광 중 천사를 볼 때는 언제든지, 즉시 무릎을 꿇고 경배를 드렸다. 경배는 하나님의 임재와 권능에 대한 즉각적이고 선천적인 반응이다. 주님과 그분의 영광을 아는 사람은 항상 예배를 드린다. 경배하지 않는 사람은 그들 자신의 영광으로 장님이 되어 있기 때문이다.

찬양과 경배가 첫번째, 두번째, 세번째가 아니고 거룩의 다섯번째 습관인 이유는, 다른 훈련이 제대로 되어 있지 않으면 신자들이 계속적이고 의미 깊은 예배를 드리지 못하기 때문이다. 경건의 시간, 성경 묵상 그리고 정기적인 기도가 없이는, 신자는 자아 중심적인 삶을 살게 되기 때문에 하나님의 진실된 그 위엄을 경험하지 못한다.

예배와 음악을 인도하는 사람이 예배 중에 사람들이 주님을 온전히 찬양하도록 인도하는 방법을 알지 못하면, 그 회중은 오히려 예배를 돕기보다 그것을 실제로 방해하는 그런 방법으로 인도될 것이다. 30년 동안 여러 가지 다른 환경에 있는 나라 전역을 돌아다니며 사역해 본 결과, 교회들 중 10퍼센트 이하만이 개인적으로 찬양과 경배를 하도록 회중을 이끌고 있다는 것을 발견했다.

신자의 마음이 그분의 '진수'를 표현하기 위해 주님과 교통하지 않으면, 하고 있는 외부적인 것들에 상관없이 성경적 찬양과 경배는 이루어지지 않는다. 예를 들면,

- 노래하는 것은 경배가 아니고, 단지 악상에 따라 가사를 부르는 것이다.
- 빨리 혹은 천천히 노래하는 것은 경배가 아니고, 그것은 템포라고 불리는 것이다.

· 크게 혹은 적게 노래하는 것은 경배가 아니고, 그것은 볼륨이라고 불리는 것이다.

그러면 언제 진정한 찬양과 경배가 이루어지는가? 개인(혹은 그룹)이 그분의 훌륭하심을 표현하기 위해 주님과 교통할 때다. 찬양과 경배는 신자가 주님을 너무나 개인적으로 그리고 직접적으로 '경의를 표하기' 때문에 그 시간에 주님의 존전에는 오직 자신만이 있다고 느끼게 되는, 주님과의 친밀한 교통을 의미한다.

신자가 주님과의 개인적 '교통'을 추구하지 않는다면, 성경적 찬양은 이루어질 수 없다. 그래서 주님께서는 큰 교회의 예배 중간에도 그렇게 적은 찬양과 경배를 받으시는 것이다. 회중의 초점은 찬양이 드려지는 그분을 경배하기보다 노래를 부르는 데 맞추어지고 있다. 초점이 단순히 노래하는 것에 맞추어져서는 안되고, 노래하는 것이 마음의 찬양을 싣고 전달하는 매체가 되어야 한다. 노래하는 것이 찬양과 경배를 드리는 방법 중 가장 쉬운 것인지도 모른다. 그러나 리더가 자신에게 모든 초점을 두면 주님께서는 주목을 받지 못하시고 그리고 그러한 일이 일어나면 음악 리더는 예배에 도움을 준다기보다 실제로 방해가 된다.

노래하는 가운데 어느 시점에서 회중은 노래하는 행위로부터 찬양하는 행위로 전이되어 가야만 한다. 가사와 노래하는 박자는 둘째가 되어야 하고 그래서 사람이 내적으로 찬양과 경배를 표현할 수 있어야 한다.

새로운 찬양 곡을 배우는 것이 주님을 찬양하는 것을 방해하는 경우가 될 수도 있는데, 리더가 새로운 말과 멜로디에 중점을 두기보다 주님께 그것을 드리도록 회중을 잘 훈련시키지 않을 때 그렇게 된다. 최근의 찬양 곡들을 보면 간단한 멜로디와 보통 아주 간단한 가사로 되어 있다. 연세가 드신 분들은 이러한 찬양 곡들이 깊이가 부족하다고 종종 비난하지만, 나는 노래의 근본적인 목적이 주님을 찬양하고 경배하는 것이지 깊은 교리를 전달하고자 하는 것이 아니라고 믿는다. 많은 찬양 곡들이 중요한 신학으로 가득한데, 어떤 것들은 찬양을 고무하고 있지만 또 어떤 것들은 실제로 찬양을 방해하고 있다.

노래하는 것은 교회 생활에서 효과적인 부분이고 항상 찬양 혹은 예배로 전이될 필요는 없다. 때때로 찬송은 너무나 훌륭한 가르침의 도구가 된다. 그러나 노래하는 중 신자의 마음이 정말로 주님께 가슴으로 부르는 찬양을 표현하는 것이 아니라면 그 노래는 찬양이 될 수 없다. 주님께서는 세레나데를 원하시지 않는다. 그분은 경배를 원하신다.

당신은 주님을 찬양하고 경배하고 있는가? 그리고 그렇게 하고 있다면, 당신은 '예배에 종속되어 있는 사람인가?' 예배드리게 되는 환경이 '조성' 되어 있을 때만 찬양하는가? 회중이 진실로 주님을 찬양하고 있는 어떤 교회에 참석하고 있다고 가정해 보자. 주중에 당신이 홀로 있을 때도 주님을 찬양하는가? 그렇지 않다면, 당신이 실제로 '주님을 찬양하는' 방법을 안다기보다 '찬양으로 인도되는' 방법을 안다고 하는 것이 더 진실되겠다.

주보에 목사님이 설교하시는 부분에 '설교를 통한 예배'라고 적혀 있는 것을 종종 보게 된다. 다시 말하지만, 예배는 설교를 통해서 이루어질 수도 그렇지 않을 수도 있다. 하나님의 사람들 중 몇 분이 단상에서 말씀을 전하는 것을 듣고 있을 때, 그분들이 너무나 효과적으로 주님을 높이 받들기에 내가 주님께 감사하고 찬양할 수밖에 없다! 목사님이 주님을 높이 받들수록, 나는 자발적으로 내 마음을 다해 주님께 경배드리게 된다.

'찬양 예배'에서처럼 '설교 예배'도 마찬가지다. 대부분의 경우에, 성경을 올바로 믿고 가르치는 목사님들도 진정으로 성경 말씀을 전하지만 주님을 높여서 청중이 주님을 경배하게 되는 경우는 많지 않다.

많은 설교가 성경의 의미를 잘 전달해 주기는 해도, 목사가 자신의 가장 큰 부르심 – 하나님의 말씀을 통해 회중들의 마음이 주님의 영광스러운 전으로 들어가게 해서, 참된 경배와 찬양 속에서 주님의 은혜, 위대함, 영광 그리고 그분께 응답함으로 감격하게 되는 것 – 을 수행하는 일은 드물다.

> 거룩의 아름다움은 세상을 갱생하고 영원한 의를 가져오는 데 다른 어떤 도구들을 다 합쳐 놓은 것보다도 더 많은 것을 해 왔고, 또 해 올 것이다. 그것은 기독교를 증명하기 위해 외치고 쓰여진 모든 것보다도 더 많이 이 세상에 종교를 확산시키는 데 이바지해 왔다.
> – 토마스 챌머스
> (Thomas Chalmers)

설교는 세 가지 단계로 구분된다. 즉 목사에게 초점을 맞추는 것으로부터 성경으로 그리고 궁극적으로 주님 그분께로 초점이 옮겨져야 한다. 하나님 백성들의 가난한 마음이 하나님의 마음을 알기도 전에 단순히 '아멘'으로 설교가 끝이 난다면, 불행하게도 설교 시간에 하나님께로부터의 이탈이 생기게 된다.

설교는 하늘과 땅을 너무나 강력하게 연결시켜 그 설교자는 점차 사람들의 마음 속에 절대적으로 무관하게 되어야만 한다! 사람들은 하나님의 말씀을 그렇게 설교한 데 대해 감사하지만, 그보다 더 하나님의 말씀에 사로잡힌 채 떠난다. 성경에 나타난 주님께 초점을 맞추기보다 성경 구절 자체에 초점을 두게 되면 이 또한 주님께 드려야 할 우리들의 반응을 주님께로부터 빗나가게 만드는 결과가 된다.

그러나 이제, 우리들이 뒤에 있는 음악이나 설교로부터 초점을 바꿀 수 있겠는가? 그러한 일이 일어나지 않으면, 비평이나 합리화 혹은 찬양과 경배의 부족 등을 비난함으로 범죄하게 하는 이유를 제공해 주는 것 외에 내가 당신을 위해 한 것은 아무 것도 없게 된다. 궁극적으로 주님께서는 음악 목사나 담임 목사가 잘 하든지 그렇지 않든지 상관없이, 당신과 내가 그분을 찬양하고 경배하도록 부르신다.

개인적 예배를 드려라

나는 '경건의 시간 의자'에 있을 때 가장 잘 주님을 경배하고 찬양한다. 나의 가장 강력한 개인적 찬양과 경배는 주일이 아니라 주중에 일어난다. 당신도 그러해야만 한다. 주일은 모두 함께 모여 찬양하고 경배하는 시간이지만, 그것이 당신이 주님을 찬양하고 경배하는 유일한 시간이 되어서는 안된다.

당신이 교회 예배를 마치고 나올 때도 주님의 위대하심은 감소하지 않기 때문에, 그분께 대한 당신의 반응도 변해서는 안된다! 이 책은 찬양과 경배의 책이 아니고 거룩에 관한 책이다. 찬양의 습관은 두 가지 방향으로 거룩을 창조한다. 첫째로, 주님께 영광과 권능을 돌리기 위해 스스로를 구별할 때, 당신은 그 신성한 목적에 자신을 헌신하는 것이 된다.

둘째로, 주님을 마음 속으로 높여 드리고 모든 것과 모든 사람 중에서 그분을 구별할 때, 당신은 그분을 당신의 마음 속에서 거룩하게 하는 것이 된다. 마음 속으로 그분을 높여 드리고 그분의 장엄하심으로 그분을 구별할수록 그분께 더욱 경배를 드리게 되는 것이다. 당신의 마음이 그분의 거룩하심을 찬양할수록, 당신도 그 거룩하심에 더욱 깊이 빠져 살아가게 될 것이다.

이 책을 쓰면서, 나는 우리들의 거룩보다 주님의 거룩하심에 대해 쓰고자 하는 자연스런 열망과 싸워야만 했다. 그러나 이 책은 특히 유혹의 때에, 당신의 거룩에 대해 구체적으로 초점을 두고 있다. 아마 그분의 거룩하심에 대해 조금 엿보는 것도 허용이 되리라.

당신이 마지막 문턱을 지나 주님의 존전에 들어가게 될 때, 24 장로들, 네 가지 생물들, 만만이요 천천인 천사들 그리고 수백만의 신자들이 모두 무엇을 하고 있을지 아는가? 주님께서는 이것에 대한 대답을 사도 요한에게 직접 주셨다. 다음은 24 장로들과 네 가지 생물이 노래하고 있는 것에 관한 기록이다:

책을 가지고 그 인봉을 떼기에 합당하시도다 일찍 죽임을 당하사 각 족속과 방언과 백성과 나라 가운데서 사람들을 피로 사서 하나님께 드리시고 저희로 우리 하나님 앞에서 나라와 제사장을 삼으셨으니 저희가 땅에서 왕노릇하리로다 …내가 또 들으매 보좌와 생물들과 장로들을 둘러 선 많은 천사의 음성이 있으니 그 수가 만만이요 천천이라 큰 음성으로 가로되 죽임을 당하신 어린 양이 능력과 부와 지혜와 힘과 존귀와 영광과 찬송을 받으시기에 합당하도다(계 5:9-12).

이 비전은 다음과 같은 계시로 절정에 이른다. 누가 이것을 말하고 있는지 놓치지 말라.

내가 또 들으니 하늘 위에와 땅 위에와 땅 아래와 바다 위에와 또 그 가운데 모든 만물이 가로되 보좌에 앉으신 이와 어린 양에게 찬송과 존귀와 영광과 능력을 세세토록 돌릴지어다(계 5:13).

모든 사람이 영원토록 왜 같은 것을 말하고 노래할 것인지 의아해한 적이 있는가? 그것은 오직 우리들이 주님을 보고 그분에 관한 진리와 그분이 하신 일 또 그분이 하고 계신 일 그리고 하실 일을 알게 될 때, 지칠 줄 모르게 우리들의 마음으로부터 터져 나오는, 말로 다 표현할 수 없는 찬양과 경배를 멈출 수가 없을 것이기 때문이다.

첫번째 말 – "당신은 우리들의 경배를 받으시기에 합당하십니다."

주님에 대한 참된 가치를 진정으로 믿게 된다면, 단순히 "경배를 받으시기에 합당하십니다"라고 말로만 외치는 단계에서 멈출 수 없을 것이다. 그리고 경이와 감사와 경배로 가득한 당신의 마음을 표현하기 원할 때, 당신은 오직 한분, 주님만이 그것을 듣기 원할 것이다. 주님의 주님되심을 인정하고 그분과 교통하고자 할 때, 당신은 찬양의 정문을 통과해 들어가게 될 것이다.

열정적으로 주님과 교통하라

성경적 찬양의 두번째 특성은 열정적으로 하나님과 교통하는 것이다. 성경은 우리가 어떻게 주님을 찬양하고 경배해야 하는지에 대해 놀라우리만큼 여러 가지 지시를 하고 있다. 이러한 지시 사항들은 성경에 모두 나와 있고 그리고 그것들은 할 수 있는 한 직설적으로 표현되어 있다. 그것들은 복잡한 구절에 숨겨져 있는 것이 아니고, 이해하기 위해 헬라어나 히브리어를 알 필요도 없다. 그것들은 성경의 어떤 가르침보다도 더 알기 쉽게 드러나 있다.

그런데 무엇이 문제가 되는가? 각 교파나 친교 단체에서 찬양과 경배에 대해 가르치는 성경 구절을 불가피하게 몇 가지만 뽑아서 그것들만큼이나 직접적이고 솔직하게 나와 있는 다른 것들은 제외하고 외면해 버리는 것이다. 그러할 뿐만 아니라 그들의 선택을 정당화하기 위해 각 그룹은 다른 그룹이 선택한 찬양과 경배의 내용들을 공격하기까지 하는 것이다.

세계를 돌아다니며 여러 다른 교파와 그룹에서 사역해 보면, 당신 자신이 얼마나 좁은 마음을 가지고 있는지 깨닫게 될 것이다! 더 젊었던 시절에, 나는 내 손을 어떻게 해야 할지 몰라 실제로 땀이 났던 기억이 난다. 어떤 국가에서는 내 발을 어떻게 해야 할지 몰라 걱정했던 생각도 난다. 또 다른 경우에서는, 다른 사람들이 소리를 지를 때 나는 무엇을 크게 말해야 할지 몰라 거의 피가 날 지경으로 입술을 깨물었던 것을 기억할 수 있다.

나는 훌륭한 전통을 가진 좋은 교회에서 자라났다. 이제 돌아보면, 그것은 '찬양의 수동적 형태' 였다는 것을 깨닫게 된다. 더 적을수록 더 좋았다. 더 조용할수록 더 성경적이었다. 옷 색깔이 더 어두울수록 더 경건했다. 템포가 느릴수록, 찬양은 더 깊은 것이었다. 그러나 성경에서 이러한 종류의 경배에 대한 지시를 발견할 수 없었다. 마침내 나는 정확하게 주님께서 그의 백성들에게 찬양과 경배에 있어서 무엇을 하도록 지시하고 있는지 발견해야 한다는 것을 깨닫게 되었다.

내가 발견한 것은, 하나님께서는 우리들이 그분을 열정적으로 찬양하도록 가르치고 계신다는 것이다. 당신은 얼마나 '열정적으로' 찬양과 경배를 드리고 있는가? 지난 주를 생각해 보고 당신의 찬양과 경배의 '열정'을 측정해 보라. '0'은 당신이 전혀 열정이 없는 것이고, '100'이 당신이 극도로 열정적인 예배를 드린다는 것을 의미한다면, 당신의 점수는 어디쯤인가? 좋아하는 축구 팀을 응원하는 데 당신은 얼마나 열심인가? 사업에서 큰 것 한 건을 했을 때는 어떻게 축하하는가? 그리고 가장 최근에 시편을 읽었을 때 당신은 얼마나 열정적이었나?

당신의 찬양과 경배가 10에서 30정도에 머무른다면, 주님께서도 그리 감동하시지 않을 뿐 아니라 당신도 그리 자주 찬양을 하게 되지는 않을 것이다. 왜? 그것은 눈물 나도록 지겨운 것이기 때문이다. 그것과 성경에 나오는 하나님의 백성들의 열정을 비교해 보라.

열정적으로 찬양하는 것을 의미하는 성경 단어는 히브리어로 '할렐루야!' 이다. 시편 150편은 열정적으로 찬양하고 경배하는 이러한 자세를 잘 포착하고 있다. 나는 그것을 '구약의 할렐루야 합창' 이라 부른다:

할렐루야!
그 성소에서 하나님을 찬양하며
그 권능의 궁창에서 그를 찬양할찌어다!
그의 능하신 행동을 인하여 찬양하며 그의 지극히 광대하심을
좇아 찬양할찌어다!
나팔소리로 찬양하며
비파와 수금으로 찬양할찌어다!
소고 치며 춤 추어 찬양하며
현악과 통소로 찬양할찌어다!
큰 소리 나는 제금으로 찬양하며
높은 소리 나는 제금으로 찬양할찌어다!
호흡이 있는 자마다 여호와를 찬양할찌어다
할렐루야!

    이 시편에 나와 있는 감탄사와 구체적인 지시 사항을 주의해 보라. 어떤 사람이 열정적으로 되면, 그의 목소리가 높아지고 몸을 더 생동감 있게 많이 움직이게 된다. 열정이 어떤 것인지 알고 싶으면, 농구나 야구 게임을 보고 관중석에 있는 사람들의 소리를 들어 보라. 그들이 어떻게 하는지, 특히 점수가 박빙의 차이로 이어질 때 그리고 게임이 거의 끝나갈 무렵에, 잘 관찰해 보라. 청중들을 보면, 자리에 앉아 있거나, 조용히 있거나 혹은 주머니에 손을 넣고 있는 사람은 아무도 없다. 열정은 그 자체가 육체적으로 나타나기 때문이다.

    운동 경기에서 표현되는 열정이 종교적인 예배에서 표현될 때 그

법이 변한다고 생각하는가? 누구든지 주님을 찬양하고 경배하는 데 있어서 열정적이 될 때는, 가만히 자리에 앉아 있는 것이 불가능하지 않다면, 어렵다. 게다가 개인이 주님을 더 강렬히 찬양할수록 그는 천국을 더 많이 보게 된다. 그 유명한 5,000명을 먹이신 사건 직전에 그리스도께서 기도하시는 것을 주의해 보라: "…떡 다섯 개와 물고기 두 마리를 가지사 하늘을 우러러 축사하시고 떡을 떼어 제자들에게 주시매"(마 14:19).

분명히 성경에서는 찬양할 때마다 항상 어떤 자세를 취해야 한다는 것을 명하고 있지는 않다. '고개를 숙이고 기도하든지' 혹은 '고개를 들고 기도하든지'에 대해서는 원래 더 좋고 나쁜 것이 없다. 그러나 당신 자신 뿐 아니라 다른 사람을 보면 기도나 찬양을 더 강렬하게 할 때일수록 자기도 모르게 얼굴을 하늘로 향하게 된다는 것을 발견한다.

얼굴만 그렇게 하는 것이 아니라 손도 움직이게 되는 것을 발견했다. 더 열정적인 예배를 드릴수록 우리들의 손도 위로 더 올라가게 된다. '손을 내리고' 있는 것이 거룩한 줄로 알고 자라왔던 사람으로, 나는 내가 얼마나 멀리까지 표류해 왔는지 모른다. 열정적으로 그리고 강렬하게 기도하고 찬양하는 사람들의 모임에서 그 경향을 관찰할 수 있다. 프라미스 키퍼스 모임에서 이러한 것을 계속적으로 관찰할 수 있었다. 금요일 저녁, 단지 몇 명 안되는 남자들만이 손을 들었고, 그들은 아마 조금쯤은 그것이 그 자리에서 적당한 행동이 아니라고 생각했을지도 모른다. 토요일 아침, 약 30명에서 40명이 '나 같은 죄인 살리신(Amazing Grace)'을 부를 때 자연스럽게 손을 들었다. 오후가 되자, '거룩 거룩 거룩'을 부를 때 손과 얼굴이 하늘의 가슴을 향해 있지 않은 사람은 하나도 없었다.

　설교하신 대부분의 강사들이 집에 돌아가면 손을 들지 않는데 왜 이 행사에서는 손을 드는가? 어떤 다른 상황에서도 오직 주님만을 향한 찬양과 경배가 강렬하게 진행될 때는 손을 들게 되어 있다.

　나를 오해하지 말라. 나는 손을 들거나 혹은 내리는 것에 대해 주장하고 있는 것이 아니다. 단지 기도와 찬양의 열정에 비례하여 '손'이 어떻게 움직이는지 관찰한 것을 나누는 것 뿐이다: "그러므로 내가 첫째로 권하노니 모든 사람을 위하여 간구와 기도와 도고와 감사를 하되 … 각처에서 남자들이 분노와 다툼이 없이 거룩한 손을 들어 기도하기를 원하노라"(딤전 2:1, 8).

　열정과 관련되는 또 다른 개념은 자세에 관한 것이다. '앉아서 기도하라!' 혹은 '앉아서 찬양하라!' 같은 명령은 찾을 수 없었다. 그러나 '서서' 혹은 '무릎을 꿇고'는 성경적인 명령인 것을 성경에서 찾을 수 있었다. '얼굴을 땅에 대고 엎드리는 것'도 성경적이다. ('춤 추는 것'도 성경적이지만, '손을 드는' 것 이상으로는 계속해서 '성경적이다'라고 진도를 나가지 않는 것이 좋을 것 같다!) 그러므로 성경적 모델을 따르고 싶다면, 기도하고 찬양할 때 너무 많은 시간을 앉아서 보내지 말라.

　하나님의 위대한 남자들과 여자들 중 어떤 분들은 오직 무릎을 꿇고서만 성경을 읽었다. 요한계시록에서는 천국에서 24 장로들이 하나님 앞에서 경배를 드릴 때 '엎드렸다'고 기록하고 있다.

　그러므로 스스로에게 물어 보라. "주님 앞에서 찬양하고 기도하는 것에 관한 성경적 가르침에 있어 나는 얼마나 편안하게 나의 '안전 지대'를 넓힐 수 있는가?" 당신은 속삭일 수 있는가? 소리칠 수 있는가? 무릎을 꿇는가? 엎드리는가? 우는가? 크게 손뼉 치며 정말로 그 속에 깊이 빠져들 수 있는가? 지하실이나 깊은 숲속, 혹은 예배드릴 때, 상상 속에서 당신은 주님 앞에서 춤까지 출 수 있는가? 다윗 왕이 "여호와 앞에서 힘을 다하여 춤을 추는데"(삼하 6:14) 당신도 동참할 수 있겠는가 아니면 악기에 맞추어 찬양할 때 시편에서 지시하는대로 복종할 수 있겠는가?

'찬양하는 스타일'에 대한 이런 자유로운 토론을 통해 우리가 찬양할 때 너무 경직되지 않고 약간 편하게 하도록 격려하고자 한다! 천국에 가면 천국의 성가대는 절대 손뼉을 치지 않고, 발을 구르지 않으며, 목소리를 높이지 않고, '할렐루야!'라고 소리치지도 않을 것이라고 생각하는가? 4년에 한 번쯤 할까 말까하게 조용하고도 속삭이는 목소리로 '아멘' 하는 것보다 조금 더 자유롭게 우리의 찬양을 표현하도록 천국에서 허락한다면, 우리들은 '실제로 할 것'을 위해 지금 연습하는 것이 좋을 것이다!

언제부터 진정으로 주님을 찬양하고 있는지 어떻게 알 수 있는가? 운동 경기에서 당신 아들이 결승골을 넣었을 때 당신이 기뻐했던 것처럼 주님께 대해서도 같은 느낌을 가졌을 때다! 찬양의 영역이 넓어질수록, 찬양의 효과는 자동으로 더 극적으로 증가하게 된다. 찬양과 기도를 할 때 금지되어 있던 것을 깨뜨린다는 것을 상상해 보라! 경배의 스타일이 더 넓어질수록 찬양은 더욱 충만한 그리고 더 깊이 있는 것이 될 것이다.

주님의 '진가'를 표현하라

얼마나 많은 다른 이유로 주님을 찬양하고 경배해야 하는가? 찬양해야 하는 이유가 많을수록, 찬양해야 하는 잠재력은 더 크다. 주님을 찬양할 이유가 단 다섯 가지 혹은 여섯 가지밖에 없다면, 정직하고 의미 깊은 찬양과 경배는 곧 바닥이 나 버릴 것이다. 당신이 알고 사용하고 있는 찬양의 영역이 넓을수록 당신의 삶은 경배와 찬양으로 더 충만하게 된다. 주님을 찬양할 수 있는 영역에는 어떤 것들이 있는지 생각해 보라.

1. 주님의 창조하심은, 찬양할 수 있는 놀랍고도 거의 무한한 영역이다. 어느 곳이든 창조주의 작품을 볼 수 있다. 살아 있는 유기체에 대해 당신이 더 많이 알수록, 그분의 솜씨에 더 놀라게 된다! 당신이 보는 곳마다, 주님께서는 자신의 창조적 재능을 남기심으로 당신이 그것을 즐길 뿐 아니라 그분의 위대하심을 찬양하도록 당신을 초청하고 있다.

> 영웅적 행위는 육의 기이한 업적이다; 거룩은 영의 평범한 행동이다. 하나는 개인적 영광을 가져다 준다; 다른 하나는 항상 하나님께 영광을 드린다.
> — 척 콜슨(Chuck Colson)

2. 주님의 긍휼하심은 인간의 역사 뿐만 아니라 당신의 과거, 현재 그리고 미래에 셀수 없을 만큼 수놓아져 있다. 당신의 인생 전반에 걸친 주님의 역사를 돌아본다면, 당신의 찬양과 경배를 표현할 의미 깊은 이유들이 결코 부족하지 않을 것이다. 주님의 긍휼하심을 깨닫게 되면, 우리는 매일 새로운 것들을 열거해야만 한다. 예레미야는 예레미야애가 3장 22-23절에서 이 문제를 말하고 있다: "여호와의 자비와 긍휼이

무궁하시므로 우리가 진멸되지 아니함이니이다 이것이 아침마다 새로우니 주의 성실이 크도소이다."

그는 하나님의 자비와 긍휼의 새로운 실재를 보았고 그것은 당장 그의 생각을 주님께로 직접 향하도록 하는 것이었으며, 그것은 또한 오늘날 유명한 찬양이 되었다: "오 신실하신 주!"

3. 주님의 성품은, 당신이 거룩의 습관 가운데 주님과 동행할수록 찬양과 경배의 가장 보배로운 초점이 된다. 왜냐하면 어떤 사람에 대해 가장 귀중한 것은 그들이 무엇을 하고 말하느냐 하는 것이 아니라 그들이 어떤 사람인가 하는 것이기 때문이다. 그래서 아마 예레미야는 어떤 구체적인 새로운 긍휼에 대해 주님께 감사하는 것이 아니라, 그분의 신실하신 성품의 위대함을 찬양하고 있는 것 같다.

찬양에 중점을 둔 지 십여 년이 지나면서, 나는 주님의 행실, 약속, 말씀, 전능하신 역사들, 기적들 그리고 예언들 위에 그분의 성품에 대해 더욱 감사하고 존경하고 그리고 '가치를 두게' 되는 경향을 발견하게 되었다. 그분의 온유, 충성, 긍휼, 인내, 능력, 지혜, 오래 참으심, 자비, 선하심 그리고 친절하심에 대해 나는 찬양하며 또 찬양한다.

이미 정규적인 경건의 시간, 성경 읽기 그리고 실질적인 기도 생활을 하지 않고 있으면서 찬양 가운데 주님과 열정적으로 그리고 계속적으로 교통하는 사람은 한 사람도 만난 적이 없다.

결코 끝나지 않을 기쁨과 즐거움의 이 놀라운 근원에 대해 다윗 왕은 다음과 같이 말하였다: "…주의 앞에는 기쁨이 충만하고 주의 우편에는 영원한 즐거움이 있나이다"(시 16:11).

우리 각자가 이 땅에서 주님을 경배함으로 '기쁨의 충만함'을 경험하고 '영원한 즐거움'을 미리 맛볼 수 있기를 바란다!

거룩 습관 #6: 금식하라

어느 시장이나 식품점에서 저지방 다이어트 코너를 지나가 보면, 이 세대가 정기적인 금식을 믿고 실행하는 세대가 아님을 금방 알 수 있을 것이다. 전 생애를 통해 두 번 이상 적어도 이틀 동안 금식하는 사람을 개인적으로 몇 명이나 알고 있는가? 금식은 오늘날 대부분의 그리스도인들에게 있어서 버려진 부분이다. 그러나 그것을 실행한 사람을 성경에서 찾아 보면 모세, 이스라엘 나라, 사무엘, 다윗, 엘리야, 니느웨 사람들, 느헤미야, 다리오 왕, 다니엘, 안나, 예수님, 세례 요한과 그의 제자들, 바리새인들, 사도들, 바울, 그리고 초기 그리스도인들 등이 있다.

영적인 금식이란 정확히 무엇인가? 금식이라는 것은 개인, 부부, 가족, 교회, 도시 혹은 국가가 어떤 영적인 이유로 어느 시간 동안 어떤 것을 거부하는 것이다. 왜 영적인 금식이 효과를 내는가? 주님의 주권 안에서, 주님께서는 어떤 사람이 영적인 목적으로 음식이나 잠, 혹은 말하는 것(침묵) 혹은 다른 사람과 함께 있는 것(홀로 거함) 등을 금할 때는 언제나 영적인 결과를 배가해 주실 것이라고 결정하셨다. 마태복음 17장 14절 이후에서 제자들이 귀신 들린 간질 환자를 고치고자 할 때 그들이 당했던 어려움을 기억하라. 그들이 무슨 잘못을 저질렀는지 주님께 물어보았을 때, 예수님의 대답에 분명히 충격을 받았을 것이다. "기도와 금식이 아니면 이런 유가 나가지 아니하느니라"(어떤 사본에는 21절이 있음).

　귀신 들린 문제를 위한 정상적인 기도와 절차가 이런 종류의 특별한 귀신을 쫓아내는데 충분히 강력하지 못했다. 그러나 기도에 금식을 더하면 그 귀신은 떠날 것이다. 주님께서는 그의 백성들이 금식하고 기도할 때 기도의 능력을 배가시키신다.

　신자들은 자신에게 중요한 영역에 관해 투쟁할 때는 금식하기로 선택한다. 금식하는 대부분의 사람들이 좋아서 하지는 않는다. 금식은 즐거운 것도 매력적인 것도 아니기 때문이다. 그러나 그것이 그들에게 도움을 주기 때문이다. 끊기 어려운 죄로부터 자유로워지기 위해, 기도에 대해 중요한 응답을 주신 주님께 감사하기 위해, 그리고 주님과의 관계에 자신의 모든 관심을 집중하기 위해 사람들은 금식을 한다.

　어떤 중요한 결정이나 문제에 있어서 주님의 인도하심을 받기 위해, 주님 앞에서 회개하고 자신을 낮추기 위해, 혹은 전쟁, 비극, 혹은 멸망으로부터 주님의 보호하심을 받기 위해 금식할 수 있다. 어떤 사람들은 주님께서 부흥의 불길을 일으켜 주시도록 금식하기도 한다. 그러나 기도에 정말로 응답이 필요하지 않고, 주님만이 필요를 채울 수 있는 분이시라는 것을 알지 않는다면 금식하지 않을 것이다. 주님께서 당신의 기도에 응답하실 만큼 정말로 능력이 있으시고 당신에게 관심이 있으며 당신이 처한 상황에 간섭할 분이시라는 것을 믿지 않으면 금식하지 않을 것이다. 주님 앞에서 자신을 낮추기 위해 자신을 부인하고, 당신의 기도가 주님에게 큰 영향을 끼칠 것이라는 결론에 이르지 않는다면 당신은 또한 금식하지 않을 것이다.

　위기시에 사람들은 종종 금식을 하게 된다. 끔찍한 자동차 사고로 사랑하는 사람의 생명이 위협을 받고 있다면, 많은 사람들이 주님의 기적적인 간섭을 바라며 열심히 기도하고 음식 먹는 것을 중단하게 될 것이다.

얼마나 자주 금식해야 하는가? 당신이 원하는 만큼. 그러나 금식 중이라는 사실을 누구에게도 의도적으로 알려서는 안된다.

기도회 때 일어서서 금식을 잘 견디도록 기도해 달라고 부탁해서는 안된다! 예수님께서 지시하셨듯이, 가장 좋은 옷을 입고 '가장 행복한 얼굴'로 사람들이 눈에 금식하는 것을 보이지 않도록 하라. 점심이나 저녁을 먹으러 나가게 되면 어떻게 해야 하나? '개인적인 이유'로 먹지는 않겠지만 함께 가는 것은 좋다고 하라.

어떤 사람들은 매해 특별한 시간을 정해서 일생 동안 습관으로 삼고 금식을 한다. 또 어떤 사람들은 매주 정기적으로 같은 날 하루 24시간을 정해 금식하기도 한다. 주일 저녁 식사부터 월요일 아침과 점심까지 금식하고, 월요일 저녁부터 먹기 시작한다.

정말로 중요한 어떤 일이 있고 강력하게 주님의 도움이 필요할 때는 언제든지 곧 금식할 수도 있다. 의도적으로 한 끼를 먹지 않고 그 시간 동안 주님께만 집중하기 위해 혼자 보내도록 하라. 어떤 사람들은 한 주 동안 과일과 야채만 먹는, 다니엘 금식에 참여하기도 한다. 그들은 칠 일 동안 커피, 음료수, 밥, 혹은 간식을 먹지 않는다. 달린과 나는 다니엘 금식을 할 때마다 여섯째 날에 엄청난 해결을 경험하게 된다. 그리고 주님께서 우리들의 삶 가운데 행하시는 그 역사 때문에 일곱째 날에 금식하는 것을 절대 멈추고 싶지 않게 된다. 다니엘 금식은 가족들이 하기에 적당하고 바깥일을 감당하는 데 조금 더 수월하게 해 준다.

영적으로 성숙한 어떤 목사님께서는 14년 동안 줄곧 40일 금식을 실행하고 계신다. 두 달 전에 나는, 그분 교회의 많은 성도들이 매해 이러한 영적 금식에 동참하고 있고, 그 숫자가 늘어가고 있다는 것을 알게 되었다. 얼마나 훌륭한 일인가! 금식을 통해 개인의 삶과 교회 전체에 기적적인 일들이 많이 일어나는 것을 들을 수 있다.

금식은 진보된 거룩 습관이지만 그것을 실행에 옮기는 사람은 주님과 동행함에 있어 그리고 거룩한 삶을 사는데 있어서 풍부한 상급으로 보상을 받게 된다. 아직 한번도 금식을 해 본 적이 없다면, 일 주일 동안 하루도 거르지 않고 다니엘 금식을 해 보지 않겠는가? 내 개인적인 경험을 통해 약속하건대, 당신이 해냈다는 사실에 감격하게 될 것이다!

거룩한 삶을 살라

결론적으로, 당신에게 개인적으로 말해도 되겠는가? 요즘 당신의 삶을 돌아보면, 이러한 거룩 습관들을 잘 이행하고 있는가? 더 읽기 전에 잠시 돌이켜 보라. 다음 도표 중 당신이 어디에 위치해 있는지 점검해 보라. 다 하고 나서, 당신 인생의 이 시점에서 '거룩 습관들'에 얼마나 진보가 있는지 알아보기 위해 그 점수를 모두 더해 보라.

거룩 습관 점수가 이 순간 어디에 있든지 낙담하지 말라! 중요한 문제는 지금 당신이 어디에 있는가 하는 것보다 내일, 내년 이맘 때 그리고 십년 안에 어떤 자리에 있을 것인가이다. 시야를 넓히라. 그리고 당

거룩습관	아직 시작 하지 않음	보통 실패함	간간히 성공	보통 실천함	습관적으로 즐김
거룩 점수	0	5	10	15	20
1. 경건의 시간					
2. 성경					
3. 기도					
4. 일기					
5. 예배					
6. 금식					
합계					

신은 하나님으로부터 당신의 인생을 잠시 맡은 청지기라는 것과 계속적으로 진보적 거룩을 향상시키기 위해 주님께서 날마다 도전을 주시리라는 것을 깨달으라.

이러한 거룩 습관들 중 어느 영역에서 좀더 발전하면 당신의 삶에 가장 큰 변화가 있겠는가? 그것으로 먼저 시작하라! 한꺼번에 다 시작하려고 하지 말라. 그것은 실패하는 지름길이다. 당신이 가장 원하는 것을 한 가지 선택하고 다음 30일 동안 구체적으로 그것에만 초점을 맞추어라. 이러한 것들을 매일 습관이 되도록 하는데 성공한 사람들은 그것이 온전한 습관이 되기 위해서는 석 달 아니면 적어도 한 달은 걸린다는 것을 발견했다. 기본적인 습관들을 온전히 습득하기 전에 다른 진보적인 습관들을 키우려는 경향과 싸우라.

오늘 모든 것을 바로 잡으려는 성급한 경향에 대항해 싸우라. 이것은 육체의 자랑에서 나오는 것이므로 이 유혹을 물리치라. 대신, 한 번에 한 가지 습관을 성공적으로 해냄으로써 계속적인 삶의 변화와 승리를 이루라. 그것을 정기적으로 실천하게 되고 큰 노력 없이도 해 낼 수 있을 때, 두번째 것 (당신이 가장 하고자 원하는 것부터)을 선택하여 다음 석 달 동안 그것을 하라. 한 이삼 년 안에 당신의 삶이 어떻게 변할지 생각해 보라!

마지막으로 몇 마디 격려의 말을 하고 싶다. 첫째, 은혜 아래 살고 율법 아래 살지 말라: 거룩 습관에 대해 율법적인 노예가 되지 말라. 숨을 돌릴 수 있는 여유를 갖고 때때로 하루 혹은 이틀 정도 하지 않은 것에 대해 두려워 말라. 주일 날, 나는 완전히 다르게 살고, 월요일 아침이 되면 다시 돌아간다. 하루나 혹은 이틀 정도 하지 않았다고 해서 큰 죄를 지은 것은 아니다. 인생을 살다 보면 당하게 되는 예상치 않는 일을 위한 여유를 남겨 두라. 주님께서 더 잘 이해하신다!

둘째로, 당신의 일정표를 다양하게 함으로써 스스로 좀더 즐기도록 하라: 조금 지루하게 느껴지거나 아침에 일어나는 것이 점점 더 어려워질 때는 이렇게 해 보라: 조금 더 쉬는 것이 당신에게 더 좋다고 생각된다면 주님께 내일 아침에는 그냥 자겠다고 말씀드리라. 할 수 있는 한 일찍 자러 가서 할 수 있는 한 늦게까지 잠을 자라. 몇 시간 더 자는 것이 피곤한 거룩의 용사에게 얼마나 도움이 되는지 놀라운 일이다! 그리고 나서 자신을 재충전하여 정말로 동기를 부여해 줄 수 있는 경건 서적이나 테이프를 찾아 경건의 시간에 이용하라. 나도 수년 전에 이것을 시작했는데, 독서 종류를 정기적으로 바꾸어 줌으로써 내 관심과 동기 부여에 전혀 문제가 없었다.

    셋째로, 훈련 없는 거룩 습관의 기쁨을 기대하라: 이러한 거룩 습관들을 한 동안 실행한 후에, 당신이 받게 되는 것이 너무나 크고 의미 깊은 것이기에 그것을 놓치

> 승리하는 그리스도인은 승리를 위해 싸우지 않는다; 그는 이미 얻은 승리를 위해 기뻐한다. 승리에 찬 삶은 당신의 것이 아니라 그리스도의 일이다.
> - 레지날드 월리스(Reginald Wallis)

고 싶지 않을 것이다! 일찍 일어나서 주님을 만나기 위해 스스로 훈련하였던 그 날들은 이제 사라질 것이다. 대신, 당신의 내적인 동기가 당신으로 하여금 잠자리에서 나오도록 끌어 당길 것이다.

    그것에 대해 잠시 생각해 볼 때, 당신이 무엇을 하고 싶지 않다거나 혹은 지금 추구하고 있는 것과 반대되는 어떤 습관을 가지고 있다면 훈련이 필요하다. 강력하고도 의미 깊은 거룩 습관을 발전시켜 나갈 때, 당신은 삶의 다른 국면 – 경건의 시간, 기도, 일기 쓰기, 예배, 그리고 묵상은 자연적으로 되는 자리 – 으로 들어오게 되는 것이다.

    무엇이 어떤 것을 '자연스럽게' 되도록 만드는가? 습관들이다. 습관이 거룩해지면 성품에는 어떤 변화가 일어나는가? 거룩해진다. 그러므로 오늘 이러한 습관들을 계발하여 개인적 거룩을 향해 나아가자.

거룩 vs 유혹

1쇄 발행　1999년 12월 26일
5쇄 발행　2017년　1월 20일

지은이　브루스 윌킨슨
옮긴이　정진홍
펴낸이　고종율

펴낸곳　주)도서출판 디모데〈파이디온선교회 출판 사역 기관〉
등록　2005년 6월 16일 제 319-2005-24
주소　서울특별시 서초구 서초대로 141-25(방배동, 세일빌딩)
전화　마케팅실 070) 4018-4141
팩스　마케팅실 031) 902-7795
홈페이지　www.timothybook.com

값 10,000원
ISBN 978-89-388-0271-2 03230
ⓒ 주) 도서출판 디모데 1999 〈Printed in Korea〉